国家社科基金
后期资助项目
GUOJIA SHEKE JIJIN HOUQI ZIZHU XIANGMU

马克思哲学话语革命
与中国学术话语体系构建

The Marxist Philosophy Discourse Revolution
and the Construction of
Chinese Academic Discourse System

刘 影 著

社会科学文献出版社
SOCIAL SCIENCES ACADEMIC PRESS (CHINA)

国家社科基金后期资助项目
出版说明

　　后期资助项目是国家社科基金设立的一类重要项目，旨在鼓励广大社科研究者潜心治学，支持基础研究多出优秀成果。它是经过严格评审，从接近完成的科研成果中遴选立项的。为扩大后期资助项目的影响，更好地推动学术发展，促进成果转化，全国哲学社会科学工作办公室按照"统一设计、统一标识、统一版式、形成系列"的总体要求，组织出版国家社科基金后期资助项目成果。

全国哲学社会科学工作办公室

目 录

绪　论

改革开放 40 多年来，中国的发展举世瞩目，中国的崛起有目共睹。但是，作为一个哲学社会科学大国，中国在学术话语权方面却与其综合国力和国际地位有很大的差距。尤其是，随着对外学术交流的不断扩大，西方学术理论不断涌入中国并产生影响，使马克思主义的理论观点不断受到冲击和挤压，甚至是淡化，中国哲学社会科学话语权更是受到削弱。在国际政治和学术舞台上，"失声""失语"成为马克思主义理论的常态，"边缘化""话语权缺失"成为中国哲学社会科学的真实写照。习近平总书记在哲学社会科学工作座谈会上就提出："面对新形势新要求，我国哲学社会科学领域还存在一些亟待解决的问题。""话语体系建设水平总体不高，学术原创能力还不强。"① 因此，当务之急就是要构建一套以马克思主义为指导，具有中国特色、中国风格、中国气派的哲学社会科学话语体系。这不仅关系到马克思主义在意识形态领域的指导地位，也关系到中国的国际地位；这不仅是党和国家的重大战略任务，也是哲学社会科学发展的内在要求；这不仅是当今中国最亟待解决的重大理论问题，也是当今中国最大的时代课题。那么，如何建构具有中国特色、中国风格、中国气派的哲学社会科学话语体系？

众所周知，马克思哲学实现了人类思想史的一次空前变革，是一场伟大的思想革命。而从话语的视角来看，马克思哲学革命其实也是一场哲学话语的革命。正如马克思恩格斯所说："语言是思想的直接现实。正像哲学家们把思维变成一种独立的力量那样，他们也一定要把语言变成某种独立的特殊的王国。这就是哲学语言的秘密，在哲学语言里，思想通过词的形式具有自己本身的内容。从思想世界降到现实世界的问题，变成了从语

---

① 习近平：《在哲学社会科学工作座谈会上的讲话》，人民出版社，2016，第 7 页。

言降到生活中的问题。"① 将哲学从"思想世界"降到"现实世界",将语言降到生活,马克思超越了西方传统哲学,完成了一次对西方传统形而上学的彻底的颠覆,形成了一套崭新的哲学话语体系。马克思是如何实现哲学话语变革的?马克思实现的是什么样的哲学话语革命?马克思形成的新的哲学话语体系是什么?马克思是如何超越西方传统形而上学的话语体系的?这一系列问题都亟须得到揭示和解答。回到马克思哲学文本本身,探寻马克思哲学话语变革之维、变革之法,发现马克思哲学话语之本真。

一 国内外研究现状述评

哲学的发展史,就是哲学话语的变革史。马克思哲学的诞生,宣告了西方传统哲学的终结,使哲学发生了根本性的变革,这已然成为学界的共识。但学界对变革的内容、意义、价值等问题却持有不同的观点和看法,使马克思哲学革命的研究成为一个生生不息的哲学命题。对马克思哲学革命的研究是一个逐渐走向成熟的过程,学界也将会在争鸣中取得共识。但是,从话语方式的角度来考察马克思的哲学革命尚处于起步阶段,系统性的研究成果和成熟的著述还尚少。从某种程度上来说,前人研究的稀缺为研究带来了一定的困难,但也证明了这一选题的价值所在。

(一)国内外研究现状

目前,专门系统研究马克思哲学话语革命的著作和文章还为数不多,代表性的著述有《回到马克思——经济学语境中的哲学话语》(南京大学,张一兵),代表性的论文有叶险明的《马克思哲学的话语革命与中国哲学的话语危机》、丰子义的《从话语体系建设看马克思主义哲学创新》、李双套的《马克思的话语革命与当代中国话语的建构》和常宴会的《马克思的哲学革命对学术话语体系建设的启示》。截止到 2023 年 3 月,在知网上以"哲学话语"为主题进行检索,共有 1011 篇论文,其中大部分文章是语言哲学在话语领域的延伸。近两年,以"马克思主义哲学话语"为对象的研究增多,马克思主义哲学话语对马克思哲学话语进行了范围上的

---

① 《马克思恩格斯全集》第 3 卷,人民出版社,1960,第 525 页。

扩充，但成果还不算太多。而以"马克思哲学的话语""马克思哲学话语"等为关键词进行检索，结果更是屈指可数。虽然没有专门性的著作深入探讨马克思的哲学话语革命，但这并不意味着学界没有有关这个问题的研究。这些研究多是零星地散落在一些学术著述中，从中也可汲取营养。从另一个角度也说明，对马克思哲学话语革命的研究还有很大空间，这不仅是一块未开发的"处女地"，而且是未来学术研究的又一生长点。

以下我将从五个方面对当前国内外有关马克思哲学话语以及中国学术话语体系的研究现状进行述评。

1. 马克思哲学话语与西方传统哲学话语的关系问题

话语是思想的载体，话语的变革不过是思想的变革在语言上的呈现，哲学话语形式始终处在变化的过程中。在马克思哲学话语与西方传统哲学的话语关系问题上，研究大致可分为三大阵营：割裂论、从属论和超越论。

（1）"割裂论"。在传统的对马克思哲学的解释中，部分学者过分强调马克思哲学思想取之于德国古典哲学，简单地认为马克思哲学直接相关德国古典哲学，在一定程度上割裂了马克思哲学与西方传统哲学的联系。更有甚者，将马克思的哲学直接界定为黑格尔与费尔巴哈的简单相加，认为"马克思的辩证唯物主义＝黑格尔的辩证法＋费尔巴哈的唯物主义"，马克思哲学话语只是对这两位思想家的某些哲学概念进行改造、发展和超越。此外，还有些马克思哲学的注释者，按照学科划分，将"马克思主义哲学"与"西方哲学"对立起来，这样就给人以错觉，认为"马克思主义哲学"就是一个封闭的学科系统，与西方哲学没有直接的、本质的联系，这就将马克思哲学与西方传统哲学人为地割裂，很不利于马克思哲学的研究与发展[①]。

"割裂论"人为地将马克思哲学与西方传统哲学进行割裂，造成马克思哲学研究与西方传统哲学研究之间"井水不犯河水"的局面，掩盖了马克思哲学话语演变的真实轨迹。将马克思哲学话语与西方传统哲学话语尤其是近代哲学转向的康德哲学话语遮蔽起来，把马克思的哲学话语简单化

[①] 参见俞吾金《论马克思对西方哲学传统的扬弃——兼论马克思的实践、自由概念与康德的关系》，《中国社会科学》2001年第3期。

和抽象化，这将影响某些研究者对马克思哲学本质的理解，也会对马克思的哲学概念、范畴产生误解。其中贺来就提出，马克思摒弃了传统的形而上学的言说方式和话语方式，"意识形态批判"和"政治经济学批判"成为马克思哲学最主要的两种话语方式和言说方式。马克思是用一种"非哲学"的态度来摒弃传统哲学话语①。他同时也指出，马克思哲学的产生"与包括近代哲学在内的传统哲学产生了重大的区别，甚至可以说，形成了某种思想的'断裂'"②。虽然两次表述不同，但都指向同一个意思，就是马克思整个哲学话语体系是新的，是不同于以往西方传统形而上学的话语方式的。他从"范式"入手，指出马克思与传统哲学的问题域发生转换，故此，整个话语体系也是全新的。贺来这样讲也不无道理，从某种意义上来说，马克思哲学话语就是全新的，是不同于西方传统形而上学的话语体系。但是，如果仅仅认为这种创造是与西方传统哲学"断裂"的，可能还不全面。

（2）"从属论"。部分学者认为，马克思哲学从属于西方传统哲学，马克思哲学带有西方文化思想观念和西方学术的概念范畴、语言习惯和价值观念，我们需要将马克思哲学的研究视线转向西方的文化传统，甚至提出回到古希腊，用西方的话语体系剪裁我们的思维方式和语言习惯。这也使一部分学者从马克思的哲学话语倒退到西方传统形而上学的思辨话语之中。从概念到概念的逻辑推演，将哲学研究束之高阁，彻底变成了书斋里的学问。有些学者更是将马克思哲学等同于西方传统的形而上学，认为马克思哲学只是在思想内容上与西方传统哲学有区别，与作为一门提供普适性知识的学问并无区别。这些看法都与马克思哲学的本真相去甚远，拥有这种想法必定会使其研究走向邪路、走向歪路。

（3）"超越论"。马克思完成了对西方传统哲学的颠倒③，建立起一种不同于西方传统哲学的新的哲学话语体系。学界绝大多数学者是持这种观点的，即马克思哲学话语的变革是对西方传统哲学话语的一次伟大超越，是从思辨话语到新唯物主义话语的一次跃迁。高清海等指出，马克思用实

---

① 参见贺来《马克思理论的哲学维度与理论存在样式的转换》，《学术研究》2007年第1期。
② 贺来：《重新反思"哲学基本问题"——哲学观念变革的重大课题之一》，《北京大学学报》（哲学社会科学版）2014年第1期。
③ 孙周兴选编《海德格尔选集》，上海三联书店，1996，第1244页。

践的思维方式理解事物、现实和人本身，马克思的哲学语言是实践的，是改变现状的语言。也正是找到了"实践"，马克思才找到了突破传统哲学框架的新范畴、新语言和新的思维方式①。

我们"要完整、准确地理解马克思的哲学思想，不仅仅要认识马克思哲学与德国古典哲学的关系，更要全面认识马克思与整个西方哲学传统之间的关系。"② 这是进行马克思哲学话语革命研究应有的态度。西方传统哲学不能丢，也不可以丢！但我们也必须清楚，马克思哲学话语体系的建构固然离不开西方传统哲学的奠基，但也不是用一种形而上学话语取代另一种形而上学的话语；马克思哲学话语是一次哲学范式、话语形式的彻底转换，就像贺来所说，是一种"全新"的话语，但又是在西方传统哲学的基础上开始探索和研究的，其所进行的革命就是对西方传统哲学的革命，更直接的是对黑格尔哲学的革命。因此，马克思哲学话语可以说是既"新"又"不新"的话语，"新"在它是一种全新的话语方式，"不新"在于它继承和发展了某些西方传统哲学的旧术语和旧概念。

2. 马克思哲学话语之争

其一，关于有无哲学话语之争。马克思有无哲学直接关系到马克思有无哲学话语的问题。有些学者根据自身的需要，淡化马克思主义的哲学性；也有学者认为马克思主义是纯粹的经济决定论和物质主义，根本不存在任何哲学，马克思主义毫无哲学性可言，更谈不上有哲学话语一说。

第二国际的理论家为维护马克思主义的"合法性"，淡化其哲学性，仅仅将其看成政治学说或者经济学说，也有其他的反对者故意歪曲马克思哲学，认为马克思哲学不过是西方传统哲学与其同时代哲学思想的简单拼凑。或者认为，马克思早期是哲学，后期就不是哲学，是将哲学作为意识形态抛弃了③。正如柯尔施在《马克思主义和哲学》中所强调的，一些资产阶级的教授宣称马克思主义没有任何自己的哲学内容，在某些正统的马克思

---

① 参见高清海、孙利天《马克思的哲学观变革及其当代意义》，《天津社会科学》2001 年第 5 期。

② 参见俞吾金《论马克思对西方哲学传统的扬弃——兼论马克思的实践、自由概念与康德的关系》，《中国社会科学》2001 年第 3 期。

③ 观点转引自李兵《马克思哲学：人类解放的逻辑》，《云南社会科学》2005 年第 4 期。

主义者眼里，马克思主义从根本性上来讲，就不是哲学，与哲学没有任何关系。马克思本身缺乏哲学内容，马克思主义体系需要哲学的补充①。柯尔施本人并不持有这种观点，他认为，尽管马克思和恩格斯有许多否定哲学的说法，甚至曾说要"消灭哲学"，但马克思主义理论的最初形态"却是完完全全为哲学思想所渗透的。它是一种把社会发展作为整体来理解和把握的理论"②。

目前学界普遍认为，马克思本人不仅有哲学，还在哲学史上发动了一场革命性变革，终结了西方的形而上学，开辟了新唯物主义。徐长福指出，我们有时候只说马克思主义，或者科学社会主义等学说的名称，而不提学问的名称，使得读者很容易就把马克思与哲学分离开来。这可能是造成马克思主义无哲学的原因之一③，但他并不否认马克思主义的哲学性。我认为，马克思不但有哲学话语，而且还开启了一场新的话语革命。马尔库塞也指出，马克思主义在本质上是一种哲学，是存在哲学话语的，《1844 年经济学哲学手稿》就"足以表明如下常见的论点是站不住脚的，即马克思是先为他的理论制定哲学基础，再为他的理论制定经济学基础"，"马克思所使用的哲学概念不能被看作是以后要抛弃的残迹，或者是我们能将其摘下的装饰品"。实际情况是，"马克思各个阶段的思想都以哲学为中心"④。也即马克思是有哲学的，也是有哲学话语的。虽然马克思哲学的术语、概念有些延续了西方传统哲学中的提法，有些直接从古典经济学中搬运过来，但是马克思已经赋予新的内涵和哲学意蕴，结合了新的时代特征。总之，马克思不但有哲学话语，而且还发动了一场哲学话语的革命，谱写了哲学话语的新篇章。

其二，人道主义话语与反人道主义话语之争。自《1844 年经济学哲学手稿》问世之后，在西方国家乃至中国部分学者那里，都存在故意抬高《1844 年经济学哲学手稿》的地位的现象，认为马克思早期的思想高于马

---

① 参见〔德〕卡尔·柯尔施《马克思主义和哲学》，王南湜、荣新海译，重庆出版社，1989。

② 〔德〕卡尔·柯尔施：《马克思主义和哲学》，王南湜、荣新海译，重庆出版社，1989，第 22 ~ 23 页。

③ 参见徐长福《求解"柯尔施问题"——论马克思学说跟哲学和科学的关系》，《哲学研究》2004 年第 6 期。

④ 转引自陈学明《"西方马克思主义"论》，辽宁教育出版社，1991，第 313 页。

克思晚期的思想，故意贬低晚期思想。不少学者认为《1844 年经济学哲学手稿》是马克思思想创作的巅峰，把《1844 年经济学哲学手稿》中的人道主义思想当作马克思主义哲学的核心，把抽象人道主义说成马克思主义的本质精神。顺理成章，马克思的哲学话语也就变成了人道主义话语。主要的代表人物有卢卡奇、柯尔施、弗洛姆、马尔库塞、萨特等，他们掀起了一场轰轰烈烈的人道主义思潮，把马克思主义说成人道主义，马克思的哲学话语就是人道主义话语。

也有少部分学者认为，马克思主义是"反人道主义"，法国学者阿尔都塞就是代表之一。他认为："和全部人本主义或哲学人道主义的决裂，并不是一件微不足道的小事，因为这一决裂（认识论上的决裂）是马克思的科学发现之一。"① 这在西方马克思主义研究中占有重要的地位。我国学者黄楠森认为，马克思主义是从人道主义演变而来，不仅有历史的渊源，也有理论的交叉。黄楠森指出："马克思主义的诞生也就是马克思和恩格斯从人道主义历史观转向唯物主义历史观，从空想社会主义转向科学社会主义的过程。他们反对的、抛弃的只是人道主义历史观，而不是处理社会生活和人际关系的人道主义原则或人道原则。"② 因此，面对如此众说纷纭的看法，我们不能简简单单地把马克思的哲学话语归为人道主义话语或者反人道主义话语，而要在具体语境中分析其话语性质。

3. 马克思哲学话语本身的变革

马克思的哲学话语从稚嫩走向成熟，从思辨话语走向新唯物主义话语经历了多次转变，这在其著述中都已显现。但是，对于马克思哲学话语变革阶段的划分、马克思哲学话语性质的界定仍然未能达成共识。主要代表性的观点有"一次转变说""两次转变说""三大转变说""话语断裂说"，也有部分学者将马克思的某部著作中术语故意抬高，冒充马克思哲学话语的全部，企图遮蔽马克思哲学话语的真实面目。

（1）"一次转变说"。张学广将传统哲学话语中的问题比作哲学话语的"疾病"。马克思哲学话语发生转变，就是对传统哲学话语的诊治。张学广认为，对青年黑格尔派哲学的批判是西方哲学自我更新的重要一环，

① 〔法〕路易·阿尔都塞：《保卫马克思》，顾良译，商务印书馆，2006，第 244 页。
② 黄楠森：《马克思主义、人道主义与人学学科建设——兼介绍〈人学理论与历史〉》，《中国特色社会主义研究》2005 年第 4 期。

马克思对青年黑格尔派的形而上学话语的批判就是其话语诊断路径。虽然在德法年鉴时期已经开始对德国哲学的清算，但张学广认为，《神圣家族》才是马克思哲学话语诊断的真正起点，《德意志意识形态》系统揭露了青年黑格尔派以及费尔巴哈的思辨话语，将哲学话语诊断提到了一个新的高度。① 张学广的这种看法是从近代语言学转向的角度来考察马克思哲学话语变革的，"诊治"本是维特根斯坦的常用语，这样划分有一定道理。

（2）"两次转变说"。此种观点的主要代表人物是南京大学的孙伯鍨。他认为，马克思哲学思想有两次转变，第一次思想转变是从唯心主义转向费尔巴哈的人本学唯物主义，第二次思想转变是真正自觉实现历史唯物主义的思想革命。其中，马克思哲学思想进程中发生自觉革命，哲学话语发生彻底革命，是从《关于费尔巴哈的提纲》开始的，是对《1844 年经济学哲学手稿》中的人本学话语进行彻底解构，是以新的实践为入口的哲学新视界凸显。在《1844 年经济学哲学手稿》中起关键作用的是"类"概念，而在《德意志意识形态》中起关键作用的是社会概念。前者是费尔巴哈的人本学旧范畴，后者是历史唯物主义的新范畴②。他认为马克思哲学话语的转变是从《神圣家族》开始，是对西方传统哲学的集大成者黑格尔的思辨哲学话语的彻底清算。在此后的《关于费尔巴哈的提纲》和《德意志意识形态》最终告别费尔巴哈的人本主义哲学话语，创立了马克思的哲学话语③。这也就是说，马克思哲学话语经历了黑格尔、费尔巴哈的两次批判和转变，最终形成成熟的新唯物主义话语。

（3）"三大转变说"。持这种看法的主要有张一兵、叶险明和袁祖社。张一兵认为，马克思的哲学建构经历了三个理论创造高峰：一是 1844 年建构的人本主义社会现象学；二是 1845 年 1 月到 1846 年 12 月创立的广义历史唯物主义；三是 1847 年到 1858 年建立的历史现象学。他认为马克思的话语经历了三个时期：第一个时期是人本主义话语体系，即 1837~1842年。这一时期，马克思仍处于德国古典哲学的传统架构中，起支配性作用

---

① 参见张学广《哲学话语的诊断治疗——马克思与维特根斯坦哲学观比较》，《哲学动态》2016 年第 2 期。

② 参见孙伯鍨《孙伯鍨哲学文存：探索者道路的探索》，江苏人民出版社，2010。

③ 参见孙伯鍨、杨思基《怎样认识马克思主义哲学、西方传统哲学和现代西方哲学的关系》，《山东社会科学》2003 年第 1 期。

的话语是人本主义话语，但是已经不同于费尔巴哈和黑格尔，已经超出了自然主义和思辨唯心主义。第二个时期是对传统哲学的形而上学体系的消解，此时马克思从社会实践入手，确立了一种新的世界观，这种世界观是以物质生产方式为理论核心的。第三个时期是建立在狭义历史唯物主义基础之上的历史现象学批判。面对资本主义大工业所实现的生产方式，马克思在完成政治经济学建构的同时，实现了以人类社会历史发展生产力为尺度的对人类社会及其个体现实存在的哲学批判与确证①。

叶险明认为，马克思哲学话语经历了从起点、转折点到基本完成。他提出，马克思哲学话语革命，是以回答时代所提出的重大课题为基础的；而其话语革命的历史起点则是改造传统哲学，赋予其新的特性；话语的转折点是对传统思辨哲学的扬弃；而哲学话语革命的完成，形成比较完整的话语系统则表现为"新唯物主义"的构建，以及在具体科学中把握的世界观和方法论②。

袁祖社认为，马克思确立自己的哲学语言和话语逻辑的时候，经历了三次话语批判：早期的"宗教—伦理话语批判"、中期的"政治经济学话语批判""实践的—社会历史话语批判"以及晚期的"文化与社会人类学的话语批判"，每次批判都是一次话语创新，就是在这些创新中，马克思形成了"话语秩序变革"逻辑③。

（4）"话语断裂说"。这个论点来自阿尔都塞的"认识论断裂"。阿尔都塞将马克思哲学的变革划分为早期马克思哲学和晚期马克思哲学（或者说是成熟时期的马克思哲学和不成熟时期的马克思哲学），他指出，马克思的著作中存在一个"认识论断裂"，这是确定无疑的。阿尔都塞认为，这个断裂的位置就是《德意志意识形态》，《关于费尔巴哈的提纲》则是这个断裂的前岸，是"意识形态"阶段，而以后则是"科学"阶段④。思想的断裂，必定带来话语的断裂。阿尔都塞用"约定俗成的术语来指出这

---

① 参见张一兵《回到马克思——经济学语境中的哲学话语》，江苏人民出版社，1999，第22页。

② 参见叶险明《马克思哲学的话语革命与中国哲学的话语危机——兼论"中国问题意识"》，《哲学研究》2012年第12期。

③ 参见袁祖社《"观念史"逻辑的介入与马克思主义哲学话语创新的理论自觉》，《江海学刊》2012年第5期。

④ 参见〔法〕路易·阿尔都塞《保卫马克思》，顾良译，商务印书馆，2006，第15~16页。

一断裂的双重成果。"① 在他看来，《德意志意识形态》之前，马克思用"主体""自由""需求""市民社会""异化""精神"等概念，在《德意志意识形态》之后，马克思用"生产力""经济基础""阶级""社会存在"等概念，这种话语差别也就是他所说的"认识论断裂"。巴加图里亚也提出过类似观点。巴加图里亚认为《1844年经济学哲学手稿》和《德意志意识形态》是两种不同的概念体系，运用不同的话语系统，以及不同的逻辑思路②。

也有学者拿青年马克思的尚未成熟的概念、术语（主要是指《1844年经济学哲学手稿》中的某些术语）来冒充整个马克思主义的哲学内容，绝口不谈马克思突破旧术语的框架来丰富发展新的内容，故意扭曲和抹杀马克思的真正含义。神学家蒂尔就认为，"马克思的原文（指的是《1844年经济学哲学手稿》）使人无需较晚期著作的帮助，就可以对马克思本人所理解的马克思主义究竟是什么这一点有一个最好的、有根有据的概念。"③ 他利用马克思未尽完善的术语，断章取义、牵强附会地把马克思哲学话语与人本主义话语相混淆。奥地利社会民主党的领袖施密德，在他的纲领性言论中也常常使用《1844年经济学哲学手稿》中的不完善的、抽象的术语，借马克思的名义，用"忠于"马克思的词句掩盖其对马克思主义的修正。与此相反，有学者提出，《1844年经济学哲学手稿》中的大多数概念、范畴借助于旧哲学的影响而使尚处于"实验"状态的新世界观哲学在结构上既带有一定的思辨性，也带有一定的强制性，并且这些概念、范畴本身远不够确切，不过是过于抽象，还不完全包含马克思主义哲学的实质性内容。《德意志意识形态》使这种情况发生了质的改观，它的概念、范畴虽然在形式上还有待于精准，但它们的内容实质使它们各自把握了被说明的对象，《德意志意识形态》才是马克思主义形成的标志④。

持有"一次转变说"的学者认为，马克思哲学话语对黑格尔思辨哲学

① 〔法〕路易·阿尔都塞：《保卫马克思》，顾良译，商务印书馆，2006，第147页。
② 转引自王东、贾向云《马克思何时成为马克思——马克思哲学综合创新起点新探》，《哲学动态》2012年第7期。
③ 参见〔苏〕列·尼·巴日特诺夫《哲学中革命变革的起源》，刘丕坤译，中国社会出版社，1981，第7页。
④ 参见唐少杰《哲学中革命变革的实现——〈德意志意识形态〉在马克思主义哲学史上的意义》，中央民族学院出版社，1993。

话语的清算，直接跨越了费尔巴哈的人本主义话语。这种观点略显粗暴。马克思哲学思想的变革不能缺少费尔巴哈，在其话语的变革中，费尔巴哈也是不可或缺的一环，他是马克思哲学话语变革的一个助推。"两次转变说"和"三大转变说"都有其合理性，"三大转变说"是"两次转变说"的一次深化，区分更加细致。由于论证的角度不同，所以划分的方法也就不同。但那些将马克思哲学话语进行人为断裂，将马克思哲学与传统哲学割裂，将不成熟的马克思上升为马克思的全部哲学思想，人为地制造"两个马克思"，将马克思哲学认为是德国古典哲学的变种和简单相加，是对马克思的扭曲和误解，就是要遮蔽马克思的哲学实质，这是对马克思主义的真正精神的背弃。无可辩驳，马克思哲学话语体系的形成并非一日之功，其最早成为黑格尔的信徒，早期的哲学话语表现为思辨的哲学话语，随着对现实的研究深入以及理论的成熟，在哲学话语发展过程中，一步一步摆脱人本主义的哲学话语的影响，最终形成自己的新唯物主义话语体系。

除此之外，在对马克思哲学话语革命的研究中，有学者从其某个哲学术语、概念、范畴、范式的演变发展进行研究。比如说，对马克思著作中的"异化"概念的演变、"市民社会"概念的历史逻辑演变、"实践"概念的研究、"生产力"概念的形成，马克思哲学研究范式的转变等①。概念、术语、范畴作为哲学话语的组成部分，对"异化""生产力""实践""生产关系"等概念的研究，从某种程度上来说，也是马克思哲学话语革命的一种研究，为哲学话语革命的研究打下了根基、奠定了基础。

4. 马克思主义哲学话语与当代中国

中国特色社会主义的伟大实践、习近平新时代中国特色社会主义思想

---

① 参见张一兵主编《马克思哲学思想发展史研究》第 6 卷，中央编译出版社，2018，第 1645～1670 页；陈濯《试论马克思著作中的"异化"概念》，《社会科学》1985 年第 2 期；崔文奎《费希特的实践概念对马克思构建唯物史观的影响》，《哲学研究》2010 年第 5 期；安启念《〈关于费尔巴哈的提纲〉与马克思对费尔巴哈的超越》，《北京行政学院学报》2010 年第 3 期；王仕民《简论马克思的实践范畴》，《哲学研究》2008 年第 7 期；Г. А. 巴加图里亚、李树柏《马克思恩格斯理论遗产中的"生产力"范畴》，《哲学译丛》1982 年第 2 期；冯景源《马克思科学生产力概念的形成及其在唯物史观制定中的意义》，《江淮论坛》1984 年第 4 期；柳祥美、张长明《简析马克思生活世界视域中的实践概念》，《武汉大学学报》（人文科学版）2008 年第 2 期；王南湜《中国马克思主义哲学范式转换研究析论》，《学术研究》2011 年第 1 期；等等。

的学理分析是当前的学术热点，在一定程度上给马克思主义哲学话语的研究提供了契机，并逐渐进入学者视野。在马克思主义哲学话语与当代的问题上，学者从多角度、多领域、多视点展开研究，并取得一定的学术成果。在此问题上从马克思主义哲学话语的中国化、时代化、大众化，马克思主义哲学话语权，马克思主义哲学话语的阐释方式等方面对马克思哲学话语与当代中国进行述评。

第一，马克思主义哲学话语的中国化、时代化、大众化。首先，关于马克思主义哲学话语中国化的研究，学者主要围绕中国特色社会主义建设实践，深入分析和研究习近平新时代中国特色社会主义思想的哲学基础，并加以阐释。学者普遍认为，习近平新时代中国特色社会主义思想守正和创新、继承和发展了马克思主义哲学的基本内容，通过对马克思主义哲学立场、观点和方法的理论性运用与实践性创造，开辟了当代中国马克思主义哲学的新境界[①]。也有学者以中国共产党成立 100 周年为契机，对马克思主义中国化进行了系统回顾，在马克思主义哲学中国化的过程中，先后出现了"以日解马""以苏解马""以西解马""以马解马"四种解读范式，并在此基础上，形成了相应的概念演变与话语特征。在当代，我们需要以"以马解马"为基础，研究中国特色社会主义实践，实现马克思主义哲学解读模式的中国化和中国特色社会主义解读的马克思主义哲学化并进，以构建具有原创性的中国马克思主义哲学话语[②]。也有学者从中国马克思主义哲学话语体系的百年发展角度研究，提出加快构建中国马克思主义哲学话语体系必须在解决现实问题的观照中追问马克思原初话语体系，必须在世界历史进程中，以中国为中心，探索时代话语体系，必须将实践探索与话语结构结合起来，必须将理论话语、学术话语与大众话语结合起

---

① 参见侯惠勤《习近平新时代中国特色社会主义思想的哲学意蕴》，《马克思主义研究》2018 年第 5 期；郭云泽、刘同舫《习近平新时代中国特色社会主义思想对马克思主义哲学的继承与发展》，《思想理论教育》2018 年第 8 期；汪信砚《习近平新时代中国特色社会主义思想的哲学基础研究述评》，《武汉大学学报》（哲学社会科学版）2018 年第 2 期；汪信砚《马克思主义哲学中国化与中国道路的哲学表达》，《哲学研究》2018 年第 1 期；王南湜《改革开放 40 年中国马克思主义哲学发展理路之再检视》，《社会科学战线》2018 年第 11 期；等等。
② 参见李双套《百年来中国马克思主义哲学的解读范式及话语特征》，《求索》2021 年第 4 期。

来，必须将话语体系的构建与打造标志性范畴、提出重大理论命题结合起来，必须将批判性与建构性结合起来①。

其次，关于马克思主义哲学话语时代化的研究。顾海良指出，党的十一届三中全会以来，我们党不断推进马克思主义中国化、时代化，使马克思主义以崭新的形象展现于世界，习近平新时代中国特色社会主义思想作为 21 世纪马克思主义，以理论伟力和思想智慧引领 21 世纪马克思主义发展，为我们更好地认识和把握共产党执政规律、社会主义建设规律、人类社会发展规律作出原创性贡献②。也有学者围绕时代主题进行研究，关注较多的有习近平生态文明思想的哲学基础、"人类命运共同体"思想的哲学基础、"党的建设"思想的哲学基础等③。此外，还有学者从中国特色社会主义话语体系、中国共产党推进马克思主义时代化等角度进行研究④。

最后，关于马克思主义哲学大众化的研究。自艾思奇的《大众哲学》问世以来，"大众哲学"就成为马克思主义哲学在中国本土化研究的一种话语体系。对马克思哲学话语大众化的研究，一直是当代中国哲学社会科学研究的一个重要方面，成果也很丰富。郝立新认为，《大众哲学》开启了具有中国特色的大众化、通俗化的哲学话语。哲学是大众生活与大众话语的相统一，以中国民众为主体、以时代问题为导向、以大众话语为形式、以实践观点为基础⑤。2014 年由王伟光主编的《新大众哲学》（七卷本）是近年来推进马克思哲学大众化的又一大部头著作，这部著作立足马克思主义哲学的本真精神，围绕时代问题从总论、唯物论、辩证法、认识

①　参见单传友《中国马克思主义哲学话语体系的百年探索》，《华中科技大学学报》（社会科学版）2021 年第 2 期。

②　这是顾海良在中国人民大学"习近平新时代中国特色社会主义思想研究工程"启动仪式暨"习近平新时代中国特色社会主义思想对马克思主义发展的原创性贡献"学术报告会上的发言，参见段丹洁《续写马克思主义中国化新篇章》，《中国社会科学报》2022 年 3 月 18 日。

③　贾德荣：《习近平生态文明思想的哲学观》，《学习时报》2018 年 9 月 21 日；陈少雷：《习近平"人类命运共同体"思想的哲学阐释》，《理论探讨》2018 年第 4 期；樊建武、庄彧：《习近平"伟大工程"执政党建设有关论述的哲学意蕴》，《学校党建与思想教育》2018 年第 22 期；等等。

④　参见刘欣欣《中国特色社会主义话语体系构建研究》，西北大学 2021 年博士学位论文。

⑤　参见郝立新《大众哲学之话语与范式》，《哲学研究》2015 年第 9 期。

论、历史观、价值观、人生观等七个方面展开哲学阐释，将重大理论和现实问题上升到马克思主义哲学世界观方法论的高度加以阐明，在回答重大理论和现实问题的进程中，力争推进马克思主义哲学的时代化、中国化和大众化①。

此外，关于马克思主义哲学大众化，郭建宁还认为："马克思主义哲学是实践的哲学、生活的哲学，这就要求让它贴近实际、贴近群众、贴近生活，以通俗易懂的形式，使中国化的马克思主义哲学真正为大众所理解、接受和掌握。"② 也有学者提出，马克思哲学话语方式的大众化就是要结合时代发展，用人民群众喜闻乐见的哲学话语体系，使广大人民群众掌握马克思主义的立场和方法。通过贴近群众的话语表达方式，将马克思主义哲学融入现实的社会，将马克思主义哲学话语方式大众化的现实任务交给人民群众，扩大马克思主义哲学的影响力③。

马克思主义哲学大众化问题一直是学界研究的热点问题。党的十八大以来，关于习近平新时代中国特色社会主义思想大众化的研究更是成为学者关注的热点。2019 年由中共中央宣传部、中央广播电视总台联合创作的《平"语"近人——习近平总书记用典》推进了马克思主义的大众化，该著作是将马克思主义与中国传统文化相结合的一个典范。彭婷提出，"习式风格"具有深刻的哲学意蕴，其语言不仅体现了人民性和大众性的统一，也体现了真理性和价值性、学理性和实践性的统一，蕴含了巨大的理论和实践力量，是构建马克思主义大众化话语体系的重要实践④。

第二，关于马克思主义哲学话语权问题的研究。哲学社会科学的"失语"、马克思主义的"失声"，在国际舞台无人听、无人信，使马克思主义话语权问题逐渐上升到了国家战略的高度。习近平同志明确提出："在集中精力进行经济建设的同时，一刻也不能放松和削弱意识形态工作，必须把意识形态工作的领导权、管理权、话语权牢牢掌握在手中。"⑤ 话语

---

① 参见王伟光主编《新大众哲学》，中国社会科学出版社、人民出版社，2014。
② 郭建宁：《马克思主义哲学大众化的当代思考》，《河北学刊》2008 年第 3 期。
③ 参见孙连任《马克思主义哲学话语方式大众化问题研究》，沈阳师范大学 2015 年硕士学位论文。
④ 参见彭婷《习近平语言力量的哲学思考——兼谈实现马克思主义大众化的启示》，《观察与思考》2019 年第 12 期。
⑤ 《习近平关于社会主义文化建设论述摘编》，中央文献出版社，2017，第 34 页。

权问题不仅是一个理论问题，更是一个重大的现实问题。

韩庆祥认为，构建解释 21 世纪世界的哲学理论并掌握话语权，是当今中国特色哲学社会科学，尤其是 21 世纪马克思主义需要探究的一个重大课题。21 世纪的世界可以成为世纪性、世界性理论创新的金矿，因此要在守正继承和创造转化以往所有解释世界的理论的前提下，创新性发展反映 21 世纪世界之时代特征的新的哲学理论，而且这种理论能观察时代、把握时代和引领时代。21 世纪的马克思主义是马克思主义者，尤其是中国共产党人用来解释 21 世纪世界所运用的哲学理论，它越来越具有解释 21 世纪世界的相对优势①。同时，韩庆祥等还从马克思主义的"三化"角度来探讨话语权问题，文章指出，提升话语权，必须突出中国元素、讲好中国故事、唱响中国声音、贡献中国智慧；必须增强话语的时代感、突出时代元素、把握时代脉搏、回应时代诉求；还必须提高认同度、突出大众元素、反映大众生活、契合大众心灵、符合大众思维。只有这样，才能赢得话语权②。

侯惠勤从理想信念缺失的角度来探讨哲学话语权问题，认为理想信念的缺失与哲学世界观、历史唯物主义观点不牢密切相关。哲学话语权的缺失就是因为世界观发生了动摇、发生了混乱③。他提出，在辩证唯物主义和历史唯物主义这个总题目下，关于哲学的基本问题，关于《共产党宣言》的基本思想，关于马克思主义的中国化等，构成了马克思主义的根本话语方式。西方通过割裂意识形态和学术的关系，试图架空马克思主义的学术话语权力，否定马克思主义的话语方式，试图颠覆马克思主义话语权；抑或是将普遍性与特殊性进行割裂，进而否定历史客观必然性，把中国引入"全盘西化"的主要话语方式之中。面对此类问题，我们必须认真清算试图颠覆马克思主义话语权的"小伎俩"④。

张翔和李庆海认为，掌握话语权，必须占领舆论制高点。他们从四个方面对掌握话语权问题进行了阐述：其一，要打造高屋建瓴的主流文化；其二，要敢于旗帜鲜明地发声；其三，要讲究宣传策略艺术；其四，要把

---

① 参见韩庆祥《哲学视域的 21 世纪马克思主义与理论话语权》，《阅江学刊》2022 年第 2 期。
② 参见韩庆祥、陈远章《马克思主义"三化"与话语权问题》，《上海师范大学学报》（哲学社会科学版）2015 年第 2 期。
③ 参见侯惠勤《理想信念的坚定与哲学话语权》，《南京政治学院学报》2015 年第 1 期。
④ 参见侯惠勤《意识形态话语权初探》，《马克思主义研究》2014 年第 12 期。

话语权交给人民①。

陈章龙认为，马克思主义哲学话语体系的建构，要注重思想性话语和学术性话语相融合、人文性话语与科学性话语相融合、反思性话语与建构性话语相融合、传统性话语与时代性话语相融合等几对关系②。

李亚彬从谁来说、说什么、怎么说这三个角度探讨了马克思主义中国化中的话语与话语权问题，谁拥有话语权谁就拥有了马克思主义的解读权，就会按照他的理解来构建马克思主义在中国的话语体系③。

张璨和吴波从意识形态安全与马克思主义话语权的提升角度进行研究，他们认为，马克思主义话语权是维护意识形态安全的基本问题。中国特色社会主义进入新时代，必然提出提升马克思主义话语权的任务和要求。马克思主义话语权的提升，仍应以维护意识形态安全为基础目标。马克思主义话语权的提升，应坚持特殊性与超越性相统一、建构性与批判性相统一、两点论与重点论相统一，重点围绕增强理论创新的彻底性、理论表达的适应性和理论传播的大众性展开④。

第三，马克思主义哲学话语体系的当代阐释。长期以来，教科书式的阐释体系一直是马克思主义哲学的标准话语形态，马克思哲学话语形成了一种"教科书式"的话语系统。虽然学界早已开始了对"教科书哲学"的反思，以及马克思哲学话语的重构，但是当下的阐释体系依然存在很多问题。

何萍认为，我国的马克思主义哲学史研究最初采用的是马克思主义哲学原理的话语系统，而非哲学史的话语系统。错位的话语系统阻塞了马克思主义哲学史的研究。人们用马克思主义哲学教科书中的原理来整理和裁剪马克思主义哲学的史料⑤。她同时提出，用非历史的态度来叙述也许是可取的，但是以此来研究是行不通的。

张一兵重新探索了马克思哲学思想发展历程，从马克思政治经济学研究的历史语境出发，运用全新的解读方法，真实再现了马克思哲学话语的

---

① 参见张翔、李庆海《占领制高点　掌握主动权》，《光明日报》2014 年 2 月 16 日。
② 参见陈章龙《马克思主义哲学话语体系的当代建构》，《光明日报》2017 年 3 月 27 日。
③ 参见李亚彬《马克思主义中国化中的话语和话语权问题——以两次飞跃为例》，《哲学研究》2015 年第 6 期。
④ 张璨、吴波：《意识形态安全与马克思主义话语权的提升》，《思想理论教育导刊》2019 年第 12 期。
⑤ 何萍：《马克思主义哲学史的话语系统及其建构》，《光明日报》2014 年 3 月 19 日。

深层转换。他指出马克思在经济学探索中所创立的历史现象学批判话语，
否定了苏联传统教科书体系哲学及其变种的合法性①。

丰子义认为，马克思主义哲学话语的创新要防止从"哲学话语"走向
"话语哲学"，在话语表达上要增强理论的影响力和感染力，把理说深说
透，提高话语内容的解释力和影响力②。

也有学者指出，从 20 世纪 70 年代末 80 年代初对"教科书哲学"进
行的反思和批判开始，马克思哲学的话语方式就在不断地重新构建。20
世纪 90 年代后，哲学话语在社会生活面前失位，虽然出现不同的个性化
话语，但是其解释力、说服力并不强，并不能拥有话语权。马克思哲学话
语要想获得话语权，必须使其在生活面前的话语功能实现复位。更为重要
的是，马克思主义哲学话语应当把中华民族的伟大复兴作为自己的哲学价
值立场，并以此创建自己的哲学言说方式③。

在这一问题上，学者们越来越将关注点扩展至世界领域，比如对话语建
构的中国智慧与西方经验，有学者围绕"实现现代化的中国方案及其国际话
语表达"主题，提出了要坚持大历史观和世界视野，坚持理论与实践相结合，
坚持继承性和创新性相统一的观点；有学者围绕"话语建构的中西路径差异
及其当代启示"主题，探讨了马克思主义与西方对话语建构形式的认识区别，
以及这些差异对我国当前构建中国学术话语的启示；也有学者围绕"人类文
明视野下的中国话语及其建构"主题，针对全球治理赤字、信任赤字、和平
赤字、发展赤字等现象，提出了四个方面的中国话语建构主张。有学者围绕
"建构人类命运共同体与中国话语建构"的主题，阐述了构建人类命运共同体
的世界背景，对如何建构中国话语的内容、形式、方法等方面进行了探讨。也
有学者对当代中国马克思主义哲学研究的语境及其方式创新进行研究④。

综上所述，马克思哲学话语与当代中国，就是要构建在马克思主义指
导下的具有中国特色的哲学社会科学话语体系，形成与中华优秀传统文化
相结合的马克思主义哲学话语体系、解决时代课题的话语体系，提高马克

---

① 参见张一兵《回到马克思——经济学语境中的哲学话语》，江苏人民出版社，1999。
② 丰子义：《从话语体系建设看马克思主义哲学创新》，《哲学研究》2017 年第 7 期。
③ 何蔚荣：《哲学话语的失位与复归》，《社会科学辑刊》2007 年第 2 期。
④ 参见韩庆祥、张健《当代中国马克思主义哲学研究的三维语境及其方式创新》，《马克思主义与现实》2018 年第 2 期。

思哲学的国际话语权，形成与中国经济实力相匹配的学术话语体系。这也是研究马克思哲学话语革命的使命和目的所在。

5. 当代中国学术话语体系的构建

习近平总书记在哲学社会科学工作座谈会上将话语体系与学科体系、学术体系建设明确概括为加快构建中国特色哲学社会科学话语体系的重要任务，在全国高校思想政治工作会议上再次强调创新学术话语体系问题。近年来，学术话语体系的构建问题越来越受到关注，如何用学术话语讲好中国故事，如何将马克思主义与中国具体实际和中华优秀传统文化相结合，如何回答好中国之问、世界之问、人民之问、时代之问，如何构建中国自主知识体系等，学者从宏观和微观的角度纷纷提出了自己的看法和主张，为中国特色哲学社会科学话语体系的构建出谋划策。

构建中国特色哲学社会科学学术话语体系，无疑是当今中国最大的时代课题，也是最紧迫的任务。有学者就从宏观角度来探讨这一问题，如逄锦聚认为，"构建中国哲学社会科学话语体系……要坚持从中国实际出发，发扬中华民族优秀文化传统，把马克思主义基本原理同中国具体实际相结合，同时吸收借鉴人类文明一切有益成果，有所创新，有所前进"①。郭建宁提出，构建中国马克思主义哲学话语体系，推进马克思主义哲学中国化、时代化、大众化，关键是要从实践和文化两个维度上进一步推进马克思哲学中国化。他还指出，要在中国特色社会主义伟大实践中，在弘扬中华优秀传统文化中，在回答时代课题中构建②。韩震等学者提出构建话语体系需要转换话语方式，他们认为，当下的话语方式并没有因为改革开放的深入而改变，导致了中国的文化影响力不足。随着中国经济实力的增强，也应实现话语方式的改革开放③。唐爱军认为，马克思主义中国化的话语体系需要从革命话语转换到建设话语上来④。王栋回顾了中国共产党

---

① 参见逄锦聚《构建中国哲学社会科学理论体系和话语体系》，《人民日报》2014 年 9 月 12 日。

② 参见郭建宁《关于当代中国马克思主义哲学的几个问题》，《北京大学学报》（哲学社会科学版）2015 年第 4 期；郭建宁《构建当代中国哲学社会科学话语体系》，《前线》2015 年第 7 期。

③ 参见韩震《思想解放与话语方式转变》，《中国高校社会科学》2013 年第 4 期。

④ 参见唐爱军《从"革命"到"建设"——马克思主义中国化话语体系转换》，《上海师范大学学报》（哲学社会科学版）2015 年第 2 期。

领导构建哲学社会科学话语体系的百年历程，并对经验进行了总结，他指出党成立百年来，面对革命、建设、改革的历史任务，其对哲学社会科学话语体系的构建经历了由马克思主义哲学社会科学话语体系到中国特色哲学社会科学话语体系的发展，在探索中不断走向成熟。百年来构建哲学社会科学话语体系的经验主要包括坚持以马克思主义为指导、坚持"人民本位"的话语表达与创新、汲取古今中外哲学社会科学优秀成果、充分发挥媒体和教育研究机构的作用等①。

也有部分学者从微观角度出发，提出构建马克思主义指导下具有中国特色的哲学社会科学话语体系②。沈壮海等著的《学术话语体系建设的理与路》从微观视角出发，结合不同学科的实际和特点，对富有中国主体性、原创性和影响力的学术话语体系构建问题进行了比较深入系统的探索③。此外，也有学者从传播学、社会学等角度进行学术话语的研究，也有学者从人类命运共同体、中华民族共同体的学术话语体系角度进行研究，如有学者就提出中国传播学学术话语体系构建的路径分析，有学者提出构建中华民族共同体研究的学术体系和话语体系④。

除此之外，关于对外话语体系建设的研究也是近年来的热点。习近平总书记在全国宣传思想工作会议上指出，要精心做好对外宣传工作，创新对外宣传方式，着力打造融通中外的新概念新范畴新表述，讲好中国故事，传播好中国声音。⑤ 同时也在其他场合提出"加强国际传播能力和对外话语体系建设，推动中华文化走向世界"⑥。其实这些问题的实质就是

① 参见王栋《中国共产党领导构建哲学社会科学话语体系的百年探索历程与经验》，《东岳论丛》2021 年第 11 期。
② 参见肖贵清《论中国模式研究的马克思主义话语体系》，《南京大学学报》（哲学·人文科学·社会科学版）2011 年第 1 期；郭建宁《打造与中国道路相适应的话语体系》，《人民论坛·学术前沿》2012 年第 11 期；孙应帅《努力创建中国实践、中国话语、中国立场的哲学社会科学创新体系》，《创新》2012 年第 5 期；韩喜平《构建具有中国特色的哲学社会科学学术话语体系》，《红旗文稿》2014 年第 22 期；等等。
③ 参见沈壮海等《学术话语体系建设的理与路》，人民出版社，2019。
④ 参见祁芝红、李智《中国传播学学术话语体系建构的路径分析》，《社会科学文摘》2021 年第 12 期；李学保《构建中华民族共同体研究的学术体系和话语体系》，《社会科学文摘》2021 年第 12 期；解为瀚《吴文藻与中国社会学学术话语体系的构建》，《上海交通大学学报》（哲学社会科学版）2021 年第 6 期。
⑤ 《习近平谈治国理政》，外文出版社，2014，第 156 页。
⑥ 《十八大以来重要文献选编》（上），中央文献出版社，2014，第 535 页。

对外话语体系的构建，即如何用学术讲好政治。李建军等认为，相较于政治话语和民间话语，以学术话语讲好中国故事是把握中国对外话语权和主导权的新向度。在构建人类命运共同体的大背景下，以学术话语讲好中国故事是中华文化"走出去"的重要保障，也是彰显中国话语体系的基本维度，还是塑造党和国家形象的有效形式。要构建对外话语体系，就要坚持问题导向，以中华文化作为主体内容，注重学术话语的讲述方式，延展学术话语的传播时空、探索传播载体的新样态，以真正讲好中国故事①。段丹洁认为，加快构建中国学术对外传播话语体系，让世界知道"学术中的中国""理论中的中国""哲学社会科学中的中国"，进一步强化"发展中的中国""开放中的中国""为人类文明作贡献的中国"的国际学术影响力，成为日益迫切的时代课题。要以实践为本位展现中国智慧，要多措并举推介中国学术②。

总之，不管是从宏观角度还是从微观角度来说，中国学术话语体系的构建任重道远，仍然有很长的路要走，构建具有中国特色哲学社会科学话语体系仍然是当今时代的重要课题。

（二）当前研究存在的不足

回顾近年来学术界关于马克思哲学话语的研究状况，争鸣与共识同在，成绩与问题共存。存在的主要问题有以下几个方面。

1. 学科壁垒森严

哲学话语研究最终的落脚点是中国哲学社会科学话语体系的构建，而这些话语的构建不是简单地陷于哲学话语的研究中。当今中国，各学科之间壁垒森严，文艺学、文化学、语言学、传播学、哲学、社会学对话语的研究各执一端，中国哲学、西方哲学、马克思主义哲学泾渭分明，似乎有种"老死不相往来"之势。"在不同的学科领域，不同的研究者不同的研究立意给予'话语'不同的诠释。"③ 尽管当前学术界已经有了某种程度

---

① 参见李建军等《以学术讲好中国故事》，《河南师范大学学报》（哲学社会科学版）2022年第1期。

② 参见段丹洁《让世界倾听中国学术思想的声音》，《中国社会科学报》2021年10月11日。

③ 陈汝东：《论话语研究的现状与趋势》，《浙江大学学报》（人文社会科学版）2008年第6期。

的学术自觉，但是从总体上来说，对话语的研究依然是在自己研究的"一亩三分地"上独立耕作，部分学者根据自身的研究领域，从自身的研究框架中提出问题、解决问题，很难从整体布局上对话语研究进行把握，更是难以形成具有中国特色的哲学社会科学话语体系的构建。我认为，应以马克思哲学话语的研究为契机，多角度、多学科、多领域地进行合作研究，攻坚克难，构建具有中国特色的学术话语体系，使中国话语能够走向世界，在世界舞台上发出中国声音。

2. 缺乏话语自信

部分学者从马克思之后的西方马克思主义、西方哲学出发，片面强调用他们提出的一些概念和话语系统重新解读马克思的哲学思想，重新挖掘马克思哲学的时代价值，以求得对马克思哲学的创新性诠释。这种做法往往陷入西方哲学概念的话语系统之中不可自拔，忽略自己的中国学者身份，其实质是对马克思哲学一种的背叛，也是一种学术不自信的表现。甚至有部分学者紧跟西方学者的脚步，认为马克思根本不存在哲学，谈不上哲学话语问题，也谈不上有没有形成自己的研究范式和研究议题；整个学界缺少自己的话语和话语权，更谈不上中国的哲学话语体系的构建。在重大理论和现实问题面前，往往借助西方话语诉说中国问题，借助于西方的概念系统来衡量中国，陷中国于一种"失语""失声"状态。这种对西方学术研究亦步亦趋、抽象移植西方的话语系统、屈从于西方的学术话语体系的行为，是话语不自信的表现，最终在构建中国哲学社会科学学术话语体系时得不偿失。

3. 系统研究成果较少

学术界专门从话语角度研究马克思哲学革命的成果寥若晨星，对马克思哲学话语的研究和梳理更是少之又少。至今还没有一部系统研究马克思哲学话语革命的专著，相关的学术论文也仅仅只有几篇。由于人们常用传统西方哲学的"本体论""认识论""方法论"等阐释系统和"存在""本质"等概念范畴来套马克思的哲学体系，或在马克思的著作中寻章摘句，构建一套"马克思哲学原理"，呈现出了马克思哲学原理话语一片繁荣昌盛，而马克思的哲学史话语的研究却显得势单力薄。马克思主义哲学原理的话语系统一直在我国马克思主义哲学研究中处于主导地位，教科书中的基本原理、基本概念是马克思主义研究的基本范畴和基本线索。而这种"教科书哲学"采用的依然是苏联遗留下来的研究范式，对马克思哲学史、马克思哲学思想体系研究是一种误读，也是造成当前马克思哲学话语研究困境和话语权贫困的原因之一。

4. 政治淡化，学术凸显

当下的研究多是从问题出发去观照文本，而不是从文本出发去观照现实。从马克思的著作中寻章摘句，教条式地运用马克思哲学原理，根本不是解决问题的有效途径。部分学者，躲进书斋里进行哲学研究，打造只有极少数人才能欣赏的高级精神奢侈品——概念语言，醉心于象牙塔里的"阳春白雪"，而置社会矛盾与社会问题于不顾，这种脱离现实生活的哲学研究，最终患上"失语症"；有些学者追求"纯粹学术话语"，拒绝公众，使哲学语言概念化。部分学者面对政治，不愿说、不敢说、不要说、不去说，害怕犯错误，他们主张回归学术和经院化研究，将马克思哲学话语变成玄妙之语。"两耳不闻窗外事，一心只读圣贤书"，过分强调回归学术、回到基础理论的研究，远离社会现实、国家及民众需要，这是对现实诉求的放弃，也是对马克思哲学话语革命的背叛。如果对马克思主义的研究仅仅停留在对经典理论的修修补补，或者阐发经典著作中的微言大义等学院派的研究范式，不顾现实问题的解决，为了研究而研究，这只能是对哲学品格的一种降低，是一种空谈，只能误国。

二　研究的价值和意义

"话语方式乃思维之方式"①，概念范畴乃话语之根本。马克思哲学话语革命，是对马克思哲学思维方式和逻辑范畴的一种追问，是对马克思哲学"说什么""如何说""怎么说""说给谁""为何说"的一种求解，是从话语视角对马克思哲学革命实质的一种探究。本书以"话语革命"为核心论题，回到马克思早期核心文本，追溯马克思哲学话语的历史变迁，探寻马克思对西方传统哲学话语的革命与超越，揭示出马克思哲学话语的生成逻辑与方法论原则，系统梳理了马克思的哲学话语及其变革行径，并将马克思的哲学革命与中国学术话语体系的构建对接起来，以期为后者提供

---

① 　施旭主编《当代中国话语研究》总第 1 辑，浙江大学出版社，2008，创刊词二。

思想根基、智力支持和方法指引。

"返本"是为了更好地"开新","溯源"是为了更好的"向前","寻根"是为了更好地"发展"。以马克思哲学话语革命的探究为切入点,从思维方式和逻辑范畴层面反思当代中国哲学社会科学的话语危机,以期为当代中国学术话语体系的构建找到一条可供选择的路径,解决当前中国哲学社会科学话语权贫困问题。"话语方式乃思维之方式",逻辑范畴乃话语之根本,对话语形式的研究,就是对思维形式、逻辑范畴的研究。正如恩格斯所说,"对思维形式、逻辑范畴的研究,是有益的和必要的"①。因此,对话语形式的研究也是有益和必要的。以下将从理论层面和现实层面来阐释选题意义。

1. 理论意义

从理论层面来讲,对马克思哲学话语革命的研究,是马克思主义研究的一次深化和微观化,打破了以往对马克思哲学的解读模式,廓清马克思的本真面目,真正抓住马克思哲学变革的实质,激活马克思哲学在当代中国哲学社会科学话语体系建设中的生命力。具体来说,对马克思哲学话语革命研究的理论意义主要有以下几点。

第一,从微观视角来探讨马克思的哲学变革,改变了以往的解读视角。以往对马克思主义哲学大多从宏观视角去研究,以一种宏大的叙事方式来研究马克思哲学革命,往往遮蔽了其研究的"微观视角"。当前,从马克思哲学思想本身来研究其哲学变革的著述有很多,而从微观视角来考察马克思哲学的研究还较少,更没有形成系统的研究成果。有些著作从某一范畴入手,来探讨马克思的哲学变革,但是将其哲学范畴做系统考察的论述还较少。对哲学话语革命的研究,正是从逻辑范畴来考察马克思的哲学变革。这是一种视角的转换。

第二,从思维方式来审视马克思的哲学变革,打破了固有的解读模式。从思维方式来重新审视马克思的哲学革命,开拓了一种新的解读方式和诠释方式。思维形式,即思考问题、解答问题的方式。马克思哲学的变革其实也是一种思维形式的变革,从解释世界到改变世界,从思辨到客观现实,马克思实现了哲学思维方式的变革。从思维方式来研究马克思哲

---

① 《马克思恩格斯全集》第 20 卷,人民出版社,1971,第 583 页。

学，有利于更加深入地了解马克思哲学变革的脉络，真正把握马克思哲学的科学见解。虽然也有不少著述对思维形式有所论及，但是都对马克思在思维方式上发生的革命的研究尚少。对马克思哲学话语革命的研究，就是要将这种研究系统化、理论化。

第三，从逻辑范畴来考察马克思的哲学变革，还原马克思哲学的"原生形态"。深入研究经典著作中所蕴含的逻辑范畴，梳理基本概念、范畴、术语，呈现马克思哲学文本的原初语境，真正弄清马克思哲学革命的"来龙去脉"，讲明白马克思主义哲学本质。此外，通过话语变革探究马克思哲学变革，还有助于认清马克思哲学的完整结构，从总体上呈现马克思哲学革命的原生形态、本质特征、基本精神和活的灵魂，真正理解马克思哲学革命。

2. 现实意义

从现实层面来说，对马克思哲学话语革命的研究，是中国哲学社会科学话语体系构建的"先行"。随着国际竞争日益智力化，文化软实力的竞争也日趋激烈。而作为文化软实力外化的话语权，更是成为"兵家的必争之地"。不同于以往冷兵器时代，话语浸染着文化、价值观和意识形态等因素，以一种"润物无声"的方式消解别国的意识、歪曲他国的价值观，话语权的竞争也更加隐蔽。谁拥有话语权，谁就拥有了主动权、拥有了国际社会的裁判权，谁就拥有了学术话语的"生杀大权"。对马克思哲学话语革命的研究，就是对当代中国哲学社会科学学术话语的研究，为当代中国社会的发展提供巨大的智力支持和精神动力，增强我国哲学社会科学的核心竞争力和国际影响力，提升中国哲学社会科学的话语权，增强中国特色社会主义道路自信、理论自信、制度自信和文化自信。对马克思哲学话语革命的研究，其现实意义主要体现在以下几个方面。

第一，有利于构建当代中国哲学社会科学话语体系，为中国现实实践提供理论支撑和智力支持。马克思主义哲学话语的研究，其目的在于为当代哲学社会科学话语体系的建设提供智慧和指导，对当代中国社会的发展提供智力支持和精神动力。中国特色社会主义实践是中国哲学社会科学话语体系构建的源头活水，同时中国现实实践也需要中国哲学社会科学的理论指导。对马克思哲学话语革命的研究有助于构建当代中国哲学社会科学话语体系的创新。囿于原有的话语框架和理论范式，缺乏原创性的思想理论、价值理念和话语体系，就难以把握新形势、解决新问题和处理新矛盾。只有创新哲学社会科学话语体系，才能讲清楚新情况、新问题，解决好新情况、新矛盾。

第二，有利于提升当代中国学术话语的国际话语权，增强国际竞争力。习近平总书记在哲学社会科学工作座谈会上的讲话中指出："如何加快建设社会主义文化强国、增强文化软实力、提高我国在国际上的话语权，迫切需要哲学社会科学更好发挥作用。"① 作为一个哲学社会科学大国，我国的哲学社会科学国际话语权并不能与之匹配，而话语权斗争的核心是理论的斗争，是具有某种政治的、经济的包括意识形态在内的话语权的争论，绝非简单的词语、概念的较量。当代中国，虽然学术研究成果丰硕，但是真正有影响的著述还很少，我们并未打破"中心—边缘"的二元话语格局，在国际话语舞台上西方哲学社会科学仍然是一家独大，西方话语仍然是支配我们各个学科的主导话语。中国学术话语权力弱的根本原因在于，缺少一套能够具有中国特色、中国风格、中国气派的哲学社会科学话语体系。对马克思哲学话语革命的研究，追寻其话语革命的方法论原则，有利于找到正确指导当代中国哲学社会科学学术话语体系构建的规律方法。只有建立中国自己的学术话语体系，树立自己的评价标准，掌握话语权，才能让中国话语在世界学术领域占有重要地位，才能抢占世界学术制高点，打破西方的学术话语霸权，才能提高我们的文化软实力，走出中国学术话语权危机。

第三，有利于坚持马克思主义在意识形态领域的指导地位，增强理论自信和文化自信。在意识形态领域，西方极端自由主义、民主社会主义等思潮仍有市场，要批判这些错误思潮，就必须坚持以马克思主义理论为指导，用马克思主义的话语体系对中国的现实问题进行阐释。人们往往因为无知而恐惧，其实当前中国哲学社会科学发展徘徊不前的部分原因，来自对马克思主义理论的不自信，唯西方是从，跟在西方后面亦步亦趋，沦为西方的"学术搬运工""话语复读机"，这是当今中国哲学社会科学发展的最大现实。对马克思哲学革命话语的研究，有利于我们真正理解马克思主义理论，也有利于提高马克思主义的话语权，增强道路自信、理论自信、制度自信和文化自信。

---

① 习近平：《在哲学社会科学工作座谈会上的讲话》，人民出版社，2016，第7页。

三　研究的框架结构

本书共有七章，其中前五章围绕马克思哲学话语革命来探讨，这是本书研究的重点，所以笔墨较多；后两章落脚到当代中国学术话语体系的构建上，其中第六章承接前五章，阐释了当代中国学术话语体系构建的马克思主义原则，第七章主要是对当前学术话语体系构建的境遇以及如何构建进行论述。后两章虽然较于前五章内容来说，篇幅上较为简短，但这些原则与路径多是根本性的原则方法，属于方法论层面的内容，有一定的指导意义，而具体到某一学科话语体系的构建是以举例子的形式出现的，没有具体展开，因此着墨相对较少。

第一章重点探讨了马克思哲学话语革命的内涵。主要介绍了哲学作为一种话语方式，是对哲学思想与哲学语言的双重观照。马克思哲学话语革命的二维性，即马克思哲学话语本身的"自我革命"，以及对西方传统哲学话语的革命。马克思哲学话语革命的三重表现，即改造旧话语、摒弃老话语、创造新话语。马克思哲学革命与马克思哲学话语革命的内在逻辑，即马克思所实现的哲学话语革命，不是脱离其哲学思想纯粹话语的"转变"，而是从"形式"到"内容"的一次彻底革命。

第二章借助马克思早期的核心文本，重点探讨了马克思哲学话语的"自我革命"。《博士论文》① 是马克思哲学话语变革的逻辑起点，也是话语变革的开端。此时，马克思的哲学话语是一种黑格尔式的纯粹思辨话语。《莱茵报》时期，现实的"困惑"让马克思认识到思辨话语的危害，从此开始走上话语的变革之路。《黑格尔法哲学批判》时期马克思开始转向费尔巴哈，人本主义术语开始置入其话语体系。其后的《德法年鉴》是思辨话语和人本主义话语的一种"杂糅"。1844 年开始的政治经济学研究，是马克思哲学话语变革的一个重要转折点。但是，此时马克思还没有真正实现话语革命的可能，他还没有认识到唯物主义思辨话语的危害，起支配性作用的话语仍是人本主义话语。《神圣家族》是马克思哲学话语变革的"前夜"，人本主义话语中已经包含了历史唯物主义因素，哲学话语

①　即《德谟克利特的自然哲学和伊壁鸠鲁的自然哲学的差别》，简称为《博士论文》。

革命一触即发。在《关于费尔巴哈的提纲》中，马克思用"实践""人的本质"预演了一次新唯物主义话语。《德意志意识形态》是马克思新唯物主义话语的真正出场，也标志着马克思哲学话语革命的完成。

第三章重点探讨了马克思哲学话语的生成逻辑与突出特色。话语是按照一定逻辑架构组织起来的语言符号系统，其生成必然遵循一定的逻辑，即它的生成逻辑。马克思所建构的哲学话语体系同样也遵循着一定的生成逻辑，如思辨逻辑与实践逻辑的统一、隐性逻辑与显性逻辑的统一、批判逻辑与建构逻辑的统一。同时，作为一种新的话语体系，马克思的哲学话语体系也表现出与众不同的话语特色，即科学性与意识形态性的统一、确定性与开放性的统一、学理性与通俗性的统一、革命性与实践性的统一。

第四章从五个方面探讨了马克思对西方传统哲学话语的"革命"。从话语逻辑来看，马克思改变了以往的思辨逻辑，从现实生活出发，以客观的现实逻辑为基础来建构其哲学话语体系；从核心范畴来看，马克思摒弃了西方传统哲学的知性范畴，而从生活提炼范畴，形成了一套有关生产生活实践的范畴体系；从语言风格来看，马克思变西方传统哲学的晦涩难懂为通俗易懂；从话语受众来看，马克思所完成的哲学话语革命，是从小众话语到大众话语的一次转变；从话语功能来看，马克思改变传统哲学话语的单一"解释世界"的功能，形成了"解释世界"与"改变世界"相统一的话语功能。

第五章重点探讨了马克思哲学话语革命的方法论原则。这些方法论原则主要包括：从生活中提炼概念，将概念看作对现实事物的反映，从人类历史发展中抽象出一般；教哲学说"大众话"，跳出哲学的圈子，把自己的语言还原为它从中抽象出来的普通语言；站在无产阶级立场上说话，从话语内容到话语形式都与无产阶级相联系；批判与继承相结合，在批判继承前人的话语基础上，形成新的哲学话语；回到书斋与走进社会相结合，遵循着"书斋—社会"交替的生成轨迹，实现"文本"与"现实"的完美融合。

第六章重点探讨了中国学术话语体系构建的马克思主义原则。首先是以人民为中心，为人民述学立论，这是话语体系构建的立场，也是决定话语体系构建的关键；其次是"问题意识"与"问题导向"相结合，即以问题为中心；再次，"继承坚持"与"发展创新"相结合，即在继承中发展，在守正中创新；又次，"借鉴吸收"与"自主创新"相结合，即集各家之所长；最后，"回到文本"和"面向现实"相结合，即将理论与实践相结合。

第七章重点探讨了当代中国学术话语体系构建的境遇与路径。首先，论述了当代中国学术话语体系构建的现状，即学术话语的失语化、边缘化和小众化。其次，论述了当代中国学术话语体系构建面临的机遇，即时代机遇以及学术共同体主体意识的增强。再次，论述了当代中国学术话语体系构建面临的挑战，主要包括学科壁垒森严、西强东弱话语格局难打破、学术自信和理论自觉不足、急功近利的学术之风、学术话语传播困难。最后，论述了当代学术话语体系构建的具体路径，即以"中国问题"为中心，诠释好中国经验；打破学科壁垒，实现学术话语构建的"视域融合"；破除西方中心主义思维羁绊，提升中国学术话语体系构建的自信；转变文风，书写好当代中国学术话语；打造融通中外的新概念、新范畴、新表述，增强中国哲学社会科学的国际话语权。

四 研究的基本方法

本书采用的具体研究方法有以下几种。

第一，文本解读法。文本是话语的载体，话语通过文本来展现。回到文本本身，深入探究马克思不同时期、不同阶段、不同文本中的不同哲学范畴、术语、概念、范式的转变，发掘马克思哲学话语的深层变化，对马克思哲学话语革命的论证做到有理、有据。基于二手的资料来进行研究，只能是咀嚼别人的剩饭，毫无营养可言，不可能成为学术的增长点。正如有学者所说："我们离开一手的马克思文本支撑，我们如何证明自己言说的合法性。"① 无疑，"以马解马"是最好的研究马克思的方法。应回到文本本身去看马克思是如何实现话语转变，形成具有时代价值的哲学话语的。但是，文本解读不仅是一字一句地研读马克思的著作，还要探索其背后蕴含的方法论和话语逻辑；探索马克思哲学话语背后的思维逻辑，从诠释学的角度进行文本解读。对马克思哲学话语革命的研究，毫无疑问文本解读法具有重要意义。但是，回到文本，并不意味着背叛现实，处理好马

---

① 张一兵：《实践塑型与社会历史构境》，江苏人民出版社，2013，第27页。

克思的文本与当下现实之间的辩证关系，是文本解读的根本。将马克思哲学话语革命作为研究现实的基点和切入点，发掘马克思哲学话语革命的方法论原则，以此来指导当代中国哲学社会科学学术话语体系的构建，真正走出中国学术的话语危机。

第二，比较分析法。马克思哲学话语本身就是一种革命的话语，而且它的生成也是对传统哲学话语的革命。提到"革命"，就要有"命"可革。马克思哲学话语革命就是要革西方传统哲学的"命"，就是要革自己原有话语的"命"。马克思改变了原有的话语方式，实现话语更替。这势必需要在研究中运用对比分析。对比分析法是对马克思哲学话语革命研究的重要方法之一。马克思哲学话语终结了西方传统形而上学的哲学话语体系，实现了哲学话语的革命性变革，从思维逻辑、核心范畴、话语受众、话语功能等维度来探究马克思哲学话语革命，还原马克思哲学话语的本真。在比较中，抓住马克思哲学话语变革之根本；在比较中，透视马克思哲学话语之本真。只有这样才能真正掌握马克思哲学话语，才能在构建当代中国哲学社会科学话语体系时有法可依、有章可循。

第三，逻辑与历史的统一。逻辑与历史的统一，就是指理论内在发展过程的概念（范畴）表达与客观历史发展顺序以及认识发展顺序相统一①。马克思哲学话语绝不是脱离时代的产物，也绝不是在原有的话语体系之中，只进行概念的创新，而是与时代结合，是时代的产物。马克思哲学话语的生成是现实矛盾的一个展开过程，是马克思哲学关于人的解放之路探索完善的过程，也是马克思对现实社会认识深化的一个过程。因此，对马克思哲学话语的研究，离不开对资本主义社会的研究，尤其是马克思所处的资本主义社会的研究。用逻辑与历史相统一的方法，深入把握马克思哲学话语的内在逻辑发展过程，以及范式、概念、术语转换的演进过程，以此来把握马克思哲学话语革命的实质。

五　研究的重点和难点

本书的研究重点，同时也是研究的难点，主要有以下三点。

---

① 参见肖前《马克思主义哲学原理》下册，中国人民大学出版社，1994，第621页。

第一，马克思哲学话语的演化与生成。马克思哲学话语从思辨的哲学话语到人本主义话语再到新唯物主义话语，这种阶段性的划分在其不同时期的文本中有交叉，并没有分割得很清楚。因此，需要对马克思不同时期、不同文本中的概念、术语进行比较研究，尤其是同一概念、术语在不同文本中可能有不同的含义，这更是研究的重点。从《1844 年经济学哲学手稿》到《关于费尔巴哈的提纲》和《德意志意识形态》仅仅相隔数月，马克思哲学话语发生重大转变，怎样去论证其话语的转变，从哪些概念、术语可以解释其话语的转变，这都是本书研究的重点问题，同时也是研究的难点问题。

第二，马克思哲学话语与西方传统哲学话语的比较研究。马克思哲学话语最初来源于西欧，却是对西方传统哲学话语的一种超越。"哲学家们只是用不同的方式解释世界，而问题在于改变世界"，这句话已经道出马克思哲学与西方传统哲学的不同。哲学不仅仅要解释世界，更重要的是改变世界。马克思的哲学话语从逻辑起点、演进方式、话语功能等都超越了西方传统哲学话语。马克思哲学话语是从生活中来，到群众中去，是大众的话语；而西方传统哲学用自己的方式解释了世界，但不能改变世界，因而其话语只能是书斋里的话语、小众的话语。西方传统哲学话语与马克思哲学话语的比较研究是本书研究的又一难点问题。

第三，马克思哲学话语革命与当代中国学术话语体系构建的对接。马克思哲学话语革命的研究最终要落脚到现实，落脚到当代中国学术话语体系的构建，要将马克思哲学话语革命的方法原则融入当代，回应当今时代之问。而当代中国学术发展的语境已与马克思所处的时代不可同日而语，对于中国学术话语体系构建来说，马克思哲学话语革命的原则、内涵在什么意义上是需要守正的，在什么意义上又是需要创新的，需要做出有说服力的阐释，这是本书的一个重点问题，也是难点问题，尤其是继承发展问题。

第一章　马克思哲学话语革命的内涵

一　哲学作为一种话语方式

话语是哲学理论存在的基本方式，任何哲学理论都是通过话语这一特殊的形式表现出来的；话语是哲学存在的"家"，没有话语，哲学将无家可归。语言是哲学思想的直接现实，任何哲学思维都是借助语言材料并以语言为载体来进行的；思想是语言存在之"根"，没有思想，语言将变成无根的"浮萍"。概言之，话语是思想和语言的综合体，是人类使用语言表达思想的产物，是按照一定逻辑架构组织起来的语言符号系统，反映一定的思维逻辑和价值观念，体现了一定阶级的价值诉求。

那么，哲学作为一种话语方式，就是哲学思想与哲学语言的综合体，就是对思想和语言的双重观照，就是概念、范畴按照一定的逻辑组织起来的语言符号系统。作为一种话语方式，哲学要解决的是"说什么""如何说""怎么说""说给谁""为何说"的问题，即对运思方式、概念范畴、语言表达、话语受众、话语功能的一种综合考察。

"说什么"，即指哲学话语的构成。哲学话语不同于一般的日常话语，它是由相互联系、相互作用的概念和范畴按照逻辑结构的形式来建构的。可以说，概念、范畴是哲学话语存在之基、立命之本。其实，哲学话语的生成史就是一部概念范畴的变迁史，同一概念在不同的话语体系中有着不同的内涵，甚至在不同时期也有不同的含义；不同概念在同一话语体系中有着复杂的关系，这种关系有时也不是一成不变的。可以说，哲学作为一种话语方式，首先就是对概念、范畴、术语、命题的一种考察。

"如何说"，即指支撑哲学话语体系形成的思维逻辑。话语是对哲学思维方式的直接映射，不同的思维方式决定不同的话语方式。在思辨思维方式的支配下，黑格尔提出"哲学是概念性的认识"①，"是以纯概念、纯范畴的逻辑推演的方式表达"②，其哲学话语必然表现为一种思辨的哲学话语。而马克思则认为，话语是生活生产实践的再现，受这种客观现实逻辑的影响，马克思的哲学话语表现为一种生活话语、生产话语和实践话语。在这里，可以说哲学作为一种话语方式，其实质就是对话语逻辑的一种探究。

"怎么说"，即指哲学语言的风格。正如马克思所说，"语言是思想的直接现实"③，语言是思想的载体，更是人类交流的工具。哲学思想通过哲学语言形成，并通过语言与外界相联系，借助语言展现出来，"语言在哲学中始终占据着荣耀的地位"④。但是，这种语言考察，不是纯粹的语言学问题，更不是指近代哲学的"语言学转向"，不是对诸如语法结构、文法之类的考察，而是对术语、概念的使用以及语言风格的一种考察。

"说给谁"，即指哲学话语的受众。哲学话语体系的构建绝不是"自说自话"，而是要说给他人听。西方传统哲学远离了一切大众，不可能得到公众的注意。确实，抽象的、思辨的话语远离人民大众，晦涩的表达让人们不知所云，其话语受众往往寥若晨星。而马克思则认为，"哲学把无产阶级当做自己的物质武器，同样，无产阶级也把哲学当做自己的精神武器"⑤，其哲学话语是要贴近大众的、为大众立言的。因此，马克思哲学话语受众众矣。因此，可以说哲学作为一种话语方式，就是对话语受众的探究。

"为何说"，即指哲学话语的功能。哲学话语体系的构建也绝不是为了"自我欣赏"，而是肩负着一定的责任和使命。马克思曾说："哲学家们只是用不同的方式解释世界，而问题在于改变世界。"⑥ 其实，不管是"解释世界"也好，还是"改变世界"也罢，哲学话语的言说终究是要为世界服务的，都肩负着一定的使命。传统形而上学将语言独立化、神秘化，

① 〔德〕黑格尔：《小逻辑》，贺麟译，商务印书馆，2017，第329页。
② 〔德〕黑格尔：《黑格尔的客观哲学》，刘烨编译，中国戏剧出版社，2008，第202页。
③ 《马克思恩格斯全集》第3卷，人民出版社，1960，第525页。
④ 〔法〕保罗·利科主编《哲学的主要趋向》，李幼蒸、徐奕春译，商务印书馆，1988，第371页。
⑤ 《马克思恩格斯文集》第1卷，人民出版社，2009，第17页。
⑥ 《马克思恩格斯文集》第1卷，人民出版社，2009，第506页。

停留在对世界的解释之中，马克思突破这种"解释世界"的话语界限，将语言降到生活，通过"哲学话语"来掌握群众，并以此来"改变世界"。可以说，哲学作为一种话语方式，也是对话语功能的一种考察。

二　马克思哲学话语革命的二维性

话语的变革与变革的话语，是马克思哲学话语革命的二重表现。因此，马克思哲学话语革命内在地包含两重维度：其一，马克思哲学话语对西方传统哲学话语的变革，即对西方传统哲学话语的颠覆和超越；其二，马克思哲学话语本身的话语变革，即马克思哲学话语从稚嫩走向成熟，从思辨走向现实，从"哲学"走向科学。马克思的哲学话语是批判的、革命的，是对西方传统哲学话语的一次革命，也是自我话语的一次革命，是在批判与构建中逐渐走向话语的"澄明之境"。

（一）马克思哲学话语对西方传统哲学话语的变革

话语既具有天生的遗传本能，也具有强烈的革命冲动。从一定意义上说，哲学史就是哲学话语的发生史。在西方传统哲学话语体系中，从巴门尼德的"存在"到黑格尔的"绝对理念"、从古希腊柏拉图的"理念世界"到德国古典时期的黑格尔的"概念王国"、从古希腊亚里士多德的"形式逻辑"到德国古典时期的黑格尔的"思辨逻辑"，从西方传统形而上学的话语体系发展到黑格尔，走向了它的巅峰，也走到了它"最后的最完善的形式"[1]，一场哲学话语革命势在必行，而实现这一话语革命的正是马克思。当然，马克思之前的费尔巴哈确实提供了发动一场话语革命的可能性，但最终实现和完成的是马克思。马克思在对以黑格尔为代表的西方传统形而上学话语的批判和解构中，完成了对整个西方传统哲学话语的变革和超越。马克思哲学话语的出场，宣告了一种崭新的哲学话语方式的诞生，宣告了一个新的哲学话语时代的来临。这种话语方式不是用一种形而上学代替另一种形而上学，不是对西方传统哲学话语进行细枝末节的修补，而是对传统形而上学话语的一种根本性颠覆。马克思从话语的逻辑起

---

① 《马克思恩格斯文集》第3卷，人民出版社，2009，第545页。

点、核心范畴、语言风格、话语受众、话语功能五个方面对西方传统哲学话语实现了彻底颠覆。

众所周知，自柏拉图提出"理念"开始，西方传统哲学就将现实世界悬置，高扬"概念"，建构了一套完全脱离现实的纯粹的形而上的话语体系。笛卡尔以来的近代哲学话语体系，更是以"我思"（即自我意识，从自身出发的思维）来定向的。黑格尔就曾说："从笛卡尔起，我们踏进了一种独立的哲学。这种哲学明白：它自己是独立地从理性而来的，自我意识是真理的主要环节。"①围绕着"我思"来建构，"自我意识"成为近代形而上学话语体系的核心和真正本质。黑格尔的"绝对理念"更是将这种"我思"规制下的话语体系推向极致。西方传统哲学以抽象的概念作为话语出发点，在"概念王国"里进行概念的逻辑演绎，用词句反对词句，人们所生活的现实世界被抛到了"九霄云外"。西方传统哲学单纯追求话语上的逻辑严谨，语词上的无缝对接，这也注定了现实世界被话语拒之门外的厄运。

与此相反，马克思选择了与之截然相反的话语道路。马克思跳出了传统的旧哲学的话语总框，彻底改变了沿袭几千年来的传统话语风貌，实现了对西方传统形而上学总体性话语的逻辑转换。在马克思这里，现实世界走入了哲学话语的殿堂，并成为其话语言说的逻辑起点。马克思哲学话语从"经验事实"出发，对现存世界进行"经验事实"的言说，因为其"经验的观察在任何情况下都应当根据经验来揭示……而不应带有任何神秘和思辨的色彩"，"任何深奥的哲学问题……都可以十分简单地归结为某种经验的事实"。马克思用"经验事实"改变了西方传统哲学话语的先验逻辑演绎，终结了西方传统形而上学的话语方式；用"经验事实"改变了西方传统哲学话语的虚无缥缈，颠覆了西方传统哲学话语的不可感、不可触。马克思以"实践"来定向自己的哲学话语。在马克思看来，只有从"现实的人的实践"出发，才是解释历史和回答时代问题的根本。马克思把形而上学颠倒的关系重新颠倒回来，构建了一套具体的、历史的话语体系。

除此之外，从核心范畴、话语风格和话语功能看，马克思哲学话语也

---

① 〔德〕黑格尔：《哲学史讲演录》第4卷，贺麟、王太庆译，商务印书馆，2017，第65页。

实现了对西方传统哲学的根本变革。首先，从核心范畴以及话语逻辑看，从抽象思辨到具体可感，从知性范畴到生活范畴，马克思哲学用生产生活概念诠释了资本主义社会的现存与发展。西方传统哲学在术语的使用上多采用纯思辨的抽象概念，如柏拉图的"理念"、经院哲学的"上帝"、康德的"自在之物"、黑格尔的"绝对理念"、费尔巴哈的"人之爱"等，这些在马克思这里也得到了彻底的变革。马克思哲学话语通俗易懂，成为无产阶级的"思想武器"；马克思使用"生产方式""生产"等形而下的哲学概念，从生活中提炼出哲学概念。其次，从话语风格看，西方传统哲学尤其是德国古典哲学，以晦涩难懂、远离大众著称，而通俗易懂是马克思的哲学话语追求。最后，从话语功能看，马克思一改前人对"解释世界"的痴迷，转向对"改变世界"的追求。"改变世界"是马克思对西方传统哲学话语功能的最大变革。马克思哲学话语不再局限于对世界的解释，而是作为无产阶级的"精神武器"，通过批判旧世界发现新世界。

总之，马克思克服西方传统哲学话语的抽象、思辨特性，使哲学话语从抽象走向具体，从超历史走向历史，开辟了一条新的哲学话语路径。在马克思看来，"经验的观察在任何情况下都应当根据经验来揭示……而不应带有任何神秘和思辨的色彩"。① 马克思立足于人们的生产实践，站在无产阶级的立场之上，改变了以往哲学话语晦涩难懂的语言风格，代之以通俗易懂的语言表达，并为大众所接受和掌握，最终发挥其话语"改变世界"的功能。

（二）马克思本身的哲学话语变革

话语的生成是一个不断累积、沉淀的过程。同样，马克思哲学话语的成熟也不是一蹴而就的，而是一个不断发展、完善的过程。马克思终其一生都在进行着自我批判，也正是在这种自我批判中完成其哲学话语革命的。每一位熟读马克思主义经典著作的人，都可以很明显地感受到马克思哲学话语的变化，不管是在核心范畴、表达风格上，还是在文本的表述策略上都发生了改变，但这种改变不是"断裂式"的改变，而是在自我批判和扬弃中不断走向成熟的。

---

① 《马克思恩格斯文集》第 1 卷，人民出版社，2009，第 524 页。

从话语的演进来看，马克思的哲学话语共经历了三种基本形式的历史嬗变。第一，早期带有黑格尔主义的思辨话语，也是被马克思后来称为"哲学"的话语。此时的马克思像黑格尔一样，从概念、理性出发，试图通过概念的推演来解决现实问题。但是，他很快就发现这种话语根本不可能解决现实的难题，在后来的发展中也逐渐被舍弃。第二，带有费尔巴哈色彩的人本主义话语，这一段时期，受到费尔巴哈的影响，马克思从人的类本质出发，倚重"异化"概念来抽象地分析资本主义社会的矛盾。人本主义话语其实就是思辨话语的"变种"，仍然是抽象的，仍然无法触及社会现实，最终也遭到了马克思的抛弃。第三，新唯物主义话语，这是马克思哲学成熟时期的话语，是不同于传统思辨哲学的新话语，是马克思最终形成哲学话语。马克思从现实世界出发，具体分析资本主义社会的矛盾，真正触及社会现实问题，从而找到改造现实世界的武器。当然，这些话语的转变并不是完全泾渭分明的，很多时候都是多种话语的"杂糅"，表现为多种话语的综合，既保留了黑格尔思辨话语与人本主义话语的痕迹，同时也包含了新唯物主义话语的萌芽。从概念、范畴来看，早期马克思主要使用的是德国古典哲学的流行概念，如"自我意识""实体""绝对理念"等。紧接着，受到费尔巴哈人本主义的影响，在这一时期的著述中，大量使用诸如"类""类本质""类存在""人是人的最高本质"等概念和命题。成熟时期的术语多是来自政治经济学，马克思赋予这些术语以新的内涵，如"资本""劳动""生产力""分工""阶级""财产的社会关系""社会革命"等。从语言风格来看，早期马克思的语言较为晦涩难懂，而成熟时期的话语则相对比较通俗易懂。可以看出，不管是话语逻辑架构，还是概念、范畴的使用，以及语言风格，马克思一直在进行变革和尝试，直至自身话语体系的构建完成。

马克思哲学话语体系的构建是一个生成过程，但不是在既定话语体系中进行转换，而是在自我批判过程中实现变革。同时，马克思哲学话语体系是一个开放的体系，是随着时代的变迁而发展的。当马克思与自己先前的致思理路发生分野时，也正是其实现自身话语转换之时。在《博士论文》中，马克思依赖于黑格尔的"绝对理念"和鲍威尔的"自我意识"，并以此为中心话语展开对德国现实的批判；而在《莱茵报》期间，马克思遇到了现实的物质利益问题，逐渐转向费尔巴哈。在《1844年经济学哲学手稿》中马克思接受了费尔巴哈的异化逻辑，使用了以"异化"为核心的人本主义话语。而随着研究的深入，马克思逐渐发现这两种话语的共同点，即从先验的理论框架中进行话语诉说，根本无法解决现实遇到的问题。通过对费尔巴哈、青年黑格尔派等人的话语批判，马克思建构了一套全新的哲学话语方式，就是以"实践"为核心的新唯物主义话语。在话语风格上，马克思早期的著作如《博士论文》还是比较晦涩难懂的，而越到后期越能明显感觉到哲学话语风格的转变。在语言的表述上，由于受到费尔巴哈的影响，在《黑格尔法哲学批判》《1844 年经济学哲学手稿》《神圣家族》中所采取的表述策略可以在费尔巴哈的《关于哲学改造的临时纲要》中找到原型。而《关于费尔巴哈的提纲》《德意志意识形态》以及之后的著作，马克思并没有将其哲学话语囿于"哲学"的圈子，而是深入现实生活中，制定出新的概念和范畴，使其哲学话语变得越来越通俗易懂。从现实生产生活实践出发，将哲学语言变得更加可感可知。

　　总而言之，马克思早期一直都在清算自己的哲学信仰，他跳出"哲学"的圈子，深入政治经济学领域，制定出"新"的概念和范畴。也正是在对政治经济学的研究过程中，在对时代问题的回答中，马克思形成了一套全新的哲学话语体系，并最终完成对西方传统思辨哲学话语的超越。

三　马克思哲学话语革命的三重表现

　　在哲学话语史上，马克思实现了哲学话语的一次"涅槃"与"重生"，是哲学话语史上的一次"除旧布新"。这一深刻的话语变革主要表现在三个方面：第一，摒弃老话语，是指对那些不适应新话语需要的概念、范畴，以及不准确的话语表达进行摒弃和清理，使之退出话语舞台；第二，改造旧话语，是指改造早已有之的"旧话语"，使之重新焕发出新的生命力量；第三，创造新话语，是指一种不同于以往任何话语的新话语，马克思就创造了一种不同于以往旧话语的纯粹新式话语。这三种革命表现并不是各行其是、互不相容的，而是统一于马克思哲学话语革命之中的，可以说是马克思哲学话语革命的"一体三面"。

（一）摒弃老话语

革命就意味着"除旧布新""新旧更替"，也意味着有些老话、不合时宜的话要退出历史舞台，代之以新话、合适的话。摒弃老话语就是要对那些不合时宜的话、无法支撑新理论的话进行清理和抛弃。

马克思曾在不同的场合提出要"消灭哲学"，主张"哲学终结"，但这并不是说要取消哲学之全部，而是要终结那些不符合时代要求的哲学话语，摒弃那些不合时宜的哲学话语。那些旨在在人们头脑中用观念构建世界的哲学话语，那些把哲学消融在"自我意识"中和只讲意识空话的纯粹思辨的哲学话语，那些不能抓住事物的本质、不能说服人、不能被群众掌握的"哲学"话语，注定是要走出马克思的哲学世界的。马克思对待哲学唯一的态度就是哲学对现实的关系，一切脱离现实的哲学话语都将被抛弃。当时代的发展要求哲学话语要充当无产阶级斗争的思想武器，指导无产阶级解放运动时，思辨哲学话语显然不能满足时代和实践需求，它注定要走向"历史的终结"。

马克思哲学话语革命，就是一个不断摒弃老话语的过程。在对传统形而上学话语的清算和批判中，马克思抛弃了德国古典哲学和人本主义哲学中某些概念、范畴，并使其话语逐渐走向成熟。在话语体系构建尚未成熟时，在马克思的著述中充斥着"理性""自我意识""绝对知识""绝对理性"等德国古典哲学中流行的概念、术语，以及带有明显人本主义色彩的"类""人的类本质""人是人的最高本质"等话语。不可否认，它们在马克思哲学话语体系形成过程中曾起到过渡性的作用。但是，随着哲学话语逐步走向成熟，一些术语的不合时宜性就凸显了，它们无法支撑起新的话语体系，甚至成为新话语发展的障碍，引起话语的混乱。《〈黑格尔法哲学批判〉导言》和《论犹太人问题》就是最好的例子。马克思曾说："但当时由于这一切还是用哲学词句来表达的，所以那里所见到的一些习惯用的哲学术语，如'人的本质'、'类'等等，给了德国理论家们以可乘之机去不正确地理解真实的思想过程并以为这里的一切都不过是他们的穿旧了的理论外衣的翻新。"[①] 这些老话，以及穿着旧话语外衣的术语，使马克

---

① 《马克思恩格斯全集》第3卷，人民出版社，1960，第261~262页。

思遭到误解。在马克思成熟时期的著述中，我们很少能看到诸如"自我意识""实体""类"等这样抽象的概念，这就是马克思对老话语的抛弃。

其实，话语自身也是"有生命"的，那些不科学、不准确的表达将被清理和抛弃，取而代之的是更加科学、合理的话语。马克思哲学话语从不成熟走向成熟，就是其话语表达更加准确、更科学的一个过程。例如，用"生产关系"取代"交往形式""交往关系""交往方式"，在《马克思恩格斯选集》中文 1995 年版第 1 卷的注释中就有这样一段话："交往形式""交往方式""交往关系""生产和交往的关系"这些术语"表达了马克思和恩格斯在这个时期形成的生产关系概念。"① 这样的例子还有很多，用"经济基础"取代"市民社会"、用"生产力"取代"工业"、用"工资"取代"劳动价格"等。

在构建新话语体系过程中，不可避免地要抛弃和清理一些不合时宜以及表达不准确、不科学的话语，代之以更加科学、准确，也更加完善和成熟的话语。作为一种实践的话语、发展的话语，马克思必然要舍弃那些不符合时代发展要求、不符合现实需要的话语。只有这样，才可能真正体现马克思哲学话语的真理性。

（二）改造旧话语

话语是有新陈代谢的。固然，马克思构建了一套全新的话语体系，但是这里的"新"仅仅是指不同于以往形而上学的话语方式的"新"，而不是说要与此前一切话语划清界限、彻底绝缘。马克思创造了新话语，但是这种创造并不是一次"断裂性"的创造，而是在已有话语的基础上的一次再创造。马克思没有切断历史，也没有抛弃传统，其话语革命是在对已有话语改造的基础上进行的。

所谓改造旧话语，是指将某些旧话语中的概念、范畴，赋予其新的内涵，即对旧术语的改造；抑或是对以往术语之间关系的改造。费尔巴哈曾说，他的"新哲学的历史必然性及其存在的理由，主要是与对黑格尔的批

---

① 《马克思恩格斯选集》第 1 卷，人民出版社，1995，第 790~791 页。这一点学术界也有不同的声音，赵家祥认为《德意志意识形态》已经明确提出了"生产关系"概念，并且揭示了生产关系的本质，规定了生产关系的内容，阐述了生产力与生产关系之间的矛盾。参见赵家祥《解析〈德意志意识形态〉中的一个难解之谜》，《哲学动态》2011 年第 4 期。

判有联系的"①。同样，马克思哲学话语是与对前人的批判和改造有联系的。马克思将黑格尔的"颠倒"话语颠倒回来，将费尔巴哈"抽象的人"拉回到现实世界，马克思既批判黑格尔的实践概念，也批判费尔巴哈的实践概念；既批判黑格尔思辨的哲学话语，也批判费尔巴哈的人本主义话语；正是在这种批判和改造中，逐渐变革自己原有的话语体系，实现自身话语的革命。

其实，马克思哲学话语革命，也可以说就是一次"术语革命"。恩格斯曾在《资本论》的序言中指出："某些术语的应用，不仅同它们在日常生活中的含义不同，而且和它们在普通政治经济学中的含义也不同。但这是不可避免的。一门科学提出的每一种新见解都包含这门科学的术语的革命。"② 阿尔都塞在《保卫马克思》一书中也曾讲道："在马克思那里，无论术语还是术语之间的关系在性质上和含义上都发生了变化。"③ "马克思使用的概念基本上都是古典经济学的，他没有发明什么新概念，马克思后来使用的大多数概念基本上都能在古典经济学那里找到。"④ 在马克思的哲学话语中，很多核心范畴都来自既有的"旧话语"，来自古典经济学，如"资本""生产力"等，他将原来寄生在经济学中的术语拿来分析现存世界，并赋予其哲学的内涵，上升到哲学高度；也有很多概念是对以往哲学概念的改造，如"实践""辩证法""异化"等。以"资本"为例，它作为"可感觉物"而存在，标识了一种生产要素，是作为一种"实体化"来理解的；而马克思则深刻揭示了其背后的人与人之间的关系。再比如，"异化"概念，这一概念绝非马克思独创，而是从费尔巴哈那里继承过来的。异化在费尔巴哈那里，主要是指宗教的异化，而马克思更多的是指人本身的异化。生产力、生产关系这些原本寄生在经济学中的概念，被马克思拿来分析现实世界，并将其上升为其哲学话语体系的基本概念。还比如，在黑格尔那里，作为"观念的现实"的国家，变成了统治阶级的镇压工具。对概念、术语的改造，使哲学话语在这种潜移默化中逐渐得到更

① 《费尔巴哈哲学著作选集》上卷，三联书店，1959，第147页。
② 《马克思恩格斯文集》第5卷，人民出版社，2009，第32页。
③ 〔法〕路易·阿尔都塞：《保卫马克思》，顾良译，商务印书馆，2006，第98页。
④ 张一兵、姚顺良：《两条逻辑的相互消长还是共同消解？——析青年马克思〈1844年经济学哲学手稿〉的内在结构（学术对话）》，《理论探讨》2006年第3期。

新，发生革命性变革。

此外，对已有哲学中不合理、不完善的概念进行改造、完善，这也是马克思哲学话语革命的重要一环。以"实践"和"辩证法"这两个马克思核心的概念为例。"实践"是德国古典哲学中使用很广泛的术语，马克思对其进行了革命性的改造，将前人忽视的主体能动性与客观现实性重新找回来，揭示了"实践"的革命批判性内涵，形成了马克思主义的"实践"概念。"辩证法"这一黑格尔哲学的理论精华，在马克思这里得到了一次升华，使其获得了真正科学的意义，即"辩证法在对现存事物的肯定的理解中同时包含对现存事物的否定的理解，即对现存事物的必然灭亡的理解；辩证法对每一种既成的形式都是从不断的运动中，因而也是从它的暂时性方面去理解；辩证法不崇拜任何东西，按其本质来说，它是批判的和革命的"①。其实，在新的话语体系中，这些穿着"旧话语"外衣的术语，已经被赋予了新的内涵。对旧术语的改造是马克思话语创新的重要环节，也是构成其哲学话语革命的重要逻辑枢纽。马克思正是通过对旧话语的改造，来不断充盈自己的新话语体系。

（三）创造新话语

创造新话语，是指马克思创造了一种"异质"于以往哲学话语方式的话语体系，建构了突破西方传统哲学框架的新范畴、新语言和新的思维方式，创造了一种纯粹新形式的话语方式。马克思的哲学话语突破了西方传统的纯粹思辨话语藩篱，从现实的人的生产生活实践出发，让哲学话语重新回归到现实的生活世界。从现实世界出发，马克思通过对实践或现实世界的描述，将哲学话语的言说转换到现实世界的新语境。那些诸如"实体""自我意识"的一切"高深莫测的创造物"的问题，将随着新语境、新命题的出现"自行消失"。新的命题必然需要一些新的概念、新的范畴来构成，现实世界的新语境带来的是诸如"革命的实践""生产力""生产关系""生产活动""生产过程"等新术语。

马克思走出传统思辨哲学的话语框架，实现了哲学话语从"内容"到"形式"的完全变革。马克思哲学话语"新"在了它突破纯粹思辨的藩

---

① 《马克思恩格斯文集》第 5 卷，人民出版社，2009，第 22 页。

篱，让哲学话语向现实世界复归；"新"在了将语言降到了生活，让哲学话语走向了生活世界；"新"在了马克思哲学话语的实践性、历史性，让哲学话语走进了大众视野；"新"在了马克思哲学话语的革命性、批判性，让哲学话语变成了无产阶级的思想武器。其实，早在《莱茵报》时期，马克思就已经认识到思辨哲学的危害，但当时没有进行话语的变革，而是在费尔巴哈的影响下，开始使用"人就是人的世界""政治解放""人的解放""市民社会决定国家""物质力量""无产阶级"等概念。这种纯粹的哲学改造并没有超出西方传统哲学的范围，马克思仍然是以一种新的形而上学话语形式代替旧的形而上学话语形式。在传统思辨哲学的框架中批判传统思辨哲学，是不可能实现哲学话语根本性变革的，最后只能走入传统思辨哲学的"话语陷阱"中。在恩格斯、赫斯等人的影响下以及对政治经济学展开的研究过程中，马克思逐渐开始否定"哲学"，他已经察觉出其脱离现实的思辨的批判的局限性。在《1844年经济学哲学手稿》序言中，马克思曾指出："把仅仅针对思辨的批判同针对不同材料本身的批判混在一起，十分不妥，而这种格言式的叙述又会造成任意制造体系的外观。"① 可以看出，马克思已经开始把对思辨的批判仅仅视为对现实世界批判的一部分，已经开始与传统思辨哲学决裂。马克思深入经济学研究中，借助古典经济学家的术语以及他们的重要成果展开对德国思辨唯心主义的批判。与之相适应，最初的、具有经济学意蕴的哲学话语也就产生了，如"资本""劳动""分工""异化劳动""经济事实""人化的自然界""生命活动""历史事实""财产的社会关系""直接谋生的劳动"等新的话语，但此时的马克思还没有形成自己的一套哲学话语体系。随着经济学研究的深入以及关于无产阶级生活状况了解的增多，马克思彻底认清了费尔巴哈的人本主义话语的危害，开始摒弃人本主义话语，并最终完成对传统思辨哲学的超越和批判，确立自己的哲学话语体系。诸如"革命的实践的批判活动""物质实践""生产方式""生产关系""社会交往""经济基础""生活方式""人创造环境和环境创造人""联合起来的个人"等一系列新话语的建构。

　　总之，马克思从现实的人的生产生活实践出发，彻底转变了形而上学

---

① 《马克思恩格斯文集》第1卷，人民出版社，2009，第111页。

的思维范式，超越了传统形而上学的范畴，用一种客观现实的思维逻辑来构建其话语体系。马克思所创造的新话语不属于任何一种形而上学的话语体系，他不是用一种形而上学的话语代替另一种形而上学的话语，而是对以往哲学话语及其哲学论域的根本转换，构建一套全新的概念体系和术语体系，这是马克思新话语"新"之所在。

四 马克思哲学革命与马克思哲学话语革命的内在逻辑

"话语只是已形成的思想本身。"① 从话语的视角来说，马克思哲学革命也是一场哲学的话语革命。马克思哲学话语革命不是脱离其哲学革命的纯粹话语"转变"，而是从"内容"到"形式"的一次彻底性哲学变革。正如马克思恩格斯所说，"语言是思想的直接现实。正像哲学家们把思维变成一种独立的力量那样，他们也一定要把语言变成某种独立的特殊的王国。这就是哲学语言的秘密，在哲学语言里，思想通过词的形式具有自己本身的内容。从思想世界降到现实世界的问题，变成了从语言降到生活中的问题"②。马克思哲学话语革命是在话语表达上的思想革命，二者是一体的，其中思想是根本，话语是表现形式。

（一）哲学革命："从思想世界降到现实世界"

"从思想世界降到现实世界"，这是马克思恩格斯在《德意志意识形态》中批判黑格尔以及青年黑格尔派唯心主义历史观时所说的话。黑格尔作为西方传统哲学的集大成者，其哲学是西方传统哲学的最完善形式，这句话又何尝不是对整个西方传统哲学的一次反叛？

综观整个西方传统哲学，从巴门尼德开始，就存在这样一种偏见：变动不居的经验世界、特定时空的感性事物都是不真实的，通过它们只能得到"意见"，而无法获得真理。巴门尼德的"真理之路"与"意见之路"

---

① 〔德〕施莱尔马赫：《诠释学讲演》（1819～1832）。施莱尔马赫的《诠释学讲演》（1819～1832）是由洪汉鼎根据《施莱尔马赫著作选集》第4卷和纽约州立大学出版社1990年出版的英译本《诠释学传统：从阿斯特到利科尔》第85～99页选译而成的。转引自洪汉鼎主编《理解与解释——诠释学经典文选》，东方出版社，2001，第48页。

② 《马克思恩格斯全集》第3卷，人民出版社，1960，第525页。

是对思想世界和现实世界的两种描述，其中"真理之路"就是指思想世界、观念世界，而"意见之路"则是指现实世界。柏拉图沿着巴门尼德铺设的"真理之路"继续前行，在其"理念论"中排除一切感性经验因素，确立超感性世界——"理念世界"，并以永恒的"理念"为根底，从而确立了这一超越之路在西方传统哲学中的统治地位。"纵观整个哲学史，柏拉图的思想以有所变化的形态始终起着决定性作用。形而上学就是柏拉图主义。"① 形而上学主义就像一只"看不见的手"操纵着整个西方传统哲学的基本走向和命运。在这条道路上，经验实存、感性存在被悬置，剩下的只有思想、观念、概念、范畴。哲学变成了概念、范畴的理念王国，远离了现实世界，高悬于现实世界之上。

近代以来，本体性哲学向主体性哲学的转向，更是让哲学悬浮在天国，哲学彻彻底底变成了思维之学。笛卡尔把自我意识看作整个世界的基础，力图在思想中把握整个现实世界；后来，康德的"先验自我"、黑格尔的"绝对精神"更是将主体性哲学发挥到极致，他们用"存在者"的思想取代了对"存在"本身的思想，给我们描绘了一个概念的世界或抽象的思辨王国。黑格尔更是公开称自己的哲学是"思辨哲学"，是关于逻辑理念辩证法的学问。他曾指出，"纯粹理念是自在自为的，它统摄一切并为一切的基础。纯粹理念是完全撇开感性的具体事物的最抽象的东西，它要实现自身就必然体现在自然界和人类社会中。一切现实事物之所以具有真理性，都是因为依据理念的内在力量……哲学的最高目标就是运用思辨思维把握理念。"② 黑格尔用"存在者"的思想取代了对"存在"本身的思想，形而上学发展到黑格尔走向了它的巅峰，同时也走向了它的终结。可以说，从巴门尼德到黑格尔，从"真理之路"到"绝对理念"，哲学就一直高悬于现实世界之上，远离人们的生活本身，停留在纯粹的观念世界，"错误地把思想、观念、现存世界在思想上的独立化了的表现当作这个现存世界的基础"③。形而上学的致思理路使西方传统哲学家在头脑中运思、在抽象中玄想，抽象地谈论现实世界，他们推崇从概念到概念、从理论到理论的纯粹思辨，在理论中证明思维的真实性。

---

① 〔德〕海德格尔：《海德格尔存在哲学》，孙周兴等译，九州出版社，2004，第136页。
② 冯契主编《外国哲学大辞典》，上海辞书出版社，2008，第114页。
③ 《马克思恩格斯全集》第3卷，人民出版社，1960，第93页。

　　不同于西方传统哲学将视角立足于思想世界，马克思将目光聚焦在了人的现实世界，将现实生活世界作为全部哲学的"根"，从根本上改变了西方传统哲学的致思理路，把哲学从天国带回到人间。在马克思看来，哲学理论不是来自头脑，而是来源于现实的实践。"凡是把理论引向神秘主义的神秘东西，都能在人的实践中以及对这种实践的理解中得到合理的解决。"① 唯有现实生活才是理解和把握现实的世界，只有在"思辨终止的地方，在现实生活面前"，才有"描述人们实践活动和实际发展过程的真正的实证科学开始的地方"②。马克思哲学是从抽象思辨世界回归到现实生活世界，其哲学研究是从"人间上升到天国"。马克思的哲学立场是"现实生活本质上是实践的"，通过对现实问题的批判反思和建构，实现"解释世界"和"改造世界"的统一。正如马克思所说："哲学不仅从内部即就其内容来说，而且从外部即就其表现来说，都要和自己时代的现实世界接触并相互作用。"③ 现实感性世界才是西方传统哲学的栖身之所，才是超越感性的思想世界的根底。"在马克思和恩格斯看来，哲学没有任何单独存在的权利，它的材料分布在实证科学的各个不同部门。"④ 马克思将形而上学颠倒的关系重新颠倒过来，"德国哲学从天国降到人间；和它完全相反，这里我们是从人间升到天国"⑤。在马克思之前，费尔巴哈就提出，"未来哲学应有的任务，就是将哲学从'僵死的精神'境界重新引导到有血有肉的、活生生的精神境界，使它从美满的神圣的虚幻的精神乐园下降到多灾多难的现实人间"⑥。但是，费尔巴哈虽提出要将颠倒的世界重新颠倒过来，但是他并没有完成。这一任务最终是由马克思来完成的，他完成了一场彻底的哲学革命。"思想世界降到了现实世界"从根本上颠覆了以往的全部形而上学。至此，"形而上学"两千多年来所营造的超感性世界彻底坍塌。

---

① 《马克思恩格斯文集》第1卷，人民出版社，2009，第501页。
② 《马克思恩格斯文集》第1卷，人民出版社，2009，第526页。
③ 《马克思恩格斯全集》第1卷，人民出版社，1956，第121页。
④ 《列宁全集》第1卷，人民出版社，2013，第385页。
⑤ 《马克思恩格斯文集》第1卷，人民出版社，2009，第525页。
⑥ 〔德〕费尔巴哈：《费尔巴哈哲学著作选集》上卷，荣震华、李金山等译，商务印书馆，1984，第120页。

（二）话语革命："从语言降到生活"

西方形而上学的哲学家将语言变成一个独立王国，正像他们把思维变成独立的力量一样，他们让语言主宰生活。在他们这里，语言并不是毫无意义的，它不仅意味着语词，还意味着某种存在的事物。在西方传统哲学中，"观念、想法、概念迄今一直统治和决定着人们的现实世界，现实世界是观念世界的产物……按照黑格尔体系，观念、思想、概念产生、规定和支配人们的现实生活、他们的物质世界、他们的现实关系"①。柏拉图的"理念"、亚里士多德的"实体"、笛卡尔的"意识"、黑格尔的"绝对精神"、费尔巴哈的"抽象的人"等，这些都是超验的概念，是一种无法在现实中经验的语言。从语言过渡到生活，只能存在于这些思想家的头脑中，这些哲学游侠骑士试图寻找一个神圣之词，用神秘的超语言方式使之过渡到现实中去。在西方传统哲学集大成者黑格尔那里，概念、范畴被抽象化、实体化，他从抽象的概念出发，通过概念推演，建构一套完全脱离现实生活的思辨话语体系。就这样，哲学变成了以"词的形式"形成的一个独立的概念王国——抽象语言的王国。在思辨的哲学话语中，现实生活被悬置，单纯追求理性的逻辑论证。这种话语脱离现实，实存变成了概念的外化。青年黑格尔派更甚，他们试图用抽象的词句来反对现实世界的词句，通过"编造新的词句来解释现存的世界"②。

不同于用概念构筑的"独立王国"，马克思"走出阿门塞斯的阴影王国，转而面向那存在于理论精神之外的世俗的现实"③。在马克思看来，语言的起源、内容都来自现实生活，生活是语言存在的家。语言产生于物质生产生活，"是从劳动中并和劳动一起产生出来的"④，而不是产生于人们的头脑中。"思想、观念、意识的生产最初是直接与人们的物质活动，与人们的物质交往，与现实生活的语言交织在一起的。"⑤ 马克思从生活中提炼概念，关注现实世界发展让语言回归到现实生活中。马克思反对离

---

① 《马克思恩格斯全集》第 3 卷，人民出版社，1960，第 16 页注释①。
② 《马克思恩格斯全集》第 3 卷，人民出版社，1960，第 461 页。
③ 《马克思恩格斯全集》第 40 卷，人民出版社，1982，第 258 页。
④ 《马克思恩格斯文集》第 9 卷，人民出版社，2009，第 553 页。
⑤ 《马克思恩格斯文集》第 1 卷，人民出版社，2009，第 524 页。

开现实沉湎于哲学的"词句革命"，他从现实具体的概念出发来分析现实、解决现实问题。"哲学家们只要把自己的语言还原为它从中抽象出来的普通语言，就可以认清他们的语言是被歪曲了的现实世界的语言，就可以懂得，无论思想或语言都不能独自组成特殊的王国，它们只是现实生活的表现。"① 可以看出，马克思实现了一场哲学话语革命。这场革命首先的意义就在于"将语言降到生活"，语言不是完全独立的一支力量，而是现实生活的表现。

（三）哲学话语革命是哲学革命的外在表现

"话语"从来不是一个独立的世界，"话语只是已形成的思想本身"②，话语革命其实就是思想革命在话语方式上的体现。哲学革命是话语革命的前提条件，话语革命是哲学革命的必然结果。任何话语革命都不可能是脱离现实生活世界的、独立的、纯粹的话语转换。马克思历来反对话语的独立化，他在批判青年黑格尔派时曾说，在青年黑格尔派看来，"历史上始终是思想占统治地位，这样一来，就很容易从这些不同的思想中抽象出'思想'、观念等等，并把它们当做历史上占统治地位的东西，从而把所有这些个别的思想和概念说成是历史上发展着的概念的'自我规定'"③。这里，青年黑格尔派将话语说成"概念的自我规定"，那么话语革命也自然变成了"概念的前进运动"。马克思反对将话语独立化，更反对"概念的前进运动"。马克思哲学话语革命是其哲学革命的自然衍生和外化，马克思的哲学革命与话语革命是统一的，相辅相成。就哲学革命而言，马克思实现了从理论哲学到实践哲学（新哲学）的转换，而伴随着哲学革命的演化发展，马克思的哲学话语也发生了转向，实现了从思辨话语到新唯物主义话语的转向。

语言是思想的存在方式，思想通过语言形成，并借助语言展现出来。思想的形成和发展与语言须臾不可分。任何一种思想学说的创立都离不开

---

① 《马克思恩格斯全集》第 3 卷，人民出版社，1960，第 525 页。
② 〔德〕施莱尔马赫：《诠释学讲演》（1819～1832）。施莱尔马赫的《诠释学讲演》（1819～1832）是由洪汉鼎根据《施莱尔马赫著作选集》第 4 卷和纽约州立大学出版社 1990 年出版的英译本《诠释学传统：从阿斯特到利科尔》第 85～99 页选译而成的。转引自洪汉鼎主编《理解与解释——诠释学经典文选》，东方出版社，2001，第 48 页。
③ 《马克思恩格斯文集》第 1 卷，人民出版社，2009，第 553 页。

语言，无形的思想只有借助有形可感的语言才能被人掌握。离开语言的思想只存在于思想家的头脑中，无法被人们认知。话语作为人类运用语言表达思想的产物，可以说，思想的变革必然带来话语的变革，并通过话语革命的形式呈现出来。哲学思想的变革，也就意味着哲学话语体系的改弦更张，二者是统一的、相辅相成的。从根本上看，它们不是"前后相继"的两次变革，也不是"比肩并立"的两个变革，而是同一变革的两个方面。立足于话语方式来反思马克思哲学的变革，就会发现，与哲学思想的变革——从思想王国降到现实王国相对应，马克思哲学话语方式则是从语言降到生活。马克思哲学革命不是一蹴而就的，其哲学话语的变革经历了一个过程。马克思哲学的诞生，扭转西方传统哲学的"形而上学颠倒"（海德格尔语）的同时，也扭转了西方传统哲学话语的"语言颠倒"。无形的思想只有借助语言才能被把握，而话语作为思想与语言的综合体，思想的变革必然带来话语的革命，这也就是马克思所说的："从思想世界降到现实世界的问题，变成了从语言降到生活中的问题"。①

　　马克思哲学思想的形成过程也是其话语形成过程。二者的形成过程也许"步伐"不一致，话语的形成有时可能会滞后于思想前进的步伐，但"步调"始终保持一致，总体趋势和发展方向总是统一的。"如果形式不是内容的形式，那末它就没有任何价值了。"② 话语形式与思想内容是统一的，话语是思想内容通过语言的反映，是思想内容的进一步发展。如果思想内容与话语表达不一致，那么马克思就会变成一个"口是心非"的家伙，显然他不是。但在思想表达上，不可避免地会出现范畴、术语、概念等滞后于思想的发展，话语是思想通过语言表达的产物，语言的转变是一个"量变"过程，不可能出现话语的"突变"。马克思曾有这样一段意味深长的话：在通向唯物主义世界观的道路上，唯物主义思想虽然在《德法年鉴》中的两篇文章中已经被指出，但还使用了一些马克思所谓的"哲学"术语，如"人的本质""类"等，这一做法"给了德国理论家们以可乘之机去不正确地理解真实的思想过程并以为这里的一切都不过是他们的穿旧了的理论外衣的翻新"③。从中可以看出，当时马克思的思想已经发

---

① 《马克思恩格斯全集》第 3 卷，人民出版社，1960，第 525 页。
② 《马克思恩格斯全集》第 1 卷，人民出版社，1956，第 179 页。
③ 《马克思恩格斯全集》第 3 卷，人民出版社，1960，第 262 页。

生转变，但其哲学用语还停留在费尔巴哈的"类哲学"里。语言的使用，常常会滞后于思想的发展。马克思曾说："历史从哪里开始，思想进程也应当从哪里开始，而思想进程的进一步发展不过是历史过程在抽象的、理论上前后一贯的形式上的反映；这种反映是经过修正的，然而是按照现实的历史过程本身的规律修正的，这时，每一个要素可以在它完全成熟而具有典型性的发展点上加以考察。"① 同样，话语作为思想通过语言表达的产物，话语的发展不过是思想的进程在语言上的反映；而这种反映是经过修正的，是按照现实的历史进程本身的规律修正的。话语的发展不是对思想发展的"亦步亦趋"，而是按照马克思哲学发展进程予以"修正"的。

　　马克思哲学的形成过程就是其话语革命的发生过程。思想的变化不可避免地带来概念、术语的变化，也必然导致话语形式的变化。早在对黑格尔思辨哲学批判之前，马克思的哲学话语是"自我意识""理性""国家符合作为理性自由的实现的国家概念""普遍自由""特殊自由"等，而当马克思转向费尔巴哈时，其哲学话语则变成了"人是人的最高本质""类""人的本质的真正占有""人的复归"等。在马克思哲学思想形成完善的时候，其哲学话语又表现为"现实的人的实践""生产力""生产关系""资本""劳动"等。由此可以看出，思想的变化同时也带来了话语的变化，二者的变化却不同步。一般来说，话语形式的变化往往会滞后于哲学思想的变化。也就是说，当时马克思的思想已经发生改变，已经转向新唯物主义，但是话语表达可能还停留在费尔巴哈的"类哲学"里。不过，这种滞后只是暂时的，话语表达最终还是与思想发展的步伐相统一。因此，我们可以通过术语、概念的变化，来"正确地理解"马克思"真实的思想过程"。

---

① 《马克思恩格斯文集》第 2 卷，人民出版社，2009，第 603 页。

第二章　马克思哲学话语的历史演变

自 1841 年到 1845 年的短短几年，马克思是如何实现其哲学话语质的飞跃的？如何从稚嫩走向成熟？又是如何从思辨的哲学话语最终走向新唯物主义话语的？借助马克思早期的核心文本，回到其哲学话语的原生语境，探寻其话语变迁之路，真正了解和掌握其哲学话语的精神实质。

一　《博士论文》：纯思辨的哲学话语

《博士论文》是马克思在大学期间所写的毕业论文，也是马克思一生当中唯一的一部纯哲学著作。《博士论文》是马克思一生著述活动的思想起点，也是其哲学话语变革的开端。

马克思在《博士论文》中集中考察了伊壁鸠鲁的自然哲学，并利用对原子运动的考察，以及与德谟克利特的原子论的比较分析，来论证自我意识的自由特性。此时，马克思深受黑格尔思辨哲学的影响，不管是语言的表达还是术语的使用，都深深烙上了黑格尔思辨哲学的印记。《博士论文》作为一部纯哲学著作，其话语表达是纯思辨的。其中，"自我意识"是《博士论文》的核心范畴。

（一）求证"自我意识"：黑格尔式的思辨话语

在《博士论文》中，马克思是从原子的概念出发，也即从原子的"形式性规定"出发，来阐释原子的独立性和坚实性，并以此过渡到原子的偏斜运动，最终到达自由的自我意识。这种从概念出发，通过概念的逻辑推演，最终回到概念，就是一种纯思辨的哲学话语表达。

马克思认为，在原子直线下落过程中，"既然原子的运动构成一条直线，原子就纯粹是由空间来规定的了，它就会被赋予一个相对的定在，而它的存在就是纯粹物质性的存在。但是我们已经看到，原子概念中所包含的一个环节便是纯粹的形式，即对一切相对性的否定，对与另一定在的任何关系的否定"①。在这里，这句话的意思是，原子的根本属性不是纯粹物质性的存在，也不来自作为物质性的原子与原子之间的因果关系，而是作为形式规定的纯粹独立性，是来自原子本身的本质规定的纯粹自为的存在。马克思指出："因为只要我们把原子仅仅看成是沿直线下落的东西，那么原子的坚实性就还根本没有出现。"② 在纯粹的空间，原子作为一个做直线式下落运动的点，将消失在直线之中，那么它的独立性和坚实性也就不复存在了。这其实是在讲原子的一种"物质性的存在"，这种存在是一种被动的、潜在的，不带自身的规定性。为克服这种被动，从潜在状态进入现实状态，就需要赋予原子以"形式性规定"。同黑格尔一样，马克思求助于时间，通过"时间"赋予原子以形式性规定。用时间来说明原子运动的历时性问题，以此来确保原子的独立性和坚实性。所谓历时性，就是指原子可以在空间中经历不同的点。这样，在时间、空间的双重维度中，就可以确定原子在时间和空间中的每一位置，这样也就可以保持原子的独立性和物理意义上的坚实性。

其实，马克思这种纯思辨的逻辑推演就是源于黑格尔的启发，类似于黑格尔空间自我否定的思辨的表述方法。在《自然哲学》中，黑格尔提出："空间没有差别……所以是绝对连续的……点这种自为存在是空间的否定，是在空间内被设定的对空间的否定。"③ 在黑格尔看来，空间是一种连续性的、无差别的存在。如果在空间中设定一个点，这个点就割断了空间的连续性。那么，点就是对空间的否定。同时，点的运动又构成了线，并在线中被扬弃。这样，随着点、线被设定为空间的环节，原本作为无差别存在的空间就出现了差别，出现了自我否定。由于点时而存在、时而不存在这一情况出现在时间中，所以时间是空间自我否定的根据，是空间的真理。在《自然哲学》中，黑格尔也有这样一段话："空间的真理性是时间，因此空间就变成时间；并不是我们很主观地过渡到时间，而是空

---

① 《马克思恩格斯全集》第 1 卷，人民出版社，1995，第 33 页。
② 《马克思恩格斯全集》第 1 卷，人民出版社，1995，第 32 页。
③ 〔德〕黑格尔：《自然哲学》，梁志学等译，商务印书馆，1980，第 41 页。

间本身过渡到时间。"① 由此可以看出，马克思对原子运动的阐述，深受黑格尔思辨哲学的启发，所采用的话语也是一种纯思辨的表达。

紧接着，马克思论述了原子的偏斜运动，并通过偏斜运动过渡到自由的"自我意识"。同样，这一表述方式也是思辨的，从概念出发，经过偏斜运动，最终回到原子的肯定性规定。马克思指出："在原子中未出现偏斜的规定之前，原子根本还没有完成"②，也就是说，原子形成于自身的偏斜运动之中，原子之所以成为原子就是因为采取了偏斜运动。如果原子是被动的、被决定的，那么就不存在形式性规定了，也就不存在独立性了。原子这种偏斜运动是自因的，是必然的，是出于自身的选择，以自身为根据。只有这样，原子才能成其为原子。"通过偏斜，形式规定显现出来了，原子概念中所包含的矛盾也实现了。"③ 上面我们已经了解了原子的直线运动是对原子的独立性和坚实性的否定，而原子的偏斜运动作为对原子直线运动的否定，也就是对原子的独立性和坚实性的再否定，即否定之否定，也就是肯定。受到黑格尔"对立性属于内在性的矛盾性关系"这一逻辑的影响，马克思认为，作为直线式运动对立面的偏斜运动，也是原子的直接存在形式，只不过是原子在直线式下落运动中产生了偏斜。

在《博士论文》中，马克思结合了直线运动和偏斜运动两方面的内容，认为偏斜运动是在直线式下落运动中对自身的反思，从对立面意识到自身，从与其对立面的否定性关系中返回对自身的肯定，而实现这一否定之否定的条件就是：原子的对立面就是原子本身。也就是说，原子的本身是自我与自我的对立的统一。此时，马克思对原子运动的论述，已经从存在论层面过渡到了本体论层面，进而深入到概念论的层面。概念论所讲述的就是自我与自我的对立统一。众所周知，存在论、本质论、概念论是黑格尔《小逻辑》所展开的逻辑推演方式。此时的马克思采用的正是黑格尔的这种推演方式。试问，这样的逻辑怎能不产生思辨的话语。

那么，原子的偏斜运动又是如何过渡到"自我意识"的呢？马克思是从伊壁鸠鲁的原子偏斜运动中，所表现出来的个别性和独立性，来揭示自由的自我意识的。马克思认为，不同的原子偏斜运动的关系，就是指原子

---

① 〔德〕黑格尔：《自然哲学》，梁志学等译，商务印书馆，1980，第48页。
② 《马克思恩格斯全集》第1卷，人民出版社，1995，第34页。
③ 《马克思恩格斯全集》第1卷，人民出版社，1995，第38页。

相互碰撞、彼此排斥的关系，正是通过排斥、碰撞，原子才能在其他原子中意识到自身。"排斥是自我意识的最初形式"①，"在原子的排斥中，表现在直线下落中的原子的物质性和表现在偏斜中的原子的形式规定，都综合地结合起来了"②。在与外物的碰撞、排斥中原子意识到自身，自我意识就是在这个由外而内的过程中发展起来的。在马克思看来，原子的偏斜运动经历了否定之否定，其实就象征着人的自我意识摆脱了外在的束缚，从而获得独立和自由。我们知道，这种偏斜运动在物理学意义上根本是不存在的，所以只能从超越物理学的认识角度，从纯思辨的角度来理解。

其实，除了逻辑推演，马克思在术语的使用上也与黑格尔相似，甚至有些概念就是从黑格尔那里直接照搬过来的。比如说，"定在""理性""感性""自由""主体""客体""必然性""偶然性""存在""对象化""有""无"等，这些概念、范畴是《博士论文》中的"常客"。有些时候，我们在马克思的《博士论文》中，就可以看到黑格尔《精神现象学》或《自然哲学》的影子。以"定在"为例，比如说"把每一个被另一个定在所规定的定在都加以否定的纯粹个别性概念"③，"原子脱离并且远离了与它相对立的定在"④，"抽象的个别性是脱离定在的自由"⑤，等等。这是一个在马克思《博士论文》中经常出现的概念，指的是直接的存在方式。但是，如果我们想要真正理解"定在"，就必须去黑格尔那里求解。

总之，此时的马克思是在"书斋"之中来求证"自我意识"，其推理还停留在"应然"层面上，对现实的剖析更多地停留在价值预设的层面，仅仅表达了对自由的一种向往。

（二）走出阿门塞斯王国：思辨话语中的"现实因子"

正如马克思在《博士论文》中所说："哲学已经不再是为了认识而注视着外部世界；它作为一个登上了舞台的人物，可以说与世界的阴谋发生了瓜葛，从透明的阿门塞斯王国走出来，投入那尘世的茜林丝的怀抱……哲

---

① 《马克思恩格斯全集》第1卷，人民出版社，1995，第37页。
② 《马克思恩格斯全集》第1卷，人民出版社，1995，第37页。
③ 《马克思恩格斯全集》第1卷，人民出版社，1995，第33页。
④ 《马克思恩格斯全集》第1卷，人民出版社，1995，第36页。
⑤ 《马克思恩格斯全集》第1卷，人民出版社，1995，第50页。

学把握了整个世界以后就起来反对现象世界。"① 此时，马克思并没有像青年黑格尔派那样将自我意识绝对化，也没有像伊壁鸠鲁那样宣扬"脱离现实世界的自由"，而是将"现实"置入自己的哲学话语当中，"哲学的世界化"已经显现出其话语的战斗风貌。《博士论文》中"现实因子"的置入，也预示了马克思哲学话语变革的方向，为日后话语变革奠定了基础。

在哲学与现实的关系问题上，马克思反对伊壁鸠鲁离开客观世界来讨论人的绝对自由。他认为伊壁鸠鲁所谓的"脱离现实世界的自由"，夸大了个人的作用，宣扬人与现实的脱离，把人置于社会历史之外，是唯心主义哲学家的一种个人幻想。这是马克思对青年黑格尔派自我意识哲学的一次具体清算。马克思认为："如果抽象的、个别的自我意识被设定为绝对的原则，那么一切真正的和现实的科学，由于个别性在事物本性中不居统治地位，当然就被取消了……反之，如果把那只在抽象的普遍性的形式下表现其自身的自我意识提升为绝对原理，那么就会为迷信的和不自由的神秘主义大开方便之门。"② 可以看出，马克思与青年黑格尔派有着泾渭分明的立场，他已经意识到了"思想和存在之间是脱节的"③，尽管马克思此时所说的"世界哲学化同时也是哲学的世界化"还很思辨，还是站在唯心主义立场之上。但是，我们也可以发现，马克思是承认意识之外还有现实的存在的，这说明马克思一直关注着"现实世界"。在马克思这里，哲学与"现实世界"须臾不可分离。这为他日后进行哲学话语的变革，埋下了变革的种子。

我们再来看马克思此时的"自然观"。在伊壁鸠鲁与德谟克利特的自然哲学比较中，马克思倾向于伊壁鸠鲁的自然哲学，重视伊壁鸠鲁的原子偏斜运动体现的自我意识自由的观点。但是，马克思并不同意伊壁鸠鲁把自由理解为脱离现实世界的自我意识的看法。马克思更加重视现实世界，在批判伊壁鸠鲁的自由观时，马克思指出："抽象的个别性是脱离定在的

---

① 《马克思恩格斯全集》第40卷，人民出版社，1982，第135～136页。
② 《马克思恩格斯全集》第40卷，人民出版社，1982，第242页。
③ 〔美〕莱文：《不同的路径：马克思主义与恩格斯主义中的黑格尔》，臧峰宇译，北京师范大学出版社，2009，第227页。

自由，而不是在定在中的自由。它不能在定在之光中发亮。"① 在这里，"定在的自由"就是指直接存在的自由，即受现实世界必然性制约的自由。可以看出，马克思并不赞成青年黑格尔派将自我意识绝对化，而是认为自我意识不能脱离现实，提出"经验"的、"感性"的、"自然"的自我意识形式。"征服世界"② "给现象打上自己的烙印"、哲学体系"成为世界的一个方面，世界的另一个方面与它相对立"③、哲学"那本来是内在之光的东西，就变成为转向外部的吞噬性的火焰"④，等等，这些无不是在诉说哲学与现实的关系问题。黑格尔曾在其《自然哲学》中，用"自在的精神""自为的精神""普遍性""个别性"等思辨的哲学概念，来分析气象万千、生机勃勃的自然。马克思则不同于黑格尔通过精神扬弃自然，来实现精神与自然的统一，而是在现实的基础上将自然与精神统一起来。尽管此时，马克思使用的是思辨的语言来表达其自然观，但是在思辨的话语"母体"中，已经植入了现实的话语因子。

　　此外，在对宗教问题的讨论中，同样也可以看出马克思是非常关注社会现实的。在《博士论文》的附录中，马克思说道："因为自然安排得不好，所以神才存在。因为非理性的世界存在，所以神才存在。因为思想不存在，所以神才存在。"⑤ 显然，马克思还没有超出思辨的哲学话语框架，仍然从思想上来寻找宗教的根源，仍然用理性来说明世界、说明宗教，并认为理性可以消灭宗教。马克思此时采用的还是黑格尔式的哲学语言，还局限在黑格尔的宗教话语体系之中，其话语功能也还停留在解释世界之中。但是，我们应该看到，在思想上，马克思已经大大超过了黑格尔，马克思认为宗教和哲学是不可调和的，这与黑格尔"哲学和宗教的内容、要求和利益都是相同的"⑥ 的观点，是截然不同的。马克思号召人们坚决地反对宗教迷信，他说："只要哲学还有一滴血在自己那颗要征服世界的、绝对自由的心脏里跳动着，它就将永远用伊壁鸠鲁的话向它的反对者宣称：'渎神的并不是那抛弃众人所崇拜的众神的人，而是把众人的意见强

① 《马克思恩格斯全集》第 1 卷，人民出版社，1995，第 50 页。

② 《马克思恩格斯全集》第 21 卷，人民出版社，2003，第 285 页。

③ 《马克思恩格斯全集》第 1 卷，人民出版社，1995，第 75 页。

④ 《马克思恩格斯全集》第 40 卷，人民出版社，1982，第 258 页。

⑤ 《马克思恩格斯全集》第 1 卷，人民出版社，1995，第 101 页。

⑥ 〔德〕黑格尔：《精神现象学》上卷，贺麟译，商务印书馆，1979，第 10 页。

加于众神的人。'"① 马克思这种对宗教的批判态度，对人民的关注，已经预示了其话语的变革，为其日后话语变革埋下了伏笔。

作为马克思一生研究的起点，《博士论文》为日后话语的不断成熟提供了超越的前提和变革的起点。尽管《博士论文》中的话语还很思辨，但马克思并没有将自己的话语完全局限在纯粹精神的领域，而是为其话语着上了现实性、实践性的底色；尽管《博士论文》的话语功能还没有超出"解释世界"的西方传统形而上学的思维框架，仍然停留在对"世界"的解释之中，但马克思已经悟出了思想与现实的脱节，逐渐意识到对世界改造的重要性；尽管《博士论文》中马克思的哲学立场仍然是主观唯心主义的，但唯物史观的种子已经萌芽，为其哲学话语的变革埋下了伏笔，马克思已经开始试图摆脱那"醉醺醺的思辨"，这预示了其哲学话语前进的方向。总之，主观唯心主义立场、思辨的话语逻辑、抽象的语言叙述，已经开始在"现实世界"的感召下，向着新唯物主义话语体系的道路进发。

二　马克思哲学话语变革之径

马克思哲学话语变革并非一日之功，而是一个变化发展的过程。从1842年到1845年初，短暂的3年时光是马克思哲学话语的"孕育期"。从《莱茵报》时期到《神圣家族》，马克思哲学话语发生了翻天覆地的变化。这一时期，从高扬费尔巴哈到对其清算，马克思逐渐走到了新唯物主义话语体系的大门前，静待新话语曙光的出现。

（一）《莱茵报》时期：吹响话语变革的"集结号"

1842年，刚刚迈出大学校门开始走向社会舞台的马克思意气风发，他以《莱茵报》为"阵地"，以黑格尔的唯心主义思想为武器，用理性主义的思辨话语同普鲁士反动政府进行斗争。此时，马克思依然深受黑格尔思辨哲学的影响，其话语立场仍然是唯心主义的，其话语逻辑仍然是思辨的。

众所周知，在黑格尔的哲学话语体系中，"绝对理念""概念""理

---

① 《马克思恩格斯全集》第1卷，人民出版社，1995，第12页。

性"处于绝对的核心地位。在黑格尔看来，"一切有限事物，自在地都具有一种不真实性，因为凡物莫不有其概念，有其存在，而其存在总不能与概念相符合。因此，所有有限事物皆不免于毁灭，而其概念与存在间的不符合，都由此表现出来"①。在这里，黑格尔的意思是说，概念构成了世界万物的本质，而具体事物不过是概念的外化。世界万物都徒有一个存在的外表，当这个存在的外表与概念不相符合时，事物就会归于灭亡。而马克思在《莱茵报》早期所持的就是这样一种思维逻辑。

在《莱茵报》早期，马克思强调概念的优先地位，其话语表达仍是思辨的，即以概念为前提、为起点，通过概念的逻辑推演，最终回到概念本身。国家、法、婚姻、友谊都是概念、理性的体现，不符合概念，它就无法继续存在。显然，这是一种思辨的、抽象的话语表达方式。在《〈科伦日报〉第 179 号的社论》中，马克思说道："它（黑格尔哲学——笔者注）认为国家是一个庞大的机构，在这里，必须实现法律的、伦理的、政治的自由，同时，个别公民服从国家的法律也就是服从他自己的理性即人类理性的自然规律。"②他还说："要么基督教国家符合作为理性自由的实现的国家概念，那时，国家为了成为基督教国家，只要成为理性的国家就足够了，那时，只要从人类关系的理性出发来阐明国家就足够了……要么理性自由的国家不能从基督教出发来加以阐明，那时，你们自己将会承认，这样去阐明不符合基督教的意图，因为基督教不想要坏的国家，而不是理性自由的实现的国家就是坏的国家。"③ 在这里，马克思的意思是说，真正的国家其实就是符合理念的国家，否则就是坏的国家。理性才是国家的本质，国家是理性的存在物。这是典型的黑格尔式的话语。黑格尔曾在其《法哲学原理》中，这样说道："凡是政府的命令都是真理……政府的理智是国家的唯一理性。"④ 黑格尔坚信国家是理性的体现，国家的发展要符合理性。很显然，马克思仍然是在黑格尔理性主义笼罩之下进行话语的阐述，用"理性""理性自由""哲学"等带有黑格尔色彩的术语来表示国家的本质，把国家归结为哲学合理性。他从国家的概念出发，认为符

① 〔德〕黑格尔：《小逻辑》，贺麟译，商务印书馆，2017，第 86 页。

② 《马克思恩格斯全集》第 1 卷，人民出版社，1995，第 228 页。

③ 《马克思恩格斯全集》第 1 卷，人民出版社，1995，第 226 页。

④ 〔德〕黑格尔：《法哲学原理》，范扬、张企泰译，商务印书馆，1982，第 9 页。

合国家概念的才是理性的国家、才是好的国家,不实现理性自由的国家就是坏的国家。他说:"应该根据国家的本性、国家本身的实质,也就是说,不是根据基督教社会的本质,而是根据人类社会的本质来判定各种国家制度的合理性。"① 从国家的概念出发来说明和改造社会的根据,这是一种典型的思辨做法。可见,此时马克思并没有超出黑格尔的国家范畴。

这种理性主义的话语逻辑在《关于林木盗窃法的辩论》中也有所体现。比如说,在《关于林木盗窃法的辩论》中,马克思说道,"因为私有财产没有办法使自己上升到国家的立场上来,所以国家就有义务使自己降低为私有财产的同理性和法相抵触的手段"②,"因为他的林木并不是国家,他的灵魂并不是国家的灵魂"③ 等,在这些话语中,马克思从法的概念出发,并将其视为理性和正义的代表。在"理性的法"和"私人利益"的问题上,"私人利益"违背了法的本质,背离了法的概念,因此"私人利益"就是"不法"的。国家本应保护广大贫苦农民群众,然而现实却是,普鲁士的国家和法沦为"林木所有者的工具",这是不符合理性的,这是"脱离常规"的。在这里,我们要清楚一点,尽管马克思此时一直借用黑格尔的"理性"来论证,但是马克思所说的理性与黑格尔还是有差别的,黑格尔的理性是指"绝对理性",而马克思所指的是"人类关系的理性",这也为其以后的话语变革埋下了伏笔。

这一思辨的话语逻辑在《莱茵报》的其他篇章中也有所体现。比如,在《关于新闻出版自由和公布省等级会议辩论情况的辩论》中,马克思用"自由"的概念来论证出版自由;用"普遍自由""特殊自由""普遍利益""个人精神"等思辨的哲学概念来批判当时的书报检查制度。他说:"如果作为'普遍自由'的实现的'自由的新闻出版'和'新闻出版自由'应当被屏弃的话,那么,作为特殊自由的实现的书报检查制度和受检查的书报就更应当被屏弃了;因为如果类是坏的,种还能是好的吗?"④很明显,这里马克思用的就是一种逻辑诘难的方法来捍卫出版自由。他从"自由"概念入手,用"普遍自由"与"特殊自由"、"种"和"类"来

---

① 《马克思恩格斯全集》第1卷,人民出版社,1995,第226页。
② 《马克思恩格斯全集》第1卷,人民出版社,1995,第261页。
③ 《马克思恩格斯全集》第1卷,人民出版社,1995,第261页。
④ 《马克思恩格斯全集》第1卷,人民出版社,1995,第167~168页。

述说书报检查制度的"倒行逆施"。从概念出发进行论证成为此时马克思进行辩护的"至宝",一切现实的、违背概念的都不符合理性,都要退出历史的舞台。

尽管马克思的话语依然很思辨,"理性""自由""自由理性"这些带有黑格尔色彩的术语还随处可见。但是,作为第一次"社会之行",马克思已经察觉出其话语的"不对劲":物质利益和客观关系与自由理性和自我意识是相抵触的。尤其是在后期,马克思已经意识到,国家概念和它的经验之间存在巨大的矛盾,国家理性在私人利益面前变得软弱无力,私人利益占了上风。"社会现实"给了马克思当头一棒,此时的马克思已经触碰到社会深层的东西,已经看到现实的利益问题与国家之间的矛盾,晓得私人利益是"违反各族人民和人类的神圣精神的罪恶"①,并愤怒地将其斥为"下流的唯物主义"。但是,马克思从概念出发回到概念本身的思辨论证,却显得是如此之苍白和无力。这些让他感到一种莫名的"失落",也使他对他所信奉的黑格尔哲学产生了怀疑。

在哲学与现实的关系这一马克思话语变革的关键问题上,马克思继续沿着《博士论文》的方向前进,提出"哲学正在世界化,而世界正在哲学化"②。在《〈科伦日报〉第179号的社论》中,马克思说道:"任何真正的哲学都是自己时代的精神上的精华。"③尽管此时,这还是一个唯心主义的命题,这一命题的提出是源于黑格尔的"每一哲学都是它的时代的哲学",是"时代的思想""时代的精神的思维和认识"④,但是马克思已经开始重视现实,他曾批判德国那些脱离现实的哲学"爱好宁静孤寂,追求体系的完满,喜欢冷静的自我审视……从其体系的发展来看,不是通俗易懂的……就像一个巫师,煞有介事地念着咒语,谁也不懂得他在念叨什么。"⑤其实此处,马克思已经为自己的哲学话语定下了基调——通俗易懂,并与现实互动。我们发现,这一时期马克思已经极少使用"自我意识"一词,没有像在《博士论文》中那样,过分强调"自我意识"这一

---

① 《马克思恩格斯全集》第1卷,人民出版社,1995,第289页。
② 《马克思恩格斯全集》第1卷,人民出版社,1995,第220页。
③ 《马克思恩格斯全集》第1卷,人民出版社,1995,第220页。
④ 〔德〕黑格尔:《哲学史讲演录》,贺麟、王太庆译,商务印书馆,2017,第58页。
⑤ 《马克思恩格斯全集》第1卷,人民出版社,1995,第219页。

范畴。他已经认识到鲍威尔等人将哲学与现实脱离，空泛地谈论社会现实，他不想像他们那样，说一些别人都听不懂的话。"哲学不仅在内部通过自己的内容，而且在外部通过自己的表现，同自己时代的现实世界接触并相互作用。"① 在这里，马克思已经对哲学话语的使命做出了概括性的表述，哲学要从现实出发，同现实世界互动，成为实践的哲学，真正发挥改造世界的功能。此外，在《博士论文》中，马克思把宗教与自我意识对立起来，将自我意识作为历史发展的动力和自由的象征，而在《莱茵报》时期，则把宗教看成普鲁士政府手中的统治工具；在《博士论文》中，马克思认为实现理性便可以消灭宗教，而在《莱茵报》时期，则强调"随着以宗教为理论的被歪曲了的现实的消失，宗教也将自行消亡"②，不是宗教决定历史，而是历史决定宗教。可见，在宗教这一问题上，马克思已经将政治现实纳入自己的话语之中，更多地联系政治状况来批判宗教，而不是进行纯粹抽象的理性批判。

我们还应看到，在这一时期，马克思已经提出了那不以人的意志为转移的"客观关系"一词。虽然此时还无法提出"物质关系"的概念或"生产关系"的范畴，但已经看到人的活动背后的"客观关系"，强调国家制度是不以个人意志为转移的客观关系。在《摩泽尔记者的辩护》中，马克思这样说道，"人们在研究国家状况时很容易走入歧途，即忽视各种关系的客观本性，而用当事人的意志来解释一切。但是存在着这样一些关系，这些关系既决定私人的行动，也决定个别行政当局的行动，而且就像呼吸的方式一样不以他们为转移"③。可以看出，马克思已经认识到历史的发展并非由黑格尔的绝对精神决定，并开始把"客观关系"与"人的意志"作了区分。虽然，此时的"客观关系"还是指由理念决定的现实关系，是绝对精神的外化，但是，马克思已经察觉到"各种关系的客观本性"。在这里，"客观关系"已经有了"社会存在"的影子。科尔纽曾说，马克思当时，"还不能从经济的和社会的观点来解决经济问题和社会问题，

---

① 《马克思恩格斯全集》第 1 卷，人民出版社，1995，第 220 页。
② 《马克思恩格斯文集》第 10 卷，人民出版社，2009，第 4 页。
③ 《马克思恩格斯全集》第 1 卷，人民出版社，1995，第 363 页。

因此他只能从法学的和伦理的角度来论述这些问题"①。但是，已经发现了问题的症结之所在，已经走到了话语变革的"风口浪尖"，其实这离话语的变革已经不远了。虽然对社会现实的关注还是理论上的，还只限于"咖啡馆式的争论"，其话语还依然停留在政治批判之中，还无法深入社会的经济关系之中，但《莱茵报》已经为马克思搭建好了话语变革的舞台，为马克思提供了一个观察、研究和批判现实社会的活动论域。

最后还有一点需要阐明，就是学术界一直存在的争论——费尔巴哈的介入问题，其实我们也可以从话语角度进行"平息"。因为从话语的角度来评判，既符合了"史"的事实，也符合逻辑的论证，不失为一种比较公允的方法。国内有学者认为，在《莱茵报》时期，马克思已经开始使用费尔巴哈的术语了，比如说"人的依赖""人的本质""人民精神""人民意志""人性"，等等②。而在我看来，事实绝非如此，费尔巴哈此时还只是一个"局外人"，其话语还没有对马克思产生影响。从整个《莱茵报》时期的哲学话语来看，马克思还深受黑格尔理性主义的影响：第一，从使用的核心术语来看，此时还仍然停留在黑格尔哲学话语系统里，带有明显的黑格尔色彩，比如"理性""自由"等，而且马克思这里的"类本质"指的仍然是"自我意识"；第二，从主要的论证方式来看，其话语的逻辑出发点仍然是理念、概念或者说观念，比如说，"国家是政治理性和法的理性的体现"，"自由报刊是观念的世界"③，"自由报刊的本质，是自由所具有的刚毅的、理性的、道德的本质"④；第三，从话语的立场来看，马克思的立场还是唯心主义的，还只是在理论上进行批判，还没有真正触碰到"现实"。总之，从术语的使用、话语的逻辑以及话语的立场来看，我们还看不到费尔巴哈的身影，正如梅林在《马克思传》中所说："在马克思发表在《莱茵报》上的那些文章里，还看不到费尔巴哈的影响。"⑤

综上所述，马克思用抽象的、思辨的话语表达与普鲁士王国进行抗

---

① 〔法〕奥古斯特·科尔纽：《马克思恩格斯传》，刘磊等译，生活·读书·新知三联书店，1963，第 419 页。

② 参见徐俊达《试论〈莱茵报〉时期费尔巴哈对马克思的影响》，《安徽大学学报》1987年第 2 期。

③ 《马克思恩格斯全集》第 1 卷，人民出版社，1995，第 179 页。

④ 《马克思恩格斯全集》第 1 卷，人民出版社，1995，第 171 页。

⑤ 〔德〕弗·梅林：《马克思传》上卷，樊集译，人民出版社，1965，第 72 页。

争，而这种原则高于现实，将现实遗弃、悬置的哲学话语，还只是停留在对世界的解释之中，无法真正做到对世界的改造。正是这种理性批判的话语让马克思感到困惑不已——如此严谨的论证为什么就无法解决现实难题？马克思越来越意识到脱离现实世界的思辨哲学的危害，而此时黑格尔就像是横亘在马克思话语变革之路上的一块"绊脚石"。"困惑""难题"加速了马克思对其所信仰的黑格尔的"国家"概念产生怀疑。此时，马克思已经走到了话语变革的"风口浪尖"上。《莱茵报》时期，是马克思哲学话语变革这场音乐盛宴的"前奏"，是马克思哲学话语变革这道大餐前的"开胃菜"，此时已经吹响了话语变革的"集结号"。

（二）《黑格尔法哲学批判》：人本主义术语的置入

"为了解决使我苦恼的疑问，我写的第一部著作是对黑格尔法哲学的批判性的分析"①，马克思这里所说的第一部著作就是指《黑格尔法哲学批判》。《莱茵报》的"受挫"并没有使马克思一蹶不振，而是在退出《莱茵报》编辑之后，重新回到"书斋"，开始反思和批判自己原来信奉的黑格尔的国家观以及他的法哲学思想。此刻，费尔巴哈唯物主义就犹如一道闪电射进了马克思的心田。从此，马克思的世界观发生了根本性转向，其唯心主义哲学话语也开启了通向历史唯物主义的大门。

但是总的来说，《黑格尔法哲学批判》中的哲学话语还是思辨的、抽象的，马克思还是从抽象理念出发，通过对概念的逻辑推演，来批判黑格尔"颠倒"的法哲学，此时概念、术语还带有浓厚的黑格尔色彩，诸如"理性""观念""精神""现实的观念""有限性""无限性""现实性""自为的无限的现实精神""主词""宾词""实体性规定"，等等，不一而足。

尽管此时已经接收了费尔巴哈人本学唯物主义的"信号"，但马克思仅仅是借助这一信号将黑格尔那种头足倒置的思辨哲学颠倒了过来，把唯物主义原则运用于政治领域，这是马克思哲学话语变革的一个"激活点"。但是，此时其哲学话语内容依然是抽象的，其范畴还是思辨的。尽管马克思在《黑格尔法哲学批判》中已经揭露了黑格尔的思辨哲学的"神秘"，

---

① 《马克思恩格斯文集》第 2 卷，人民出版社，2009，第 591 页。

指出黑格尔"不是从对象中发展自己的思想，而是按照自身已经形成了的并且是在抽象的逻辑领域中已经形成了的思想来发展自己的对象"①。但是，马克思是从黑格尔的理性主义出发来说明问题的，此刻，马克思虽然已经看到黑格尔思辨哲学的危害性，但还不具备话语变革的"资本"。

马克思在《黑格尔法哲学批判》中提出："国家是从作为家庭的成员和市民社会的成员而存在的这种群体中产生的。思辨的思维把这一事实说成是观念活动，没有把它说成是群体的观念，而说成是同事实本身有区别的主观的观念活动。"② 在这里，马克思是从作为家庭和市民社会成员而存在的群体的观念出发来说明国家的。他还说："观念变成了主体，而家庭和市民社会对国家的现实的关系被理解为观念的内在想像活动。家庭和市民社会都是国家的前提，它们才是真正活动着的；而在思辨的思维中这一切却是颠倒的。"③ 在这里，马克思虽然批判了黑格尔将"观念变成了主体"，把"家庭和市民社会对国家的现实的关系"理解为"观念的内在想像活动"，颠倒了观念与现实主体的关系。但是，马克思所说的"观念"并不是指与物质生活相对应的观念，而是特指黑格尔的"自为的无限的现实精神"，也即是指独立自觉的伦理理念或伦理精神。黑格尔将这种现实精神看成本质性的东西，而市民社会和家庭只不过是这种精神的两个有限领域，黑格尔从国家中寻找逻辑概念本身。马克思认为这是一种颠倒的认识，因为"现实性没有被说成是这种现实性本身，而被说成是某种其他的现实性。普通经验没有把它本身的精神，而是把异己的精神作为精神；另一方面，现实的观念没有把从自身中发展起来的现实，而是把普通经验作为定在"④。马克思则认为："家庭和市民社会是国家的现实的构成部分，是意志的现实的精神存在，它们是国家的存在方式。家庭和市民社会使自身成为国家。它们是动力……它们的存在归功于另外的精神，而不归功于它们自己的精神。"⑤ 从以上表述可以看出，马克思对市民社会与国家的关系的考察，仅仅停留在抽象层面和精神层面，马克思没有将市民

① 《马克思恩格斯全集》第 2 卷，人民出版社，2002，第 18~19 页。
② 《马克思恩格斯全集》第 3 卷，人民出版社，2002，第 12 页。
③ 《马克思恩格斯全集》第 3 卷，人民出版社，2002，第 10 页。
④ 《马克思恩格斯全集》第 3 卷，人民出版社，2002，第 10 页。
⑤ 《马克思恩格斯全集》第 3 卷，人民出版社，2002，第 11 页。

社会与物质生产直接联系起来考察，而是认为市民社会应"归于它们自己的精神"，黑格尔的错误在于将其归于国家的精神。虽然马克思利用他所接触的费尔巴哈的哲学思想——"我们只要经常将宾词当作主词，将主体当作客体和原则，就是说，只要将思辨哲学颠倒过来，就能得到毫不掩饰的、纯粹的、显明的真理"①，将黑格尔颠倒了的市民社会和国家的关系颠倒回来，但是马克思在这一颠倒过程中，依然坚持的是事物的本质就是事物自身的精神、理念、概念和逻辑，因此其哲学话语还是抽象的、思辨的。

在批判黑格尔的长子继承制时，马克思认为，私有财产不是人的自由意志的体现，而是限制人的自由意志，"财产之存在，不再是'因为我把我的意志置于财产之中'，而我的意志之存在，则是'因为它就在财产之中'，在这里，我的意志已经不占有，而是被占有"②。马克思虽然已经看到了私有财产在历史中的作用，私有财产对政治国家的决定作用，但是把私有财产与人的意志联系起来，还不能科学认识私有财产，还不能从物质生产的角度来阐述私有财产的产生和发展。此外，马克思还指出，在黑格尔那里，"哲学的工作不是使思维体现在政治规定中，而是使现存的政治规定消散于抽象的思想。哲学的因素不是事物本身的逻辑，而是逻辑本身的事物。不是用逻辑来论证国家，而是用国家来论证逻辑"③。马克思用事物本身的逻辑来代替事物之外的逻辑，很显然，这里马克思的哲学话语立场仍然是唯心主义的。

质言之，马克思此时并没有突破黑格尔哲学的藩篱，其哲学话语仍然是思辨的，仍然是从抽象理念、精神、概念和逻辑去说明事物，通过概念之间的逻辑推演来构建其话语体系。

但是，如果仅仅认为马克思此时的哲学话语除了思辨别无其他，抑或说，马克思仍在思辨的话语王国中遨游，那就大错特错了。事实显然不是这样，马克思在话语变革之路上不是止步不前，而是实现了一次大的飞跃，实现了方向的转变。在这里，我们就以"市民社会"这一概念为突破口，来考察马克思的哲学话语是如何通向历史唯物主义之路的。在《〈政

① 《费尔巴哈哲学著作选集》上册，商务印书馆，1984，第102页。
② 《马克思恩格斯全集》第3卷，人民出版社，2002，第126页。
③ 《马克思恩格斯全集》第3卷，人民出版社，2002，第22页。

治经济学批判〉序言》中，马克思曾说："法的关系正像国家的形式一样，既不能从它们本身来理解，也不能从所谓人类精神的一般发展来理解，相反，它们根源于物质的生活关系，这种物质的生活关系的总和，黑格尔按照18世纪的英国人和法国人的先例，概括为'市民社会'，而对市民社会的解剖应该到政治经济学中去寻求。"① 在《黑格尔法哲学批判》中，马克思第一次明确指出市民社会在社会历史中的重要作用，把对市民社会的研究提上议事日程。尽管此时，马克思和黑格尔一样，对市民社会的考察依然是从其本身的精神来理解，但是其话语已经发生了根本性的转向。此时，他并没有像《莱茵报》时期那样，在国家中寻找说明和改造社会的根据，而是试图从市民社会来寻找根据。

众所周知，此时的马克思还没有开始他的政治经济学研究，"还没有把市民社会同物质生产直接联系起来考察，没有把财产关系看作物质生产关系的表现，没有从财产关系中进一步追溯出社会物质生活关系，也没有弄清现存生产关系与其法律用语'财产关系'的联系和区别"②，马克思还没有在物质生活关系这个意义上使用市民社会这一概念，而是认为市民社会是"意志的现实的精神存在"，把市民社会的本质看成是精神性的。但是，马克思已经抓住市民社会决定国家的基本原则，从根本上揭开了思辨哲学的秘密，开拓了通向历史唯物主义之路，这为其哲学话语的转变奠定了基础。正如普列汉诺夫所说："马克思阐明他的唯物主义历史观是从批判黑格尔的法权哲学开始的。"③ 况且，黑格尔的"市民社会"这一术语具有物质生活领域的含义，因而，马克思在批判黑格尔关于市民社会和国家关系的见解时，必然会意识到市民社会是物质生活关系的总和，必然会促使他转向政治经济学的研究，必然会带来其哲学话语发生根本性变革。可能这样讲过于武断，但是也不失为其转向政治经济学的原因之一。

没有政治经济学的基础，其哲学话语还不可能具有历史唯物主义的雏形。但是，也不可否认，此时的马克思已经隐约有了唯物史观的想法，那就是必须从事物自身的内在矛盾去说明事物。他说："对现代国家制度的

① 《马克思恩格斯文集》第2卷，人民出版社，2009，第591页。
② 李光灿、吕世伦：《马克思恩格斯法律思想史》，法律出版社，1991，第130~131页。
③ 〔苏〕普列汉诺夫：《普列汉诺夫哲学著作选集》第3卷，生活·读书·新知三联书店，1962，第145页。

真正哲学的批判，不仅揭露这种制度中存在着的矛盾，而且解释这些矛盾，了解这些矛盾的形成过程和这些矛盾的必然性。这种批判从这些矛盾的本来意义上来把握矛盾。但是，这种理解不在于到处去重新辨认逻辑概念的规定，像黑格尔所想像的那样，而在于把握特有对象的特有逻辑。"①其实从这一表述已经可以看到唯物史观的影子了。唯物史观一个重要观点，就是社会发展的根本动力是社会自身内部的矛盾运动，即生产力和生产关系、经济基础和上层建筑之间的矛盾，只不过此时是指市民社会的矛盾。在《黑格尔法哲学批判》中，马克思有这样一段话："丧失财产的人们和直接劳动的即具体劳动的等级，与其说是市民社会中的一个等级，还不如说是市民社会各集团赖以安身和活动的基础。"② 这其实是马克思无产阶级概念的雏形。可以看出，思辨话语背后已经蕴含了深刻的变革因子，可以说此时马克思的话语变革已经是"箭在弦上"，一触即发。

在对黑格尔思辨哲学的"反拨"中，费尔巴哈的人本主义术语已悄然进入马克思的哲学话语体系，诸如"现实的人""人的本质""类存在""类形式""人本身"等。虽然此时马克思仍然相信理性自由国家的存在，但是他是从人出发来说明政治国家的，指出："政治制度到目前为止一直是宗教领域，是人民生活的宗教，是同人民生活现实性的尘世存在相对立的人民生活普遍性的天国。"③ 他还说："人民成为国家制度的原则。"④ 这里的国家制度是指民主制国家，而不是一般的政治国家，也不是君主立宪国家。在马克思看来，民主制是其他一切国家制度的实质，因为"这里，国家制度不仅自在地，不仅就其本质来说，而且就其存在、就其现实性来说，也在不断地被引回到自己的现实的基础、现实的人、现实的人民，并被设定为人民自己的作品。国家制度在这里表现出它的本来面目，即人的自由产物"⑤。这些都不是从抽象理念出发，而是从人出发，认为国家是人的自由的产物，是客体化的人，民主制体现了人的本质。此时，马克思把人格看成人的本质，把国家看成人格的最高现实，强调应把人们归结为

---

① 《马克思恩格斯全集》第3卷，人民出版社，2002，第114页。
② 《马克思恩格斯全集》第3卷，人民出版社，2002，第100~101页。
③ 《马克思恩格斯全集》第3卷，人民出版社，2002，第42页。
④ 《马克思恩格斯全集》第3卷，人民出版社，2002，第72页。
⑤ 《马克思恩格斯全集》第3卷，人民出版社，2002，第39~40页。

人格，反对把人格归结为单个的人。他认为："人格脱离了人，当然只是一个抽象，但人也只有在自己的类存在中，只有作为人们，才是人格的现实的观念。"①

虽然此时马克思像费尔巴哈一样，赋予哲学问题以适合于自觉的人的形态，但马克思与费尔巴哈还是有区别的，正如马克思所说，费尔巴哈的警句"过多地强调自然而过少地强调政治"②。马克思此时强调人的社会特质，批评黑格尔把人看成抽象的人，抽象的"人格"，指出："他忘记了特殊的个体性是人的个体性，国家的各种职能和活动是人的职能；他忘记了'特殊的人格'的本质不是它的胡子、它的血液、它的抽象的肉体，而是它的社会特质，而国家的职能等等只不过是人的社会特质的存在方式和活动方式。"③ 马克思一面强调民主制是人的自由的产物，一面又强调国家的职能是人的社会特质的存在，也就是说，人的特质就是指人的自由，很显然马克思此时的论述还很不科学，却埋下了与费尔巴哈分道扬镳的"导火索"。

固然，整个《黑格尔法哲学批判》的哲学话语仍是思辨的，哲学语言仍是晦涩的，哲学论证还不科学。但是，我们应看到在这晦涩的语言背后已经有了历史唯物主义的思想萌芽，马克思已经迈出了哲学话语变革的第一步，开辟了通向历史唯物主义的道路，加上费尔巴哈的人本主义术语这一话语"助推器"已经置入，整个哲学话语体系的彻底变革将指日可待。

（三）《德法年鉴》时期：带有人本主义色彩的思辨话语

顾名思义，《德法年鉴》时期的话语特征，就是指马克思发表在这一杂志上的文章所使用的哲学话语。在《德法年鉴》上马克思发表了两篇论文④以及"1843年通信"。尽管这些文章篇幅都相对较短，但此时马克思的哲学话语却是极其复杂的，这里既有黑格尔的晦涩的思辨语言，又有费尔巴哈的人本主义范畴和表述，还有已经开始萌芽的政治经济学术语和范畴。正如阿尔都塞对《〈黑格尔法哲学批判〉导言》的评价，他说，《〈黑

① 《马克思恩格斯全集》第3卷，人民出版社，2002，第36页。
② 《马克思恩格斯全集》第27卷，人民出版社，1972，第443页。
③ 《马克思恩格斯全集》第3卷，人民出版社，2002，第29页。
④ 即《论犹太人问题》和《〈黑格尔法哲学批判〉导言》。

格尔法哲学批判〉导言》"使用了带有费尔巴哈色彩的或依旧是黑格尔的表述"①。

其实，这一时期，马克思的哲学话语是人本主义话语与思辨话语的一种"杂糅"，是带有人本主义色彩的思辨话语。"普遍的领域"与"特殊的领域"、"普遍规定"与"特殊规定"、"普遍的阶级"与"特殊的阶级"、"普遍解放"与"特殊地位"、"普遍的权利"与"特殊的权利"、人的本质的"完全丧失"与"完全回复"、"历史的权利"与"人的权利"、"类本质"、"类生活"、"类存在物"、"现实的人"、"人的本质"、"人的高度"、"人是人的世界"、"人是人的最高本质"等，这些抽象的人本主义术语和概念，以及黑格尔晦涩思辨的语言，正是这一时期马克思哲学话语的真实写照。

在《论犹太人问题》和《〈黑格尔法哲学批判〉导言》中，马克思直接或间接使用了费尔巴哈人本主义的术语、范畴，有时候甚至是对费尔巴哈话语模式的一种"再版"。在人的本质这一问题上，马克思提出，"人的根本就是人本身""人是人的最高本质"。其实，这些不过是费尔巴哈的命题的"变种"。费尔巴哈在《基督教的本质》中就曾提出，"属神的本质的一切规定，都是属人的本质之规定"②，"人的绝对本质、上帝，其实就是他自己的本质"③，以上这些语句就是"人的根本就是人本身""人是最高本质"的"原型"。我们再来仔细研读这两个命题，就会发现：两个命题中的两个"人"分别指称作为"现实的个体的人"和作为"类"的人。尽管二者表述略有不同，但是本质都是在说，"类"是个人的最高本质或人的根本。有学者就曾提出，此时马克思提出的"全人类的解放"并不是指"全世界所有人的解放，而是指人作为类的解放，是人的类本质的解放"④，也不无道理。从术语的使用上来看，马克思此时的话语明显带有人本主义色彩。

在"异化"概念的使用上，马克思也已经站在了费尔巴哈的人本主义立场之上。马克思此时的"异化"不是指人的理性或自我意识的异化，而

---

① 〔法〕路易·阿尔都塞：《保卫马克思》，顾良译，商务印书馆，2006，第42页。
② 《费尔巴哈著作选集》下卷，生活·读书·新知三联书店，1962，第39页。
③ 《费尔巴哈著作选集》下卷，生活·读书·新知三联书店，1962，第30页。
④ 唐文明：《近忧：文化政治与中国的未来》，华东师范大学出版社，2010，第177页。

是指"人本身"的异化。马克思是从人的异化出发来说明宗教问题的，他把宗教看作人的异化，看作人的劳动和存在本质的异化。他说："人不是抽象的蛰居于世界之外的存在物。人就是人的世界，就是国家，社会。这个国家、这个社会产生了宗教，一种颠倒的世界意识，因为它们就是颠倒的世界。"① 他还说："人的自我异化的神圣形象被揭穿以后，揭露具有非神圣形象的自我异化，就成了为历史服务的哲学的迫切任务。于是，对天国的批判变成对尘世的批判，对宗教的批判变成对法的批判，对神学的批判变成对政治的批判。"② 马克思用世俗世界的自我分裂来说明宗教的产生，人们由于异化而信仰宗教。可以看出，此时马克思的宗教观仍然没有超出人本主义哲学，马克思把宗教归结为社会，最终把社会归结为人的异化。此时，马克思不是用社会来说明人，而是用"人本身"来说明社会，是人的本质的客观化为国家、市民社会，国家、市民社会不过是人的存在方式。马克思把国家归结为人，把人归结为理性和自由。很显然，此时马克思哲学话语的言说，是站在人本主义立场上的一种表述，已经带有明显的人本主义色彩。

这一时期，除了人本主义哲学话语以外，思辨话语的阴霾依然存在。在话语表达上，黑格尔哲学的影响还无法挥去，我们就以"无产阶级"这一概念来说明。"无产阶级"概念是马克思哲学话语体系的一个重要概念，在话语舞台的首次亮相就是在《德法年鉴》时期。在《〈黑格尔法哲学批判〉导言》中，马克思首次提出"无产阶级"的概念。但是，此时的"无产阶级"概念还是作为一个思辨的哲学概念提出来的。在《〈黑格尔法哲学批判〉导言》中，马克思是这样论述的：

> 就在于形成一个被戴上彻底的锁链的阶级，一个并非市民社会阶级的市民社会阶级，形成一个表明一切等级解体的等级，形成一个由于自己遭受普遍苦难而具有普遍性质的领域，这个领域不要求享有任何特殊的权利，因为威胁着这个领域的不是特殊的不公正，而是普遍的不公正，它不能再求助于历史的权利，而只能求助于人的权利，它不是同德国国家制度的后果处于片面的对立，而是同这种制度的前提

---

① 《马克思恩格斯文集》第1卷，人民出版社，2009，第3页。
② 《马克思恩格斯文集》第1卷，人民出版社，2009，第4页。

处于全面的对立，最后，在于形成一个若不从其他一切社会领域解放出来从而解放其他一切社会领域就不能解放自己的领域，总之，形成这样一个领域，它表明人的完全丧失，并因而只有通过人的完全回复才能回复自己本身。社会解体的这个结果，就是无产阶级这个特殊等级①。

从上面这段带有人本主义色彩的思辨表达可以看出，马克思的"无产阶级"概念还深受黑格尔思辨哲学的影响，是在黑格尔的话语逻辑框架中提出来的。它（指无产阶级概念）不是由经验观察所得，而是通过经验观察正好发现了它的对应物；它不是对德国新阶级的概括所得，而是新阶级恰好符合它。此时，"无产阶级"是一个彻彻底底的思辨范畴。在《法哲学原理》中，黑格尔借由他《逻辑学》中普遍性与特殊性的辩证关系，提出政治国家的普遍性以及"普遍等级"的概念。马克思正是由"普遍等级"提出"普遍阶级"，并指出无产阶级就是具有"否定性的普遍阶级"。作为一个普遍的阶级，无产阶级遭受的苦难具有普遍性；由于没有私有财产，他们又代表着普遍利益。作为一个否定性的普遍等级，他们是对现存市民社会的否定，而不是指毫无财产的经济意义上的穷人或者经验中的穷人，而是一个哲学概念，一个逻辑上的推演。它的提出只是一种逻辑的推理和演绎。在这段话的最后，马克思又指出，人的本质的"完全丧失"以及"完全回复"，又是一种人本学的话语模式。从以上这段话就可以看出，此时，马克思既没有跳出黑格尔思辨哲学的陷阱，其哲学话语的言说可能还"暴露出一些唯心主义的残余"②，甚至是仍停留在黑格尔的话语坐标系中；也没有真正从人的生产生活实践出发，其哲学话语还带有浓厚的人本主义色彩。

这种思辨的表达在"1843年通信"里也有所体现。马克思在写给卢格的信中，提出《德法年鉴》的任务是"要揭露旧世界，并为建立一个新世界而积极工作"③，反对教条式地预料未来，主张"通过批判旧世界

① 《马克思恩格斯文集》第1卷，人民出版社，2009，第16~17页。
② 〔法〕奥古斯特·科尔纽：《马克思恩格斯传》，刘磊等译，生活·读书·新知三联书店，1963，第592页。
③ 《马克思恩格斯全集》第1卷，人民出版社，1956，第414页。

发现新世界"①。其实，马克思在这里所说的"批判旧世界发现新世界"，并不是从现实的社会生产实践出发，而是从黑格尔的理性出发，仍然是一种抽象的表达。他说："理性向来就存在，只是不总具有理性的形式。因此，批评家可以把任何一种形式的理论意识和实践意识作为出发点，并且从现存的现实特有的形式中引申出作为它的应有和它的最终目的的真正现实。说到现实的生活，虽然政治国家还没有自觉地充满社会主义的要求，但是在它的一切现代形式中却包含着理性的要求。"② 这里马克思所说的发现新世界其实就是发现理性，就是"从世界的原理中为世界阐发新原理"③；批判的"旧世界"，就是指对宗教和政治国家的批判。他指出："意识改革不是靠教条，而是靠分析连自己都不清楚的神秘的意识，不管这种意识是以宗教的形式还是以政治的形式出现。"④ 此时，马克思并没有站在唯物主义的立场上，而是依据辩证的唯心主义来言说其哲学，他并没有逃出黑格尔思辨哲学的话语逻辑。我们知道，在黑格尔那里，国家是绝对自在自为的理性的东西，家庭、市民社会只是理性的非理性形式。同样，这里马克思所说的宗教、政治国家就是理性的非理性形式。马克思这种通过对宗教和政治国家的批判才能得到理性和真理的话语逻辑，明显带有思辨的色彩。

尽管马克思此时的话语仍深受黑格尔思辨哲学的影响，并带有明显的人本主义色彩；尽管"一切社会变迁和政治变革的终极原因"还是"到有关时代的哲学中去寻找"，而不是"到有关时代的经济中去寻找"⑤，但是"潜意识"中马克思已经有所突破，只是他自己还未察觉。他以费尔巴哈的人本主义为依托，将"社会"置入他的哲学话语中，将德国的解放界定为"实现一个不但能把德国提高到现代各国的正式水准，而且提高到这些国家最近的将来要达到的人的高度的革命"⑥；他已经开启了他的政治经济学研究，他从"工业以至于整个财富领域对政治领域的关系，是现代

---

① 《马克思恩格斯文集》第 10 卷，人民出版社，2009，第 7 页。
② 《马克思恩格斯文集》第 10 卷，人民出版社，2009，第 8 页。
③ 《马克思恩格斯文集》第 10 卷，人民出版社，2009，第 9 页。
④ 《马克思恩格斯文集》第 10 卷，人民出版社，2009，第 9 ~ 10 页。
⑤ 《马克思恩格斯文集》第 9 卷，人民出版社，2009，第 284 页。
⑥ 《马克思恩格斯文集》第 10 卷，人民出版社，2009，第 11 页。

主要问题之一"① 这个方面，分析和批判德国落后的现状，从"工业运动"和"私有财产"等经济方面②，来论述德国无产阶级的形成及其历史使命。虽然这些论述不占主导，也还很抽象，但是马克思已经走上了他的哲学话语变革之路。正如他后来所说："这一道路已在'德法年鉴'中，即在'黑格尔法哲学批判导言'和'论犹太人问题'这两篇文章中指出了。但当时由于这一切还是用哲学词句来表达的，所以那里所见到的一些习惯用的哲学术语，如'人的本质'、'类'等等，给了德国理论家们以可乘之机去不正确地理解真实的思想过程并以为这里的一切都不过是他们的穿旧了的理论外衣的翻新"。③ 阿尔都塞说，"哲学家也有自己的青年时代"④，我们也可以说，这一时期是马克思哲学话语的"青年时代"，其话语还很不成熟、还略显稚嫩，话语表达还很抽象、思辨。对宗教、政治和法的批判还局限在哲学的范围内，还没有触及现实的经济关系，对共产主义的论证也主要是哲学的论证，对人的解放的论证还诉诸无产阶级的阶级斗争，等等。但是此时，马克思已经开始慢慢向他的新唯物主义话语靠近，"使哲学成为意志，使哲学走出精神世界去改造政治世界"⑤ 就肇端于此。马克思已经找到了哲学与现实结合的物质途径、纽带和力量，发出了"批判的武器当然不能代替武器的批判，物质力量只能用物质力量来摧毁"⑥、"哲学把无产阶级当做自己的物质武器，同样，无产阶级也把哲学当做自己的精神武器"⑦ 等革命的呐喊声。马克思青年时期的懵懂思想将在以后的几个月快速成长，马克思哲学话语也将在以后的几个月发生巨大变化，逐渐摆脱黑格尔和费尔巴哈的影响，形成自己成熟的话语体系。

（四）"巴黎手稿"："异化史观"主导下的人本主义话语

所谓"巴黎手稿"，是指马克思在"巴黎时期"所撰写的阐述自己思想的著述，包括关于詹姆斯·穆勒《政治经济学原理》一书的评注（简

---

① 《马克思恩格斯文集》第 1 卷，人民出版社，2009，第 8 页。
② 参见《马克思恩格斯文集》第 1 卷，人民出版社，2009，第 17 页。
③ 《马克思恩格斯全集》第 3 卷，人民出版社，1960，第 261～262 页。
④ 〔法〕路易·阿尔都塞：《保卫马克思》，顾良译，商务印书馆，2006，第 49 页。
⑤ 〔法〕路易·阿尔都塞：《保卫马克思》，顾良译，商务印书馆，2006，第 51 页。
⑥ 《马克思恩格斯文集》第 1 卷，人民出版社，2009，第 11 页。
⑦ 《马克思恩格斯文集》第 1 卷，人民出版社，2009，第 17 页。

称"穆勒评注")和《1844年经济学哲学手稿》①的"三个笔记本"。其实，学界对"巴黎手稿"的界定并没有形成定论②，但有一点是达成共识的，即"穆勒评注"写于《1844年经济学哲学手稿》第一笔记本之后。要透视这一时期马克思哲学话语的"真实面貌"，就需要对《1844年经济学哲学手稿》和"穆勒评注"进行全面的考察。

这一时期，马克思虽然对经济学有研究，但其话语的摄入点却是哲学层面的，话语的出发点是"人的本质"，话语摄入的视角是政治批判，而不是经济学理论本身。此时马克思哲学的主导性的话语仍然是人本主义哲学话语，其话语表述带有明显的费尔巴哈人本主义色彩。同时，马克思已经开始的政治经济学研究，在话语表述上又自觉地实现了经济学哲学的"无缝对接"。在术语的使用上，既有诸如"类生活""类本质""类存在物""类活动""类精神"等明显带有费尔巴哈人本主义遗迹的哲学术语，也有诸如"生产""分配""交换""消费"等经济学术语；在话语逻辑上，"类本质—异化劳动"的人本学的经济异化批判逻辑统摄其中；在表达方式上，还没有完全摆脱资产阶级人道主义和费尔巴哈人本主义的影响，比如说，用"人的本质"衡量社会制度的进步与否，用"人性异化""人性复归"和"人类解放"来论述共产主义等，以及还在沿用的费尔巴哈术语，如"感性的""现实性的"等。

从抽象的人、理想化的人，从人的"应然"出发，受人本主义的经济异化批判逻辑的役使，是"穆勒评注"的主要话语特点。在"穆勒评注"中有这样一段话：

> 货币的本质，首先不在于财产通过它转让，而在于人的产品赖以互相补充的中介活动或中介运动，人的、社会的行动异化了并成为在人之外的物质东西的属性，成为货币的属性。既然人使这种中介活动

---

① "巴黎手稿""穆勒评注""巴黎笔记"是后人对马克思"巴黎时期"不同著述或笔记的称谓，并不是正式撰写的作品，因此就以""来标注；而鉴于《1844年经济学哲学手稿》已经以单行本出版，并且学界已将其认定为一部著作，就以《》来标注。

② 比如，有学者把《1844年经济学哲学手稿》等同于"巴黎手稿"，或者把"穆勒评注"归到"巴黎笔记"等。本书将"巴黎手稿"界定为"穆勒评注"和《1844年经济学哲学手稿》，主要是因为二者都从正面表述了马克思的观点，而"巴黎笔记"是马克思专门摘录和抄写同时代人或前人政治经济学著作的笔记，并没有个人的观点。因此，此处没有将其列入马克思哲学话语的考察范围。

本身外化，他在这里只能作为丧失了自身的人、失去人性的人而活动；物的相互关系本身、人用物进行的活动变成某种在人之外的、在人之上的本质所进行的活动。由于这种异己的媒介——并非人本身是人的媒介，——人把自己的愿望、活动以及同他人的关系看作是一种不依赖于他和他人的力量……这个媒介是私有财产的丧失了自身的、异化的本质，是在自身之外的、外化的私有财产，在人的生产与人的生产之间起外化的中介作用，是人的外化的类活动。……但是，基督是外化的上帝和外化的人。上帝只有在它代表基督时才有价值；人也只有在他代表基督时才有价值。货币的情况也是一样①。

很显然，马克思的这段话，用的是费尔巴哈的术语和表达方式。在这里，马克思用基督教的基督作比，指出基督作为人与上帝的媒介，不过是"外化的人"和"外化的上帝"。而货币这一媒介，作为"价值的价值"的现实存在，是"私有财产丧失了自身、异化的本质"，是"外化的私有财产"，表征着"人的生产和人的生产之间的外化的中介作用"，彰显了"人的外化的类活动"。在这里，马克思将费尔巴哈的宗教批判延伸到了"货币"这一概念中。众所周知，费尔巴哈在对宗教神学的批判中，指出人的类本质是人类共同的感性活动，而在宗教神学中，人的类本质却表现为上帝，宗教神学是人的类本质的异化和外化。同样，马克思将货币也视为人的本质的异化和颠倒。而且这里的"类生活"是典型的费尔巴哈的术语，意指真正的人的生活。此时，马克思深受费尔巴哈的影响，不管是术语的使用，还是论证的表达方式，都带有深厚的人本主义色彩。

在"穆勒评注"中，像这样的表述还有很多。在分析私有制基础上的交换时，马克思认为，这种交换本身是人与自己产品的异化、人作为人的价值的丧失、人与人交往中介的异化。他说，"我的产品所承认的不是人的本质的特性，也不是人的本质的权力。相反，你的需要、你的愿望、你的意志是使你依赖于我的纽带，因为它们使你依赖于我的产品"②。他还说："我们自己的产品顽强地不服从我们自己，它似乎是我们的财产，但事实上我们是它的财产。我们自己被排斥于真正的财产之外，因为我

---

① 《马克思恩格斯全集》第42卷，人民出版社，1979，第18～19页。
② 《马克思恩格斯全集》第42卷，人民出版社，1979，第34～35页。

们的财产排斥他人。"① 在这里，马克思从抽象的人出发来说明交换的实质——人的本质的异化，而这种分析并不是基于现实的物质生产，仅仅是进行一种理论上的价值预设，这种分析也仅仅停留在理论之上，此时马克思的话语还很抽象。此外，马克思还将经济现实中颠倒的社会关系指认为人的异化，他说，在资本主义经济过程中，"人的本质是人的真正的社会联系……有没有这种社会联系，是不以人为转移的；但是，只要人不承认自己是人，因而不按照人的样子来组织世界，这种社会联系就以异化的形式出现"②。在这里，是人的存在决定社会关系，而不是社会关系决定人的存在，是异化的人导致了与社会关系的颠倒。可见，马克思用"人的异化"代替了经济现实中的客观对立，以"人的本质"作为其话语的出发点，其话语是受"异化史观"的话语逻辑所支配。

作为同一时间的两篇著述，《1844 年经济学哲学手稿》也同样笼罩在"异化史观"的话语逻辑之下，其中"异化劳动"这一马克思的创造性概念，带有明显的人本主义色彩。马克思借用费尔巴哈的人本主义作为武器对国民经济学进行批判，从理想化的人的本质、从人的"应然"出发，对"异化劳动"进行规定：第一，劳动产品与工人相异化，即"工人对劳动产品这个异己的、统治着他的对象的关系"③；第二，劳动活动本身与工人相异化，劳动过程中的劳动对工人来说，是一种"异己的、不属于自己的活动"；第三，人的类本质与人相异化，异化劳动使"类同人相异化"，"把类生活变成维持个人生活的手段"④；第四，人同人相异化，"当人同自身相对立的时候，他也同他人相对立"⑤。在这里，"类生活""类本质"是典型的费尔巴哈人本学术语，其中"类生活"是指人的本质的生活，即"生产生活"；人的"类本质"是指"自由的有意识的活动"。在这里，马克思早已预设了一个理想化的、永恒的"人的本质"前提，人的本质具有抽象的共同性，是人的"类"，"类"是衡量一切的标准。异化劳动是人与人之间关系异化的原因，而真正的原因——资本主义生产方式被掩盖。

① 《马克思恩格斯全集》第 42 卷，人民出版社，1979，第 36 页。
② 《马克思恩格斯全集》第 42 卷，人民出版社，1979，第 24 ~ 25 页。
③ 《马克思恩格斯文集》第 1 卷，人民出版社，2009，第 160 页。
④ 《马克思恩格斯文集》第 1 卷，人民出版社，2009，第 161 ~ 162 页。
⑤ 《马克思恩格斯文集》第 1 卷，人民出版社，2009，第 163 页。

可见，此处马克思对"异化劳动"概念的界定，是受人本主义哲学逻辑支配的。虽然马克思已经注意到人的异化，但是却误将异化当原因，异化的真正根源没有显现。在这里，"人的异化"只是与价值预设的"人"的差别。马克思的分析依然是抽象的，"类本质""类生活""类的意识""类存在物"等费尔巴哈的常用语还支配着整个话语论证。

　　"异化劳动"理论作为当时马克思全部思想的基础，也是当时马克思整个哲学话语体系的支撑。马克思用人本主义的劳动异化逻辑来解读各种社会现象，其话语带有浓厚的人本主义色彩。例如，对共产主义的论述，马克思从理想化、抽象的人出发，用"人的异化""异化的扬弃""人的本质的真正占有""人的复归"等术语来阐发。他指出："共产主义是对私有财产即人的自我异化的积极的扬弃，因而是通过人并且为了人而对人的本质的真正占有。"① 同时还指出，共产主义是"人和自然界之间、人和人之间的矛盾的真正解决，是存在和本质、对象化和自我确证、自由和必然、个体和类之间的斗争的真正解决"②。在这里，"共产主义"还不是指现实历史的必然趋势，而是指异化理论的逻辑要求；在这里，马克思深入批判和否定劳动的异化，要求扬弃异化而复归人的真实性质；在这里，"异化"这一私有制的结果被当作原因来论述，而资本主义生产方式的内部原因被淹没。很显然，马克思对"共产主义"的表述带有浓厚的人本主义色彩，共产主义还是一个空洞的范畴。再比如说，私有财产，马克思是"从外化劳动这一概念，即从外化的人、异化劳动、异化的生命、异化的人这一概念得出私有财产这一概念"③ 的。在人与自然、人与社会的关系问题上，马克思是这样论述的，在共产主义社会，"自然界才是人自己的合乎人性的存在的基础，才是人的现实的生活要素……社会是人同自然界的完成了的本质的统一，是自然界的真正复活，是人的实现了的自然主义和自然界的实现了的人道主义"④。在批判黑格尔辩证法和整个哲学时，同样也是用的他的异化劳动理论。马克思批判黑格尔抽象思维的异化，不过是以抽象的方式表达了人的本质的异化，"在这里，不是人的本质以非

① 《马克思恩格斯文集》第1卷，人民出版社，2009，第185页。
② 《马克思恩格斯文集》第1卷，人民出版社，2009，第185页。
③ 《马克思恩格斯文集》第1卷，人民出版社，2009，第166页。
④ 《马克思恩格斯文集》第1卷，人民出版社，2009，第187页。

人的方式在同自身的对立中的对象化，而是人的本质以不同于抽象思维的方式在同抽象思维的对立中的对象化，被当做异化的被设定的和应该扬弃的本质"①。很显然，这些论述表明，马克思还只是从异化劳动出发来说明各种社会现象，通过揭示资本主义生产方式的发展趋势来论述。马克思这里对共产主义的论述，还没有摆脱费尔巴哈人本主义哲学的影响，对人与自然的关系的论述也带有明显的资产阶级人道主义色彩。

此外，在对经济范畴，诸如"竞争""资本""货币""生产"等，马克思也不是从"经济事实"出发来说明的，而是从异化劳动出发，通过"人的本质的异化"推演得出的。就像马克思自己所说："正如我们通过分析从异化的、外化的劳动的概念得出私有财产的概念一样，我们也可以借助这两个因素来阐明国民经济学的一切范畴。"②"生产力"这一马克思历史唯物主义的核心概念在此时也粉墨登场，不过此时它还仅仅是作为国民经济学的一个概念出场，还不具有哲学的意蕴。正如马克思所说："我们是从国民经济学的各个前提出发的。我们采用了它的语言和它的规律。"③

此时，马克思还没有认识到费尔巴哈唯物主义的危害性，在话语表达上还留有浓厚的人本主义色彩，整个论证还是抽象思辨的。但是，在这一旧的话语表达背后，其实已经孕育了新唯物主义的话语"胚胎"。因为此时马克思已经从"副本"的批判转向了对"原本"的批判，已经觉察到其哲学批判的局限性："把仅仅针对思辨的批判同针对不同材料本身的批判混在一起，十分不妥，而这种格言式的叙述又会造成任意制造体系的外观。"④ 其实，在潜移默化中马克思已将社会的现实纳入自己的哲学话语当中，经济学术语的引进就是最好的证明。阿尔都塞曾说，马克思使用的概念基本上都是国民经济学的，他没有发明什么新的概念，马克思后来使用的大多数概念基本上也能在国民经济学那里找到。

马克思虽然从人的本质出发去说明一切，但是马克思与费尔巴哈又不完全相同。费尔巴哈的"人的本质"是指人的理性、意志、感情，马克思

---

①　《马克思恩格斯文集》第 1 卷，人民出版社，2009，第 203 页。
②　《马克思恩格斯文集》第 1 卷，人民出版社，2009，第 167 页。
③　《马克思恩格斯文集》第 1 卷，人民出版社，2009，第 155 页。
④　《马克思恩格斯文集》第 1 卷，人民出版社，2009，第 111 页。

则认为"人的本质"是自有的有意识的活动，是改造世界的劳动。马克思这里从人的本质来说明一切，实际上就是从劳动以及物质生产出发来说明一切，这种客观现实的话语逻辑已经在《1844 年经济学哲学手稿》中萌芽。在第三笔记本中，马克思将工业说成"一本打开了的关于人的本质力量的书"，对不动产和动产的理解，都是从非常具体的现实出发进行的分析。人本主义话语中已经蕴含着客观现实的话语逻辑。

　　总之，"巴黎手稿"时期的话语是整个马克思哲学话语的重要转折期，新话语与旧话语交叉、经济学术语与哲学术语交织，人本主义的话语中已经蕴含着新唯物主义的话语萌芽。但是，综观整个时期的著作，起主导性作用的话语还是人本主义话语，以人的理想本质作为出发点和前提，而不是以分析经济事实为出发点。这一时期的话语表达依然很抽象，相对来说也还很晦涩。

（五）《神圣家族》：人本主义话语中的历史唯物主义因素

　　《神圣家族》是马克思恩格斯合写的第一部著作，也是马克思哲学话语变革的最后阶段。此时，马克思中断了 1843 年底开始的经济学研究，全身心地投入到对青年黑格尔派的唯心主义哲学的批判当中，系统清算自己过去的哲学信仰（黑格尔哲学），揭露了思辨哲学的话语秘密。其实，这也是马克思对自己哲学话语的一次肃反，马克思清算了自己哲学话语中的思辨成分。但是此时，马克思还深受费尔巴哈哲学的影响，其哲学话语仍然笼罩在人本主义逻辑光环之下，带有明显人本主义的色彩。不过正如恩格斯所说："这个超出费尔巴哈而进一步发展费尔巴哈观点的工作，是由马克思于 1845 年在《神圣家族》中开始的。"[1] 在人本主义话语中已经集聚了大量的唯物主义因素，"生产方式""社会关系""交往关系"等历史唯物主义概念的出场，表明马克思已经走到了话语变革的"临界点"了，已经走到了话语体系建成的"前夜"，距离新唯物主义话语体系的诞生仅有一步之遥了。

　　在《神圣家族》中，马克思恩格斯从认识论的角度颠覆了"思辨哲学"，揭露"思辨哲学"的认识论根源，清算了布·鲍威尔等青年黑格尔派的主观唯心主义思想。众所周知，青年黑格尔派将自我意识理解为现实

---

① 《马克思恩格斯文集》第 4 卷，人民出版社，2009，第 295 页。

世界的创造者，把自我意识绝对化，并使之与现实绝对对立，一切都从自我意识出发。在他们看来，"历史所以存在，是为了使真理达到自我意识"①，世界是自我意识的生命表现，历史的前进不过是"自我意识"自身演进的体现而已，他们试图用抽象的概念、纯粹的范畴作为武器来批判现实的一切，割裂理论与现实的关系。而马克思恩格斯则以现实的果实和果实概念为例，通过对一般和特殊/个别的关系的剖析，揭示出思辨哲学自身的秘密，即思辨哲学首先从个别抽象出一般，把一般独立化为实体，然后把个别消融于一般。它把个别变成一般的产物，变成概念的产物。在此基础上，马克思指出了思辨哲学话语的秘密："一切问题，要能够给以回答，就必须把它们从正常的人类理智的形式变为思辨理性的形式，并把现实的问题变为思辨的问题。"② 也就是说，思辨的哲学话语是用思辨理性的话语形式表达现实问题的，在思辨的叙述中去把握事物本身。它把思辨的发展当成现实的发展，现实的发展不过是观念发展的体现。青年黑格尔派就是这样。他们用现存的事物的范畴来批判一切，试图将一切现实问题消融在观念之中，用概念范畴的批判来解决现实问题。埃德加尔·鲍威尔就曾试图把现实问题置于"自我意识"解释框架之中，把蒲鲁东《什么是财产?》这一反映现实关系和现实利益的学说，统摄到绝对观念之中。在他看来，"拥有"和"不拥有"不过是两个范畴而已，不值得去说明。他不研究实际存在的贫富之间的对立，而是将贫穷和财产合而为一，探寻这一整体存在的前提条件，割裂贫富对立和私有制的关系。再比如说，布鲁诺·鲍威尔把从自我意识哲学出发的神学批判著作，说成"社会主义"作品，试图将"自我意识"和反对"实体"的斗争进行到底。在这里，"社会主义"指的是精神的社会主义，是抽去一切实体性关系的社会主义，是"无限的自我意识"的变形，是一个抽象的概念。他的实现社会主义不过是确立"无限的自我意识"的绝对统治。青年黑格尔派将主观唯心主义推到了顶峰，也将"整个德国思辨的全部谰言达到了顶点"③，将思辨的哲学话语推向了极致。此时，马克思开始清算自己的信仰，清算自己哲学话语中的思辨成分，揭示了思辨哲学话语实质，浇灭了思辨哲学的幻想，

---

① 《马克思恩格斯文集》第 1 卷，人民出版社，2009，第 284 页。
② 《马克思恩格斯全集》第 2 卷，人民出版社，1957，第 115 页。
③ 《马克思恩格斯全集》第 2 卷，人民出版社，1957，第 7 页。

表明马克思在变革之路上又向前迈进了巨大的一步。

但是，马克思对布鲁诺·鲍威尔等人的批判仍然是以费尔巴哈为出发点的，其话语还深深地烙刻着人本学的痕迹，还没有达到新唯物主义话语的高度，还不能总结出像"生产力""生产关系"这样的历史唯物主义概念。但是，我们应看到对生产力和生产的社会关系之间有规律的联系的研究是从《神圣家族》一书开始的。

在人的本质问题上，尽管马克思已经从"抽象的人"过渡到了"现实的人"，不再抽象空泛地谈论人的本质，但是他并没有完全脱离费尔巴哈。此时，马克思还充分肯定费尔巴哈的人本主义，赞同费尔巴哈用人本身来说明人，从人的感性需要来说明人，赞同费尔巴哈把人看成全部人类活动和全部人类关系的基础与本质。马克思还不能把费尔巴哈抽象的人彻底转变为现实的、具体的人，还只能从满足这种需要的生产方式来说明。在《神圣家族》中，马克思开始具体研究人的社会本质、人和社会财富的关系等问题，而不再抽象地谈论人的自然本质，也不再空泛地谈论人和自然的关系。马克思恩格斯说道："不拥有是最令人绝望的唯灵论，是人的完全的非现实，是非人的完全的现实，是一种非常实际的拥有，即拥有饥饿，拥有寒冷，拥有疾病，拥有罪过，拥有屈辱，拥有愚钝，拥有一切不合人道的和违反自然的现象。"① 也就是说，人的生存资料的丧失是人的本质的丧失。因此，消灭人对自己的对象性本质的实际异化关系，其实就意味着对生存资料的真正占有。但是，马克思恩格斯还说道："有产阶级和无产阶级同样表现了人的自我异化。但是，有产阶级在这种自我异化中感到幸福，感到自己被确证……而无产阶级在异化中则感到自己是被消灭的，并在其中看到自己的无力和非人的生存的现实。"② 其实，这里"抽象的人"就是指无产阶级、资产阶级这些现实存在的人，而"现实的人"是指那个理想化的、实现了人的本质的人，但在现实生活中却是不存在的。可见，此时马克思还是从抽象的人出发，还没有完全抛弃关于人的本质的抽象观念，其话语仍然受制于费尔巴哈的人本学的话语逻辑，话语表达还有很多不成熟的地方。

---

① 《马克思恩格斯文集》第 1 卷，人民出版社，2009，第 267～268 页。
② 《马克思恩格斯文集》第 1 卷，人民出版社，2009，第 261 页。

有一点我们必须看到,此时马克思并不像费尔巴哈那样从人的自然属性来说明人的本质,而是从社会需要来说明人的本质,这是马克思超越费尔巴哈的地方。马克思不再将人理解为没有需要的、自给自足的、孤立的原子,而是认为每一个人就其自然必然性和人的本质特性而言,都有自己的物质需要。马克思从社会关系的角度去分析资本主义的雇佣性质,人与人之间通过劳动和交换劳动满足他人的需要,从而建立起人与人之间的关系。马克思已经看到了物质生活资料背后的人与人之间的联系,虽然还未对"劳动""社会"等概念做出具体、历史的分析,但是这离马克思制定出"生产关系"这一历史唯物主义的核心概念已经不远了。正如麦克莱伦所说,"它的其中几个主题成为首次出现的'历史唯物主义概念'"①,"生产方式""社会关系""交往关系""交往形式""交往方式"等概念都已闪亮登场了,可能此时这些概念的表述还很不准确,没有科学的内涵,但可以清晰看出,马克思的话语已经发生重大转变。

《神圣家族》第一次提出"生产方式"的概念,"难道批判的批判以为,它不把比如说某一历史时期的工业,即生活本身的直接的生产方式认识清楚,它就能真正地认清这个历史时期吗?"② 这里的"生产方式"概念虽然还很笼统,但是已经作为理解历史的基础。可以看出马克思已经开始用唯物主义话语来言说社会历史现象。历史的发源地是尘世的粗糙的物质生产,马克思已经超出了费尔巴哈的抽象人性论,不再抽象地谈论人。在这里,马克思已经明确指出物质生产是历史的基础,他没有再把人的自由自觉活动看作是历史基础。因此,可以说此时马克思已经超越了费尔巴哈,其话语中已经集聚了发生"裂变的能量"。但是,我们也应看到,马克思并没有对物质生产本身做出科学具体的分析,没有从物质生产出发去说明历史发展的内在规律,还不可能达到成熟话语的高度。在《神圣家族》中,马克思还说道:"历史活动是群众的活动,随着历史活动的深入,必将是群众队伍的扩大。"③ 可见,马克思逐渐放弃了用异化理论来说明历史的发展,而开始转到从社会实践的观点来探索历史的发展动力。把历

---

① 〔英〕戴维·麦克莱伦:《卡尔·马克思传》,王珍译,中国人民大学出版社,2005,第36页。

② 《马克思恩格斯文集》第1卷,人民出版社,2009,第350页。

③ 《马克思恩格斯文集》第1卷,人民出版社,2009,第287页。

史理解为人类的生产发展史，将唯物主义运用于社会历史现象是《神圣家族》的一个重要特点。马克思试图从历史地位来说明无产阶级的使命，其实已经很接近"社会存在决定社会意识"这一思想了。

此外，在"异化"一词的使用上，马克思也不像《1844 年经济学哲学手稿》那样抽象地使用了，而是注入了更多的现实内容。比如说，蒲鲁东想用"平等占有"来消灭人对自己实物本质的实际异化关系，马克思恩格斯则批评说："'平等占有'是政治经济的观念，因而还是下面这个事实的异化表现：实物是为人的存在，是人的实物存在，同时也就是人为他人的定在，是他对他人的人的关系，是人对人的社会关系。"① 很明显，他们在这里强调实物是联系人的纽带，是人与人的社会关系，人与人的社会关系通过实物表现出来。马克思没有再用"人的本质"的异化来谈论人与人之间关系的异化。其实，在这里，马克思已经接近生产的社会关系的思想了。再比如说，关于无产阶级生存条件问题，马克思恩格斯说道，无产阶级"不仅在理论上意识到了这种损失，……不得不愤怒地反对这种违反人性的现象，由于这一切，所以无产阶级能够而且必须自己能解放自己"②。在这里，现实的雇佣劳动成了无产阶级的贫困和他们自己解放自己的基础。马克思没有像《德法年鉴》时期那样，从"普遍阶级"出发来界定"无产阶级"的概念，这里更多的是从无产阶级自身的生活状况来论述他的异化，话语中已经闪烁着唯物主义的点点星光。但是，也如恩格斯在《英国工人阶级状况》中所说，"关于无产阶级的真实生活状况我们知道得这样少"③，可以说这时的马克思哲学话语还不太成熟。

《神圣家族》作为一篇批判性质的文本，在这里，马克思批判了青年黑格尔派的"自我意识"哲学，第一次系统清算了自己过去的哲学信仰。在话语表达上，也对自己哲学话语中的思辨成分做了一次清算。但是，此时马克思并没有完全摆脱费尔巴哈的人本主义哲学的影响，其话语还带有人本学的色彩，不过已经不是起主导性作用的支配话语了。从"抽象的人"到"现实的人"，随着历史唯物主义概念的出场，抽象人本主义话语中已经蕴含了大量历史唯物主义因素，马克思与费尔巴哈之间已经渐行渐

---

① 《马克思恩格斯全集》第 2 卷，人民出版社，1957，第 52 页。
② 《马克思恩格斯全集》第 2 卷，人民出版社，1957，第 45 页。
③ 《马克思恩格斯文集》第 1 卷，人民出版社，2009，第 386 页。

远了，一个清算人本主义话语的时刻就要到来了，这将是马克思话语演进过程中的一次质的飞跃。随着人本主义的出发点和人道主义的思想方法被抛弃，新唯物主义哲学话语已经"呼之欲出"了。

三　马克思哲学话语革命的完成

马克思早期著作虽然闪烁着许多思想的火花、有很多天才的论述，但是仍然带有德国古典哲学的思辨痕迹，语言上略显抽象和晦涩。从思辨的哲学话语到人本主义话语，马克思哲学话语经过"十月怀胎"的痛苦孕育终于到了"一朝分娩"的时刻。在离开了费尔巴哈，清算了思辨话语以及人本主义话语的影响之后，马克思才完成其新唯物主义话语的创立。《关于费尔巴哈的提纲》和《德意志意识形态》的写作完成，标志着马克思哲学话语从孕育到形成的伟大飞跃，标志着马克思哲学话语革命的完成，也标志着马克思新唯物主义话语的正式诞生。

（一）《关于费尔巴哈的提纲》：新唯物主义话语的"萌芽"

《神圣家族》之后，马克思继续研究政治经济学，在思想上有了进一步的发展。在《评李斯特》中，由于受到经济事实和实证科学方法的影响，以及施蒂纳、赫斯等人对人本学批判的影响，马克思深化了物质生产是历史发源地的思想，已经到了科学认识社会历史的"节点"。也正是对物质生产和历史发展动力的深入认识，使得马克思看到费尔巴哈等旧唯物主义的缺陷，于是马克思打算与费尔巴哈哲学"决裂"。

1845 年春，马克思在布鲁塞尔草拟了对费尔巴哈的批判计划，也即《关于费尔巴哈的提纲》。在这一包含新世界天才萌芽的文件中，迎来了其话语变革的曙光。"他的新世界观同他对社会实践的理解紧密相连，正是社会实践在他思想进展中决定性作用的日益突出，使马克思放弃了异化概念，接受了实践概念，奠定了历史唯物主义世界观的基础，形成了无产阶级革命的理论。"[①] 马克思剥去了"类""异化""类本质"等费尔巴哈的

---

① 〔法〕奥古斯特·科尔纽：《马克思恩格斯传》，刘磊等译，生活·读书·新知三联书店，1963，第 282～283 页。

语言外壳，跳出人本主义逻辑的话语框架，驶入了现实的客观逻辑之中，构建了一套崭新的话语体系——新唯物主义话语体系。尽管还不成熟，还处于"萌芽"阶段，但是已经迎来了新唯物主义话语体系的"春天"。

《关于费尔巴哈的提纲》作为新唯物主义话语的萌芽，突出表现在"实践"概念的引入，在这一不足 1500 字的著述中，马克思共有 14 次提到实践概念。实践概念是马克思哲学话语体系最基本、也是最核心的概念，是使马克思的哲学话语超越西方传统哲学话语的关键概念。

在提纲第一条中，马克思批判了旧唯物主义和唯心主义不理解人的感性活动本身，他说道："从前的一切唯物主义（包括费尔巴哈的唯物主义）的主要缺点是：对对象、现实、感性，只是从客体的或者直观的形式去理解，而不是把它们当做感性的人的活动，当做实践去理解，不是从主体方面去理解。"① 在这里，马克思用"感性的活动"取代了费尔巴哈的"感性对象"，并指出旧唯物主义否定了实践活动的能动性，唯心主义抽象发展了感性活动的能动方面。其实，应当指出，《关于费尔巴哈的提纲》中的"实践"还不是成熟意义上的"实践"概念，还不是指现实的物质生产实践。在这里，实践还仅仅是一个包含着人的主体性、能动性的"感性活动"概念。而真正的成熟是在《德意志意识形态》中，是指在特定历史条件下，由现实的个人所进行的特殊实践，即"现实的实践""社会历史的实践"。此时的"实践"相对来说还很抽象，但是这并不妨碍马克思哲学话语的转换，因为马克思的话语立足点已经发生了彻底的改变。新唯物主义话语是从人的实践、人的主体性、人的活动出发，而不是从客体、从物出发，更不是从观念、概念出发。

在第二条中，马克思将"实践"引入认识论，解决了认识论层面的真理标准问题。即"人的思维是否具有客观的真理性，这不是一个理论的问题，而是一个实践的问题。人应该在实践中证明自己思维的真理性，即自己思维的现实性和力量，自己思维的此岸性"②。在这里，马克思没有像黑格尔那样，将人的实践活动变为人的精神实践，将实践的此岸性等同于概念的彼岸性；也没有像费尔巴哈那样，将客观现实与概念范畴一并抛

---

① 《马克思恩格斯文集》第 1 卷，人民出版社，2009，第 499 页。
② 《马克思恩格斯文集》第 1 卷，人民出版社，2009，第 499 页。

弃。马克思认为，思维的此岸性和现实性是一个实践的问题。马克思的哲学话语从"此岸"出发，从实践出发，对现实进行批判改造。这是马克思哲学致思方向的一次变革，也是其话语逻辑起点的一次彻底革命。

在《关于费尔巴哈的提纲》中，马克思已经开始有意识地规避费尔巴哈的术语。"异化"概念的消失以及"实践"概念的凸显，是马克思哲学话语变革的一个重要表征。在《神圣家族》中，马克思还大量使用"异化"概念，但在《关于费尔巴哈的提纲》中就刻意避免使用"异化"一词。比如，在第四条中，马克思说："世俗基础使自己从自身中分离出去，并在云霄中固定为一个独立王国，这只能用这个世俗基础的自我分裂和自我矛盾来说明。"① 此时，马克思用"自我分裂"代替了"自我异化"，这是有意为之，就是为了与费尔巴哈彻底划清界限。但是，我们也应注意到，在《关于费尔巴哈的提纲》第六条中，马克思说道："人的本质不是单个人所固有的抽象物，在其现实性上，它是一切社会关系的总和。"② 在这里，马克思沿用了"人的本质"这一抽象的人本主义哲学概念，以及"人的本质是什么"这一人本主义的提问方式。也许，这一点是马克思摆脱费尔巴哈人本主义话语不彻底的地方。在《德意志意识形态》中，马克思明确反对使用"人的本质"概念，因为在马克思看来，"实体"和"人的本质"不过是哲学家们"想象"出来的"东西"，在现实生活中是根本不存在的。在《德意志意识形态》中，马克思用"人是什么样"的提问来代替"人的本质是什么样"。再回头看这句经典话语，马克思说，"人的本质，在其现实性上，是一切社会关系的总和"，紧接着指出，费尔巴哈没有看到，"'宗教感情'本身是社会的产物，而他所分析的抽象的个人，是属于一定的社会形式的"③。这里可以看出，马克思已经走出了人本主义的异化史观的话语逻辑，已经将"社会"这一概念引入自己的话语当中。马克思用人的社会关系取代了费尔巴哈的"类"来确定人的本质。但是，这里马克思并没有继续追问社会关系的根源是什么，所以说，《关于费尔巴哈的提纲》还只是马克思新哲学话语的一次预演。

《关于费尔巴哈的提纲》是基于实践基础上的新世界观的宣言，同时

---

① 《马克思恩格斯文集》第1卷，人民出版社，2009，第500页。
② 《马克思恩格斯文集》第1卷，人民出版社，2009，第505页。
③ 《马克思恩格斯文集》第1卷，人民出版社，2009，第501页。

也是其新话语体系的一次"宣誓"。马克思向世界宣告了他哲学话语的社会基础和阶级立场是"人类社会或社会的人类",即无产阶级或共产主义社会;他哲学话语的功能是"改变世界"。马克思一针见血地指出,费尔巴哈哲学的立足点是"市民社会",其哲学话语带有浓厚的资产阶级意识形态特征。这也是对自亚里士多德以来的西方传统哲学话语"解释世界"的一次"反叛"。

正如阿尔都塞所言:"由于《关于费尔巴哈的提纲》所宣告的新的哲学立场仅仅是一项宣言;它并没有被和盘托出。"①"实践"概念在《关于费尔巴哈的提纲》中还没有展开,但是一种崭新的话语体系已经初现,新唯物主义话语已经出场。马克思清算了费尔巴哈的影响,距离话语的成熟近在咫尺。《关于费尔巴哈的提纲》已经架构起了新唯物主义的话语体系,是成熟的新唯物主义话语的一次"预演"。

(二)《德意志意识形态》:新唯物主义话语的成形

在《关于费尔巴哈的提纲》之后,马克思恩格斯合写了他们的第二部著作——《德意志意识形态》。在《德意志意识形态》中,马克思彻底剥去了"人的本质""主体""客体""类本质"等语言外壳,用"生产力""交往形式""物质生产""生产方式"等范畴系统阐述了自己的新世界观。此时,马克思在"历史"的语境中,直面现实生活世界,基本上形成了一套比较完整的新唯物主义话语体系。如果说《关于费尔巴哈的提纲》是新唯物主义话语的"萌芽",那么《德意志意识形态》就是新唯物主义话语的"成形"。至此,马克思哲学话语革命也基本完成。其实,马克思哲学话语不过是马克思新世界观在话语上的一种映射。在《德意志意识形态》中,有这样一段经典表述:

> 这种历史观就在于:从直接生活的物质生产出发阐述现实的生产过程,把同这种生产方式相联系的、它所产生的交往形式即各个不同阶段上的市民社会理解为整个历史的基础,从市民社会作为国家的活动描述市民社会,同时从市民社会出发阐明意识的所有各种不同的理

---

① 〔法〕路易·阿尔都塞:《保卫马克思》,顾良译,商务印书馆,1984,第267页。

论产物和形式，如宗教、哲学、道德等等，而且追溯它们产生的过程。……这种历史观和唯心主义历史观不同，它不是在每个时代中寻找某种范畴，而是始终站在现实历史的基础上，不是从观念出发来解释实践，而是从物质实践出发来解释各种观念形态①。

从以上表述可以看出，马克思把实践作为自己整个历史观的基础，把现实生活作为自己哲学话语的出发点。正是在这种新的世界观的驱使下，马克思放弃诸如"自我意识""异化""人的本质""类""理性""自由""类意识"等概念，并开始使用"生产力""生产方式""物质生产"等概念。我们发现，在这一表述中，马克思使用的是"交往形式"，并没有使用"生产关系"这一唯物史观所特有的概念，这也是马克思哲学话语成形而不成熟的表现。其实，马克思这里的"交往形式"指的就是"生产关系"。因为马克思已经发现"一切历史冲突都根源于生产力和交往形式之间的矛盾"②，已经看到，交往形式发展到一定程度会成为桎梏，"已成为桎梏的旧交往形式被适应于比较发达的生产力的……新交往形式所代替"③。可见，此时马克思虽然未使用"生产关系"，其表达还不够准确，但是新唯物主义的话语体系已经初具雏形了。

马克思哲学话语作为新唯物主义话语，与旧唯物主义话语的不同其实就体现在"历史"二字上。卢卡奇和施密特曾指出，"马克思历史唯物主义的历史并不是一个可以被描述的对象，'而是作为被构成的概念'"④，马克思的哲学话语是在"历史"语境下的言说，这个历史绝非仅仅指历史科学中时空范畴的"历史"，更多地是指"现实历史"，从历史发展到现在的"经济关系"和"社会关系"。这里的历史更多的是指一种话语的分析视角和论证方法。譬如说，马克思在人的解放问题上就说，"'解放'是一种历史活动，不是思想活动，'解放'是由历史的关系，是由工业状况、商业状况、农业状况、交往状况促成的……"⑤ "历史"是马克思批判费尔巴哈哲学话语的一个重要维度。

---

① 《马克思恩格斯文集》第1卷，人民出版社，2009，第544页。
② 《马克思恩格斯文集》第1卷，人民出版社，2009，第567~568页。
③ 《马克思恩格斯文集》第1卷，人民出版社，2009，第575~576页。
④ 转引自张一兵《回到马克思》，江苏人民出版社，2014，第444页。
⑤ 《马克思恩格斯文集》第1卷，人民出版社，2009，第527页。

在"历史"的语境下,"国家""阶级"等概念发生了翻天覆地的变化,马克思用新的世界观来说明它们,用唯物史观来改造它们。首先,我们来看一下"国家"这个概念。国家不再指向理性,不是理性的体现,而变成了阶级斗争的产物,变成了统治阶级实现其"共同利益"的形式。马克思认为,国家虽然体现统治阶级的意志,但"不是国家由于统治意志而存在,相反地,是从个人的物质生活方式中所产生的国家同时具有统治意志的形式"①。国家是一个历史范畴,随着分工和阶级的消灭,国家也随之消亡。同"国家"概念一样,阶级也是一个历史范畴,有其产生、发展和灭亡。阶级产生于物质生产,而物质生产产生分工,"在分工的范围内,私人关系必然地、不可避免地会发展为阶级关系,并作为这样的关系固定下来"②。阶级并非永恒,当"只有交往和生产力已经发展到这样普遍的程度,以致私有制和分工变成了它们的桎梏的时候"③,阶级就会消灭。在这里,马克思并没有像以前那样,从"普遍等级"和"特殊等级"来论证阶级的存在,而是从生产实践出发,从现实生活出发,来界定阶级的概念。这些被唯物史观改造过的范畴,不是永恒的,而是受历史限制、暂时性的范畴。

马克思还用这种历史观来说明革命、意识及其社会形态,论证了无产阶级的革命的作用和共产主义运动。马克思恩格斯认为:"一切历史冲突都根源于生产力和交往形式之间的矛盾。"④ 随着生产力的发展,当物质劳动和精神劳动分离之后,"从这时候起意识才能现实地想象:它是和现存实践的意识不同的某种东西;它不用想象某种现实的东西就能现实地想象某种东西。从这时候起,意识才能摆脱世界而去构造'纯粹的'理论、神学、哲学、道德等等"⑤。也就是说,意识是对人们生活过程的反映,产生于人们的物质活动和物质交往,意识本身没有独立的历史,随着人们的物质生活条件的变化而变化。在论述共产主义运动时,马克思将其与大工业联系在一起,认为共产主义革命是资本主义生产力与交往关系之间的

---

① 《马克思恩格斯全集》第 3 卷,人民出版社,1960,第 379 页。
② 《马克思恩格斯全集》第 3 卷,人民出版社,1960,第 513 页。
③ 《马克思恩格斯全集》第 3 卷,人民出版社,1960,第 516 页。
④ 《马克思恩格斯文集》第 1 卷,人民出版社,2009,第 567~568 页。
⑤ 《马克思恩格斯文集》第 1 卷,人民出版社,2009,第 534 页。

冲突，以及无产阶级和资产阶级之间冲突的产物。随着马克思对社会关系和人的本质的正确认识，那些原来"惯用的哲学术语"逐渐被科学概念所取代，马克思没有再用"真正的人道主义"来表达自己的共产主义，而是用"生产力""交往关系"，用"实践的唯物主义"来表达，并指出共产主义是消灭现存状况的现实的运动。由此可见，此时马克思哲学话语已经实现了质的飞跃。

如果说，走向"历史"深处是马克思哲学话语与旧唯物主义话语的区别所在，那么，回到"生活"本身就是马克思哲学话语与思辨话语的根本区别所在。

不同于以往的思辨话语从抽象的概念出发，新唯物主义话语将现实生活作为其话语的逻辑起点，从生活中提炼概念，并"始终站在现实历史的基础上"，"从物质实践出发来解释各种观念形态"①。新唯物主义话语跳出了"纯粹思想领域"，改变了以往话语脱离社会实践和社会历史发展的思辨特性，"把自己的语言还原为它从中抽象出来的普通语言"②，"按照事物的本来面目及其产生根源来理解事物"③，让话语回归到现实生活本身。

在《德意志意识形态》中，马克思恩格斯揭示了思辨哲学话语的秘密："在哲学语言里，思想通过词的形式具有自己本身的内容。"④ 马克思反对把语言变成某种独立的特殊的王国，而是要将语言变成现实世界的语言，因为语言不过是现实生活的表现。马克思恩格斯认为，"每个个人和每一代所遇到的现成的东西：生产力、资金和社会交往形式的总和，是哲学家们想象为'实体'和'人的本质'的东西的现实基础，是他们加以神化并与之斗争的东西的现实基础，这种基础尽管遭到以'自我意识'和'唯一者'的身份出现的哲学家们的反抗，但它对人们的发展所起的作用和影响却丝毫也不因此而受到干扰"⑤。在马克思看来，"实体""自我意识""绝对精神"不过是人类生活的一种抽象，在这里，应该将"实体"

---

① 《马克思恩格斯文集》第1卷，人民出版社，2009，第544页。
② 《马克思恩格斯全集》第3卷，人民出版社，1960，第525页。
③ 《马克思恩格斯全集》第3卷，人民出版社，1960，第49页。
④ 《马克思恩格斯全集》第3卷，人民出版社，1960，第525页。
⑤ 《马克思恩格斯文集》第1卷，人民出版社，2009，第545页。

等抽象的概念还原为现实社会生活本身。旧哲学只不过创造一些新的哲学范畴，其话语只不过是一些"空洞的废话"。马克思批判思辨哲学家，只看到了反映在语言中的概念，看不到概念所表现的实际关系。马克思恩格斯指出："直到现在存在着的个人的生产关系也必须表现为法律的和政治的关系……在分工的范围里，这些关系必然取得对个人来说是独立的存在。一切关系表现在语言里只能是概念。相信这些一般性和概念是神秘力量，这是这些一般性和概念所表现的实际关系获得独立存在以后的必然结果。除了通俗头脑对这些一般性和概念是这样看法以外，政治家和法学家还对它们有特殊的看法和想法，分工的结果使政治家和法学家注定要崇拜概念并认为一切实际的财产关系的真实基础不是生产关系，而是这些概念。"① 费尔巴哈脱离人的实践活动去考察人自身和事物，最后得出"类"概念，而马克思则是从生产劳动，从现实生产生活出发，发现人的本质并非费尔巴哈的"类"，而是在实践中形成的社会关系的总和。在人的解放问题上，德国哲学家没有从"自我意识"中解脱出来，仍在词句的统治下。而马克思则认为"只有在现实的世界中并使用现实的手段才能实现真正的解放"②。马克思真正将自己的哲学话语用于世界的改造，是将理论与实践实现完美结合的一种话语。

作为一种新的哲学话语体系，马克思哲学话语的"新"主要体现在以下几个方面：第一，概念、范畴的不同，以往的范畴是"实体""自我意识""理性""自由""类本质""类"等，而新的话语体系则是"生产力"、"交往关系"（生产关系）、"生产方式"、"生产实践"等历史唯物主义概念；第二，话语的逻辑起点和话语的致思方式的不同，以往思辨哲学话语以概念作为话语起点，而马克思则是以生活为起点，以往哲学话语追求纯粹的思辨，而马克思则追求与现实的融合；第三，话语的"论域"也不同，以往哲学话语将话语囚困在"哲学"的牢笼之中，建立语言的独立王国，而马克思则是结合政治经济学、历史学等，将语言降到生活，结合政治经济学、历史科学等进行话语的言说；第四，话语功能的不同，以往的哲学话语只是"解释世界"，而马克思的哲学话语不仅要"解释世

---

① 《马克思恩格斯全集》第3卷，人民出版社，1960，第421页。
② 《马克思恩格斯文集》第1卷，人民出版社，2009，第527页。

界"，更要"改造世界"，是要从旧世界的批判中发现新世界。

　　《德意志意识形态》是马克思哲学话语成形的标志，也是其哲学话语革命完成的标志性著作。不过，其中有些表述还不够简练和准确，有些概念和术语的使用还不够精确。但是，这不足以影响其标志性著作的地位。自此以后，马克思哲学话语体系的基框架结构和它的基本概念、范畴业已形成。之后的《哲学贫困》《共产党宣言》《〈政治经济学批判〉序言》《资本论》等都是在《德意志意识形态》已经架构起的新唯物主义话语框架内的继续前行。马克思主义不亡，马克思的哲学话语就会永放光芒！

第三章　马克思哲学话语的生成逻辑
与突出特色

话语是按照一定逻辑架构组织起来的语言符号系统，其生成必然遵循一定的逻辑，即它的生成逻辑。马克思所构建的话语体系同样也遵循着一定的生成逻辑。同时，作为一种新的话语体系，也必然表现出不同于以往哲学的话语特色。

一　马克思哲学话语的生成逻辑

马克思哲学话语体系的生成逻辑主要包括思辨逻辑与实践逻辑的统一，隐性逻辑与显性逻辑的统一，批判逻辑与建构逻辑的统一。

（一）思辨逻辑与实践逻辑的统一

在论述马克思哲学话语生成逻辑之前，我们有必要先厘清思辨逻辑与实践逻辑的关系问题。在西方传统哲学中主要有三大思维逻辑：赫拉克利特的朴素辩证思维方式的经验存在逻辑、亚里士多德的形而上学思维方式的形式逻辑，以及黑格尔思辨思维方式的思辨逻辑。赫拉克利特的经验存在逻辑遵循的是存在的事实逻辑，而后两者则属于思维的概念逻辑。思辨逻辑更是通过对形式逻辑的扬弃，实现了内容与形式的统一。在马克思看来，思维的逻辑应符合于存在的逻辑，并与之相一致。对于存在，我们不应将其作为客体的或直观的感性存在去把握，而应从实践去理解和把握。实践将人从自然界提升出来（自然的人化），然后又通过实践生成生活世界的存在，也即由实践规定的属人世界的存在（人化的自然）。因此，思维把握存在的逻辑，就应符合属人世界自身生成和发展的那个思维逻辑，也就是马克思"从实践出发"的实践逻辑。马克思这种思考问题的逻辑，是由朴素辩证思维方式的事实逻辑，形而上学思维方式、思辨思维方式的概念逻辑转变而来，是对它们的一种否定和超越。马克思将黑格尔"颠倒的思辨逻辑"重新颠倒过来，真正实现了实践内容与实践形式的统一。

其实，马克思的实践逻辑不是不讲事实逻辑，也不是不讲概念逻辑，而是从实践出发来讲事实逻辑与概念逻辑。概念逻辑是人的思维把握存在的一个重要特征，也是实践主体能动性的一个重要体现。人们理解存在、抽象存在、评价存在，都离不开概念逻辑的参与。只有这样，才能真正反映活生生的现实生活。可见，思辨逻辑与实践逻辑绝不是水火不容、相悖相反的，而是可以从实践出发的辩证统一关系。

接下来，我们就来看一下，马克思哲学话语的生成是如何实现思辨逻辑与实践逻辑相统一的。

首先，马克思哲学话语本身就是思辨逻辑与实践逻辑的辩证统一。

任何一种哲学话语体系的形成，都是通过核心概念和基本范畴的逻辑体系来构建的。借助法国思想家德勒兹的"哲学不是试图再现现有的独立存在的对象或事态，或者表现特定的感受和感知，而是生产概念"① 来说，哲学话语体系的构建就是概念和范畴的一种生产。不过，与思辨哲学的"概念自我规定"不同，马克思的概念是从生活中提炼所得，是在现实生产实践中的"生产"概念本身。其哲学话语是对实践历史过程概念的把握和反映，是实践逻辑的概念运动过程。这就内在地包含了思辨逻辑与实践逻辑的辩证统一。

作为一套既关注现实又自觉置身于改变世界的话语体系，马克思的哲学话语出场于思辨逻辑与实践逻辑的内在结构之中。在马克思看来，"光是思想竭力体现为现实是不够的，现实本身应当力求趋向思想"②。哲学话语的生成离不开"具有实践力量的人"，也离不开现实世界的存在"素材"。"生产关系""生产方式""交往方式""物质实践""经济基础""上层建筑""物质活动""社会结构"等范畴，不过是生产的社会关系的一种理论表现。而这种从具体到抽象、从生活到概念的理论抽象，就需要借助概念逻辑的支持，发挥实践主体的主观能动性。在《哲学的贫困》

---

① 〔澳〕保罗·帕顿：《德勒兹概念：哲学、殖民与政治》，尹晶译，河南大学出版社，2018，第 250 页。
② 《马克思恩格斯全集》第 1 卷，人民出版社，1956，第 462 页。

中，马克思曾说："人们按照自己的物质生产率建立相应的社会关系，正是这些人又按照自己的社会关系创造了相应的原理、观念和范畴。"① 这一"创造"过程，就是上下求索的过程，从属人的世界中抽象出观念、范畴，这是将思辨逻辑和实践逻辑进行完美的融合。

但是，在哲学话语体系构建过程中，思辨逻辑与实践逻辑应保持合理张力。如果将思辨逻辑绝对化，将存在理解为思维的存在，用概念化、抽象化的语言来构建一种纯粹思辨的、抽象的哲学话语，"既然我们只想把这些范畴看做是观念、不依赖现实关系而自生的思想，那么，我们就只能到纯粹理性的运动中去找寻这些思想的来历了"②。这就与黑格尔无异，与青年黑格尔派同流；如果只强调实践逻辑，将存在理解为直观的感性存在，对现实生活仅仅进行事实描述，这与日常话语又有何区别？

其次，马克思哲学话语的生成就是从思辨逻辑③向实践逻辑转变的一个过程。

众所周知，在大学时代，马克思崇尚黑格尔的思辨逻辑，也正是在这种逻辑的支配下，马克思探讨了哲学与宗教、哲学与现实的关系，论证了自我意识的自由个性，构建起了自己最初的话语形式——思辨话语。《莱茵报》时期的现实探索，使马克思很快意识到这种思辨逻辑的缺陷和弊端，即思辨逻辑所论证的作为国家的法，根本不能维护农民的利益。随后马克思受到费尔巴哈的人本主义的洗礼，从黑格尔的思辨逻辑转向了费尔巴哈的人本主义逻辑，并展开了对黑格尔以及青年黑格尔派思辨哲学的批判。但是，马克思哲学话语并不是完全站在费尔巴哈的人本主义立场之上的，而是受人本主义逻辑和思辨的逻辑共同支配的一种话语构建。与之相适应的话语是："市民社会决定国家""人是人的世界""政治解放""物质力量""人类解放""异化劳动""人的本质的异化与复归"等。这些话语主要体现在《黑格尔法哲学批判》《德法年鉴》《1844年经济学哲学手稿》《神圣家族》等著作之中。

而随着现实实践的深入，再加上对政治经济学的研究加深，在《关于费尔巴哈的提纲》中，马克思批判了包括费尔巴哈在内的旧唯物主义和唯

---

① 《马克思恩格斯文集》第1卷，人民出版社，2009，第603页。
② 《马克思恩格斯文集》第1卷，人民出版社，2009，第599页。
③ 这里所说的思辨逻辑主要是指黑格尔的脱离现实的思辨逻辑。

心主义的缺陷，并确立起自己的实践逻辑，即"从实践角度理解一切哲学问题的逻辑"①。从"具体的、感性的人"出发，从实践出发去理解相关哲学问题。也正是在这种实践逻辑之下，马克思构建了一套自己的哲学话语体系，诸如"生产力和生产力的总和""生产方式""生产关系""交往方式""经济基础""上层建筑""物质活动""物质实践""社会结构""各个个人的世界性的存在""联系起来的个人""革命""人创造环境与环境创造人"等一系列重要范畴的构建。

（二）隐性逻辑与显性逻辑的统一

阿尔都塞在读《资本论》时曾提出"症候阅读法"，这一方法要求在读马克思主义著作时，不能停留在文本表面词句的"直接阅读"，而"在于把隐藏在文本里的某些思想症候地显示出来的痕迹作为线索去阅读。"②在这里，我们不深究阿尔都塞"症候阅读法"中的"总问题"所指为何，而是借其所谓的"深层结构"和"表层结构"来探讨马克思哲学话语的生成逻辑。其实，阿尔都塞的"深层结构"与"表层结构"在马克思哲学话语生成过程中就表现为"隐性逻辑"与"显性逻辑"的统一。

顾名思义，话语生成的显性逻辑就是指话语映射在文本中的"白纸黑字"，就是话语显现在文本表面的概念、范畴、术语以及运思方式。从思辨话语向人本主义话语转变，再从人本主义话语向新唯物主义话语转变，这是马克思哲学话语生成的显层表现。在《博士论文》中，马克思以"自我意识"为核心，借用黑格尔的"定在""理性""自由""主体""客体"等概念，通过概念的逻辑推演，最终得出自我意识的自由特性。在《莱茵报》中，马克思用"理念"来论证一切，依然还是思辨的话语，比如说"凡物莫不有其概念""服从法律就是服从他自己的理性""从人类关系的理性来阐明国家""理性自由""理性的法""普遍自由""特殊自由"等。随着对费尔巴哈哲学的接触，马克思哲学越来越受到费尔巴哈

---

① 国内学者高清海先生曾提出，"实践观点的思维方式"，"就是马克思主义哲学对待一切问题的思维逻辑。"倪志安提出，实践逻辑，就是指"从实践理解相关哲学问题"的思维逻辑。本书采用倪志安的这一说法。参见倪志安《论马克思新哲学的实践逻辑》，《哲学研究》2009 年第 12 期。

② 〔日〕今村仁司：《阿尔都塞：认识论的断裂》，牛建科译，河北教育出版社，2001，第161 页。

人本主义的影响，反映在话语上就是"人的本质""类""对象化""人的感性""类关系""类本质""类生活""类形式""人本身"等术语的大量涌现，以及"人是人的最高本质""人就是人的世界""人类解放""物质力量""无产阶级的斗争"等命题的出现。从《黑格尔法哲学批判》到《神圣家族》，马克思深受费尔巴哈人本主义的影响，其哲学话语带有明显的人本主义色彩。不过，这一时期黑格尔的术语并没有立即退出话语舞台，很多时候是两种术语的交叉。在《关于费尔巴哈的提纲》和《德意志意识形态》中，马克思抛弃了黑格尔的概念术语，同时也抛弃了费尔巴哈的概念术语，形成了自己的范畴体系——经过唯物史观改造后的范畴，比如说，"生产力""生产关系""生产方式""阶级""国家""意识""实践"等。从这些"表层结构"可以看出，马克思的哲学话语经历了从思辨话语向人本主义话语，再从人本主义话语向新唯物主义话语的"两次转变"。

在这里，我们应注意一点，虽然这些概念在形式上没有发生变化，但是有些概念在内涵上已经发生了重要变化，它们有时被用来表达的是马克思自己的新思想。比如，"人的本质"和"类"的概念。在《德法年鉴》中，马克思曾使用"人的本质""类"等概念，结果是马克思的真实思想遭到德国理论家误解。我们说，在一定程度上，概念、范畴的转换可以折射出话语的变革，但是有时候会出现不同步的情况，马克思后来在重读《神圣家族》这部用费尔巴哈的术语写作的书以后说："我愉快而惊异地发现，对于这本书我们是问心无愧的，虽然对费尔巴哈的迷信现在给人造成一种非常滑稽的印象。"① 可见，话语的变革有时候会滞后于思想的变化，尤其是概念、术语的更新更是缓慢。但是，二者最终还是回归到同一水平线上。

隐性逻辑则是指隐藏在文本之后的那条线索，是马克思哲学话语变革的逻辑支点，也即马克思哲学话语变革的内在动力。用哲学方式回答"时代的迫切问题"②，是马克思的一贯主张。众所周知，问题是哲学之源，每个时代都有属于它自己的问题，哲学话语要言说的正是那些重大的时代

---

① 《马克思恩格斯全集》第 31 卷，人民出版社，1972，第 293 页。
② 《马克思恩格斯全集》第 1 卷，人民出版社，1995，第 203 页。

性问题，马克思哲学话语的变革发源于他对所处时代深层问题的追问。正如马克思说："一切划时代的体系的真正的内容都是由于产生这些体系的那个时期的需要而形成起来的。"① 马克思哲学话语的变革与成形都内蕴着对时代课题的回答，也即对资本占有劳动和无产阶级的解放问题的回答。

改变世界，使现存世界革命化，是马克思哲学话语体系构建的最终指向；摆脱束缚，实现"人的自由全面发展"是马克思哲学话语建构的理论关切。话语不是一个独立的王国，与时代密切联系，时代课题是激发哲学话语不断变革的动力所在。马克思所实现的哲学话语的变革不是脱离社会实践和社会历史发展的纯粹话语的"转变"，而是在与现实的"纠缠"中完成的。

19 世纪上半叶，随着自然科学的发展和技术的进步，西方资本主义发生巨大变化，资本主义机器大工业逐渐取代资本主义工场手工业，统一的世界市场形成，整个世界的图景都改变了。马克思将这一时代图景概括为，"资产阶级，由于开拓了世界市场，使一切国家的生产和消费都成为世界性的了……古老的民族工业被消灭了，并且每天都还在被消灭。它们被新的工业排挤掉了，新的工业的建立已经成为一切文明民族的生命攸关的问题；这些工业所加工的，已经不是本地的原料，而是来自极其遥远的地区的原料；它们的产品不仅供本国消费，而且同时供世界各地消费。旧的、靠本国产品来满足的需要，被新的、要靠极其遥远的国家和地带的产品来满足的需要所代替了。过去那种地方的和民族的自给自足和闭关自守状态，被各民族的各方面的互相往来和各方面的互相依赖所代替了。物质的生产是如此，精神的生产也是如此"②。随着科学技术的发展和世界市场的形成，资本主义生产越来越社会化，但生产资料和产品却越来越集中在少数资产阶级手里。在资本主义社会中，资产阶级和无产阶级的矛盾不断被激化，资本主义社会陷入困境。在这种时代背景下，资本主义社会赖以存在的理论支撑——近代西方哲学，即用理性主义精神建构起来的哲学体系，逐渐失去光彩，相对应的理性主义支配的思辨话语已经不适合时代发展的要求。

---

① 《马克思恩格斯全集》第 3 卷，人民出版社，1960，第 544 页。
② 《马克思恩格斯文集》第 2 卷，人民出版社，2009，第 35 页。

《莱茵报》时期的受挫，使马克思认识到他所信仰的黑格尔哲学不适合时代发展之要求，从概念到概念逻辑推演的思辨话语对改变现实毫无办法。在《〈黑格尔法哲学批判〉导言》中，马克思指出："真理的彼岸世界消逝以后，历史的任务就是确立此岸世界的真理。人的自我异化的神圣形象被揭穿以后，揭露具有非神圣形象的自我异化，就成了为历史服务的哲学的迫切任务。于是，对天国的批判变成对尘世的批判，对宗教的批判变成对法的批判，对神学的批判变成对政治的批判。"[①] 在这里，马克思提出了自己哲学的使命：消解人在资本主义社会的"自我异化"。从此，马克思开始深入探究市民社会，研究资本主义社会中的异化劳动，将自己的哲学话语与无产阶级的历史命运紧密联系在一起。在《1844 年经济学哲学手稿》中，马克思提出新的范畴——异化劳动，并将政治经济学术语引入其哲学话语体系之中。马克思已经开始用劳动实践活动来解释人的解放，取代了《德法年鉴》时期用无产阶级的阶级斗争来解释人的解放。在《神圣家族》中"现实的人"取代"抽象的人"，更是使马克思哲学话语走到了变革的"前夜"。从《莱茵报》的"任何哲学都是时代的精华"到《关于费尔巴哈的提纲》中"哲学家们只是用不同的方式解释世界，而问题在于改变世界"，再到《德意志意识形态》中得出"要在批判旧世界中，发现新世界"的结论，马克思始终都将自己的哲学话语与时代紧密结合，其话语体系就是在对资本主义时代课题的科学回答中得以形成的，最终找到对现实世界的批判武器——唯物史观的话语体系。

马克思哲学话语革命是在"两次转变"和"一条主线"的穿插下完成的。从表面上看，是哲学术语、哲学范畴和运思方式的转变；从深层次上看，是在对无产阶级的解放这一时代课题的回答中实现的话语变革。时代问题像"一只看不见的手"指引着马克思哲学话语的变革；费尔巴哈的人本主义哲学是一座看得见的桥梁，使马克思从理性主义话语过渡到了新唯物主义话语。

（三）批判逻辑与建构逻辑的统一

马克思哲学话语的生成离不开对西方传统哲学话语的批判，但更离不

---

① 《马克思恩格斯文集》第 1 卷，人民出版社，2009，第 4 页。

开新哲学话语的建构，正是在批判与建构的张力之中，推进着马克思哲学话语的发展。马克思没有停留在西方传统哲学的框架中对哲学话语进行改造，为了批判而批判，而是冲破了思辨哲学话语的牢笼，在批判的基础上，在对现实问题的研究过程中，构建起新的哲学话语体系。马克思哲学话语的生成过程，主要体现为：对思辨哲学话语的批判以及现实实践基础上的新唯物主义话语的建构。

首先，从文本的发展来看，从《黑格尔法哲学批判》到《关于费尔巴哈的提纲》、《德意志意识形态》，马克思通过对黑格尔、费尔巴哈以及青年黑格尔派的批判，逐渐完成其哲学的话语革命。

《莱茵报》时期的社会生活实践，让马克思认识到脱离现实世界的思辨哲学的危害性，他提出要建构"真正的哲学"，即"必然会出现这样的时代：那时哲学不仅在内部通过自己的内容，而且在外部通过自己的表现，同自己时代的现实世界接触并相互作用"①。现实的苦恼让马克思开始反思其信奉的黑格尔哲学，这也开始了马克思的批判之路。在《黑格尔法哲学批判》中，在对黑格尔关于国家和法的哲学的批判过程中，马克思将现实个人的解放作为其哲学诉求，并开始试图改造传统哲学、赋予哲学新的特性，建构"真正的哲学"，实现哲学的话语革命。但是，当时马克思对黑格尔的批判，仅仅是在费尔巴哈的基础之上进行的，还停留在西方传统哲学的框架中去改造哲学。虽然看到了黑格尔思辨哲学的"颠倒"，但是，此时的马克思还无法去构建新的哲学话语。转向费尔巴哈，马克思哲学话语经历了一次转变，从人的"应然"出发，从价值预设的前提出发，从原则出发来建构其哲学话语。在《1844年经济学哲学手稿》中，马克思对"异化劳动"这一概念的诠释，就是从人的"类本质"开始的。此时，马克思还没有认识到费尔巴哈唯物主义的危害性，还停留在对黑格尔哲学的批判当中，在话语表达上还留有浓厚的人本主义色彩，整个论证过程还是抽象的、思辨的。在《神圣家族》这一新唯物主义话语的"前夜"，马克思对费尔巴哈还赞赏有加。但是，在"潜意识"中，马克思已经在构建其哲学话语了，"现实实践的人""生产方式""物质生产""社会关系""交往方式""交往关系""交往形式"等已出场，对费尔巴哈的

① 《马克思恩格斯全集》第1卷，人民出版社，1995，第220页。

批判已经拉开了序幕。《关于费尔巴哈的提纲》是马克思对费尔巴哈的一次正式批判，也正是这次批判，马克思彻底转变了其话语。《德意志意识形态》中看似对青年黑格尔派的批判，其实也是马克思自身哲学的一次清算，在清算中完成哲学的话语革命，构建其新的哲学话语。总之，马克思哲学话语的生成是在对黑格尔哲学和费尔巴哈哲学的批判中完成的。

其次，从"概念"的发展来看，马克思是基于对黑格尔"概念自我规定"的扬弃，来构建其哲学话语体系的。

在话语生成过程中，马克思是通过对"概念"的新理解来构建概念规定的"新话语体系"。同时，这也是对黑格尔"概念自我规定"的思辨话语体系的一次"批判"和对形而上学话语的"拒斥"；是对思辨哲学话语的批判和解构，并在解构过程中构建新唯物主义的哲学话语。

在思辨的话语体系中，概念是"独立存在着的实体力量"，是"精神的纯粹本身"。"概念"本身是运动的、发展的，它是一切生命的原则，是完全具体的东西。首先，概念是"独立存在着的实体性的力量"①，直观被概念化。黑格尔通过直观的实在性变换，即将直观变成"存在"概念，并将"存在"作为概念本身的一个环节，与本质环节和概念环节综合起来，产生"自在自为的存在"。就这样，黑格尔将直观纳入概念的实在性中。在黑格尔这里，概念具有本体性的意义，概念是存在的本质，存在不过是概念的外化，而且这种概念是一种"自在自为"的存在，无求于外，是由概念自身建立起来的。"概念的规定只能是概念的自由的规定，只能是概念在其中就与自身同一那样的一个实有，这个实有的各环节也是概念，并且是由概念本身建立的。"② 其次，概念精神化。在黑格尔看来，概念是"精神对其自己本身所显现的现实"③，当概念成为精神自身的显现方式时，概念自身也就是精神本身了。"精神的运动就是概念的内在发展：它乃是认识的绝对方法，同时也是内容本身的内在灵魂。"④ 概念"不仅为精神所有，而且是精神的纯粹本身"⑤。就这样，概念就变成主体

① 〔德〕黑格尔：《小逻辑》，贺麟译，商务印书馆，2017，第329页。
② 〔德〕黑格尔：《逻辑学》下卷，杨一之译，商务印书馆，2017，第263页。
③ 〔德〕黑格尔：《精神现象学》下卷，贺麟、王玖兴译，商务印书馆，1979，第77页。
④ 〔德〕黑格尔：《逻辑学》上卷，杨一之译，商务印书馆，2017，第5页。
⑤ 〔德〕黑格尔：《逻辑学》下卷，杨一之译，商务印书馆，2017，第287页。

本身，精神就变成绝对具体的东西。在黑格尔《精神现象学》中，精神之中又包含诸多环节，是从低级到高级发展的一个链条，直到发展到"精神本身"，即"自在自为存在着的东西"。作为自在自为存在着的东西，精神既是主体，也是实体。而精神作为主体又是某种主动的、能将自身外化的运动。"凡是自己运动的东西，这就是精神。精神是运动的主体，同样精神也是运动自身，或者说，精神是为主体所贯穿过的实体。"① 概念精神化之后，就与精神一起运动起来，也即"概念的运动"。由于概念就是独立存在的实体力量，因而概念的运动直接带动事物的运动。最后，通过辩证法，概念的"否定之否定"，形成了一个正、反、合的圆圈运动。"概念的系统，一般就是按照这条途径构成的——并且是在一个不可遏止的、纯粹的、无求于外的过程中完成的。"② 总之，在思辨的话语体系当中，"概念"是概念自我规定的体系。

　　与黑格尔不同，马克思不是在既定体系中拷问概念本身，而是从现实生活出发，通过"现实的人的实践"来规定概念，从现实生活出发来提炼概念，形成对"概念"的新理解。如果说，黑格尔的哲学是用概念的形式把握绝对，那么马克思则是用概念的形式来把握具体。以"劳动"概念为例，马克思在《1844 年经济学哲学手稿》中，其中一部分是对黑格尔"精神现象学"的批判，其中指出"黑格尔是站在现代国民经济学家的立场上的。他把劳动看做人的本质，看做人的自我确证的本质；他只看到劳动的积极的方面，没有看到它的消极的方面"③。在黑格尔这里，劳动是指意识活动，它可以异化（外化），却又立即扬弃这种异化返回到自身，它始终停留在意识的领域，并没有涉及现实事物，没有触及现实事物的运动。"劳动"在黑格尔这里只是一种思辨的表达。但在马克思这里则不同，他从"当前的经济事实"出发，揭示了工人阶级的残酷的异化的生存状态，挖掘出异化状态的根源，即资本主义私有制。在思辨话语中窒息的"劳动"概念在马克思这里，重新焕发了生机和活力。

　　在对"概念"的思辨用法的批判改造中，马克思赋予其现实内容，逐渐形成了一套现实的、具体的、历史的概念和范畴体系。在马克思哲学话

---

① 〔德〕黑格尔：《精神现象学》下卷，贺麟、王玖兴译，商务印书馆，1979，第 255 页。
② 〔德〕黑格尔：《逻辑学》上卷，杨一之译，商务印书馆，1996，第 36 页。
③ 《马克思恩格斯文集》第 1 卷，人民出版社，2009，第 205 页。

语生成过程中，一直伴随着马克思对以往概念、范畴的批判改造，以及在此基础上形成属于新唯物主义话语的概念内涵。

二　马克思哲学话语的突出特色

马克思构建了一套崭新的话语体系，这种话语体系不同于以往的思辨话语，它表现出一些别具一格的话语特色。相较于以往的哲学话语，它是科学性与意识形态性的统一、确定性与开放性的统一、学理性与通俗性的统一，以及革命性与实践性的统一。

（一）科学性与意识形态性的统一

作为无产阶级认识世界和改造世界的强大的"精神武器"，同时作为无产阶级科学的"世界观和方法论"，马克思哲学话语体现了科学性和意识形态性的统一。马克思站在无产阶级的立场上，从现实生产实践出发，通过对现实经济生活的本质，以及社会发展规律的科学揭示，构建了一套关于无产阶级解放的哲学话语体系。这套话语体系不仅符合无产阶级的根本利益，也是无产阶级历史使命的体现。

1. 马克思哲学话语的科学性

首先，马克思哲学话语构成的基本范畴、基本观点、基本原理是科学的。其一，在概念、范畴的使用上，马克思从来都是"按照事物的真实面目及其产生情况来理解事物"的[①]。马克思从现实的人的生产实践中提炼概念、范畴，比如说"生产力""生产关系""经济基础""劳动""资本""实践""现实的人""物质生产""社会权利""阶级""政治生活""经济生活"等；马克思从不进行概念本身的逻辑推演，而是将话语降到生活。其二，所阐释的基本观点、基本原理是科学的。作为"自己时代的精神精华"的马克思哲学，揭示了人类社会发展的客观规律，回答了需要解决的时代课题。正如列宁曾评价马克思的思想时所指出的："马克思学说具有无限力量，就是因为它正确。它完备而严密，它给人们提供了决不同任何迷信、任何反动势力、任何为资产阶级压迫所作的辩护相妥协的完

---

① 《马克思恩格斯文集》第 1 卷，人民出版社，2009，第 528 页。

整的世界观。"① 尤其是对共产主义的阐释，将共产主义从空想变成了科学。马克思对资本主义经济结构的解剖，特别是剩余价值的提出，将共产主义从空想变成了科学。列宁曾说："他们教会了工人阶级自我认识和自我意识，用科学代替了幻想。"②

其次，马克思哲学话语的科学性在于，它是"可证"的，具有实证性。不同于以往哲学话语的超验本质，马克思哲学话语是可以被证实的，是在生活中可以再现的哲学话语。马克思哲学话语经得起历史和实践的检验以及时间的考验；而且马克思哲学话语富有活力，具有坚定的科学价值。《辞海》曾将"科学"界定为："运用范畴、定理、定律等思维形式反映现实世界各种现象的本质和规律的知识体系。"③ 按照德国古典哲学家康德所说："任何一种学说，如果它可以成为一个系统，即成为一个按照原则而整理好的知识整体的话，就叫做科学。"④ 无疑，马克思哲学话语体系是科学的。马克思哲学话语是可证的，在现实生活中可以找到它的"原型"。比如说，"生产力"这一概念，在现实生活中，生产力的发展是现实可感的。马克思从现实生活出发，一切话语都可以在现实世界找到它的根源。而诸如黑格尔的"绝对理念"、笛卡尔的"我思"，这些是无法在现实世界发现的，只能依靠头脑的想象。这是马克思不同于以往哲学家的，也是马克思哲学的"科学性"所在。康德标准显然更低一些，马克思哲学话语是成体系的，虽然马克思从未说过自己的哲学是成体系的，但是它确实是一个体系，只是不像黑格尔那样"封闭"而已，是开放的体系。

2. 马克思哲学话语的意识形态性

哲学话语的意识形态性是指哲学话语都带有一定的价值取向，都维护了一定阶级、阶层或集团的政治、经济和文化等利益。任何一种哲学话语都或多或少地带有意识形态的印记。马克思哲学话语的意识形态性主要体现在它的无产阶级性上。

马克思哲学话语的话语立场是它的无产阶级立场，代表无产阶级的利

---

① 《列宁全集》第 23 卷，人民出版社，2017，第 41 页。
② 《列宁全集》第 2 卷，人民出版社，2013，第 2 页。
③ 夏征农、陈至立主编《辞海》（第六版彩图本），上海辞书出版社，2009，第 1234 页。
④ 〔德〕康德：《自然科学的形而上学基础》，邓晓芒译，生活·读书·新知三联书店，1988，第 2 页。

益。马克思哲学话语从生成之日起，就把自己当作无产阶级的思想武器。任何一种话语的表述，都代表着一定阶级立场和价值诉求，根本不存在超阶级的哲学话语。任何超阶级的哲学话语都是虚假的话语，站在资产阶级立场上的哲学话语宣称其超越阶级，这是一种虚幻的说法。在马克思的著作中，我们经常可以看到"资产者的语言"、作为"资产阶级产物"的某种语言等表述。在《德意志意识形态》中，马克思恩格斯写道："资产者可以毫不费力地根据自己的语言证明重商主义的和个人的或者甚至全人类的关系是等同的，因为这种语言是资产阶级的产物，因此像在现实中一样，在语言中买卖关系也成了所有其他关系的基础。"①

话语的背后是利益的驱动。在阶级社会中，哲学话语的言说无不代表着一定的阶级，为了一定的阶级利益服务。马克思哲学话语自生成之日起，就宣称代表无产阶级的利益。作为无产阶级的理论家，马克思以认识世界和改造世界为己任，其哲学话语的言说为解决无产阶级的利益服务。马克思哲学话语绝不是为了构建纯粹的话语体系，而是为了给人民提供认识世界和改造世界的思想武器。马克思哲学话语取之于无产阶级，又用之于无产阶级。

总之，马克思哲学话语的科学性与意识形态性是统一的，二者相辅相成。马克思哲学话语的意识形态性丝毫不排斥其科学性，恰恰是其意识形态性推进了其哲学话语的科学性，同时，也正是其科学性提升了其意识形态性的"真实"和"科学"。

（二）确定性与开放性的统一

马克思哲学话语体系是确定的，又是开放的。作为话语的哲学既是静态的，也是动态的。确定的是其话语逻辑、话语立场、话语功能。但同时，马克思哲学话语又是开放发展的，话语体系随着时代的发展而发展，话语在演变过程中不断被摒弃、修正和更新，它们只是历史的暂时的产物。

1. 马克思哲学话语的确定性

不管马克思哲学话语如何发展，其话语的逻辑、话语的立场、话语的

---

① 《马克思恩格斯全集》第 3 卷，人民出版社，1960，第 255 页。

功能等这些根本性原则是确定的，是不可改变的。自马克思哲学话语体系形成之日起，马克思哲学话语就已经"定型"，就已经确立了自己的话语逻辑、立场和功能。

马克思哲学的话语逻辑是确定的。马克思哲学话语是从现实生活出发，通过对现实生产实践提炼和抽象出概念范畴，并形成一套新唯物主义的话语体系。不管何时，马克思从现实世界提炼概念这一话语原则是不可能改变的。以往思辨的话语体系，从抽象的概念出发，通过概念的逻辑推演来构建话语体系，这在马克思哲学话语的发展中，是不应该出现的。

马克思哲学的话语立场是确定的。马克思从无产阶级的立场出发，这一话语立场在阶级社会中是不会改变的。马克思在话语体系形成之后，尤其是在《德意志意识形态》之后的著述中，更是站在无产阶级的立场上，进行哲学话语的言说。《共产党宣言》更不必说，是"共产主义者的革命纲领"。马克思始终站在无产阶级的立场之上，为无产阶级提供思想武器。

马克思哲学的话语功能是确定的。马克思哲学话语是"解释世界"与"改变世界"的统一。马克思哲学话语从来不只是"解释世界"，而是将"改变世界"作为话语体系构建的最终归宿。这些在接下来的第四章关于马克思哲学话语的变革维度中将详细阐述。

2. 马克思哲学话语的开放性

与黑格尔追求永恒性的话语、完满的话语体系不同，马克思的哲学话语是动态的、历史的，其话语体系是开放的、发展的。马克思的哲学话语"只有在对每个时代的个人活动和生活过程的描述中产生"，"人们按照自己的物质生产率（1885 年德文版改为'生产方式'。——编者注）建立相应的社会关系，正是这些人又按照自己的社会关系创造了相应的原理、观念和范畴。所以，这些观念、范畴也同它们所表现的关系一样，不是永恒的。它们是历史的、暂时的产物"①。

马克思哲学话语与现实生活是"双向互动"的，而现实生活始终处于发展之中，这就意味着，马克思哲学话语是一个不断发展、不断生成的过程。现实生活的样态转换，决定哲学话语形态的转换，旧话语的瓦解同生活条件的瓦解是步调一致的。"人们的观念、观点和概念，一句话，人们

① 《马克思恩格斯文集》第 1 卷，人民出版社，2009，第 603 页。

的意识，随着人们的生活条件、人们的社会关系、人们的社会存在的改变而改变"①。马克思从不去追寻所谓的终极哲学，也不追求其哲学话语的超历史性。而是随着时代的发展，不断"扬弃"其哲学话语，一些老话、旧话不断退出话语舞台，一些新话也逐渐出场。马克思从没有停下自己发展的脚步，而是根据时代的发展，不断总结、提炼新思想、新观点、新论断、新概念、新范畴来丰富其哲学话语。

马克思哲学话语本身是历史的产物，是从历史中走来的。同时，它又是一种与时俱进的话语，是注重实践生成的哲学话语。正如列宁所指出的，马克思哲学"绝不是离开世界文明发展大道而产生的一种故步自封、僵化不变的学说"②。马克思的哲学概念、范畴和术语，与它从哲学史上所继承下来的范畴有着历史的联系，同时又有着鲜明的时代特色。有些话语肯定会随着时代的发展而"过时"，必然要遭到时代的抛弃，随着时代的发展，马克思的话语肯定不够用，也要创造新的话语，提炼新的概念、范畴。

马克思所构建的新话语，绝不是话语的终结，而是新话语的开始。马克思哲学话语是不断自我革命、自我发展的话语。马克思从不去追求话语的永恒性，就像他从来不追求其理论的永恒性一样。他曾说："他一定要把我关于西欧资本主义起源的历史概述彻底变成一般发展道路的历史哲学理论，一切民族，不管它们所处的历史环境如何，都注定要走这条道路，——以便最后都达到在保证社会劳动生产力极高度发展的同时又保证每个生产者个人最全面的发展的这样一种经济形态。但是我要请他原谅。（他这样做，会给我过多的荣誉，同时也会给我过多的侮辱。）"③ 马克思哲学话语体系是一个开放的体系，只有话语体系保持开放，才可能永葆生机。

总之，马克思哲学话语是确定性与开放性的统一，在哲学话语的确定性中把握话语的开放性，在哲学话语的开放性中寻找话语的确定性。

（三）学理性与通俗性的统一

马克思哲学话语兼具学理性与通俗性，是二者的统一。马克思哲学话

① 《马克思恩格斯文集》第2卷，人民出版社，2009，第50~51页。
② 《列宁全集》第23卷，人民出版社，2017，第41页。
③ 《马克思恩格斯文集》第3卷，人民出版社，2009，第466页。

语本身是对现实生活的一种抽象，具有很强的学理性。同时，作为无产阶级和人民群众认识世界和改造世界的思想武器，它又兼具了通俗性，这种通俗性主要是指哲学话语的语言表达的通俗。

1. 马克思哲学话语的学理性

马克思哲学话语的生成和发展是理论与实践的结合，是走进书斋与走向社会的辩证发展，是文本与现实的双向互动。

马克思哲学话语是对现实生活的一种"高度抽象"。"将语言降到生活"是马克思哲学话语的根本旨趣。马克思哲学所关注的是人们的生活世界，构建的是一套从现实的人的感性活动出发，回归到感性生活世界，与生活紧密结合的话语体系。与思辨哲学"从天国降到人间"，从观念推演出现实世界不同，马克思主张"从人间升到天国"，主张在现实世界，以反映生活、批判生活、建构生活新形态为主题来构建自己的哲学话语体系。"生活"是马克思哲学话语的根本论域，也是其哲学话语的出发点和落脚点。但是，马克思哲学话语绝不是对生活的一种简单描述，而是进行一种高度的抽象，提炼出新的概念、新的观点。仅仅通过实践是不可能创造出新概念、新观点的。试问，长期从事实践活动的工人，形成科学的理论、系统的话语了吗？显然没有。马克思哲学话语的形成需要一种抽象、思辨的能力，用科学的思维方法构建的一套庞大的理论体系。

马克思哲学话语的生成是在继承了前人话语的基础之上的发展创新。马克思继承了西方传统哲学尤其是黑格尔哲学的合理成分，是在批判基础之上的发展。马克思哲学话语的生成绝不是停留在实践之中的，还有对前人话语的继承。可以说，没有西方传统哲学，也就不可能有马克思哲学话语。马克思的学理性体现在对传统理论的继承和发展。

马克思哲学话语的学理性还在于其话语体系的"整体性"和"综合性"。不同于以往纯思辨的哲学话语，马克思哲学话语融合了经济学、社会学、历史学等学科知识，将纯粹哲学视域扩展到了整个社会科学，这些从马克思哲学话语中的术语、概念可以略见一斑。

2. 马克思哲学话语的通俗性

不同于以往西方哲学话语，尤其是德国古典哲学话语的艰深晦涩，马克思哲学话语相对比较朴实、易懂，可读性强。通俗性是马克思哲学话语体系的一个突出特点。马克思从不追求术语的怪僻艰涩，朴实为文、为人民立言是其语言表达的唯一追求。哲学话语与大众关联是马克思哲学话语的本性。受法国启蒙学派的影响，以及在《莱茵报》工作期间的现实感受和家庭的熏陶，马克思首先强调的就是构建一套面向人民大众的哲学话语体系，为民众提供现世智慧、为人民立言。马克思曾批判德国哲学家像魔术师一样，念着咒语，但没有谁能懂得他们在念些什么；马克思坚决反对把自己的哲学话语变成"纯粹思辨的观念"，强调他的哲学话语要为人民群众所掌握，要尽可能使抽象晦涩的哲学语言变得通俗易懂。在《论犹太人问题》中，马克思清晰地呈现了自己的哲学话语形象，即"德国人的解放就是人的解放。这个解放的头脑是哲学，它的心脏是无产阶级"[1]。"哲学把无产阶级当做自己的物质武器，同样，无产阶级也把哲学当做自己的精神武器。"[2] 马克思的哲学话语言说的是通过关注人本身来掌握群众的哲学，这种哲学话语是无产阶级的"头脑"，而无产阶级是这种哲学话语的"心脏"。其实，从哲学范畴就可以看出马克思哲学话语的通俗性。以往西方传统哲学范畴，诸如"物自体""绝对理念""存在""自我意识"等这些高度抽象的哲学范畴，只能在理论自身的话语平台才能被理解。

正因为如此，1844 年，马克思集中研究了无产阶级的异化劳动问题，并指出：哲学家"是自己的时代、自己的人民的产物，人民的最美好、最珍贵、最隐蔽的精髓都汇集在哲学思想里"[3]。要使自己的哲学成为无产阶级解放的精神武器，就必须使哲学的语言和形式贴近群众。在 1844 年之后，马克思就转换了自己的哲学语言，异化等概念在以后的著述中很少使用（《资本论》除外），取而代之的是生活、资本、剥削、物质生产、阶级、社会生活、生存条件等概念。在马克思晚年的著述中，更是将"大众"这根话语红线贯彻到底。马克思采用贴近大众的语言，将重大的理论和现实问题提升到世界观、方法论的高度进行分析和阐释，给无产阶级以理论上的指导，为无产阶级提供智力支持。马克思哲学话语也开始越来越接地气，从工人阶级的生产生活出发，使马克思哲学话语与生活水乳交融，越来越通俗。

另外，马克思哲学话语的通俗性还表现在叙事风格和叙事方式上。在

---

[1] 《马克思恩格斯文集》第 1 卷，人民出版社，2009，第 18 页。
[2] 《马克思恩格斯文集》第 1 卷，人民出版社，2009，第 17 页。
[3] 《马克思恩格斯全集》第 1 卷，人民出版社，1995，第 219～220 页。

叙事风格上，马克思主张生活叙事、具体叙事。这里说一些具体叙事，这主要是与抽象叙事相区别，具体叙事"只能从对每个时代的个人的现实生活过程和活动的研究中产生"①。"只要描绘出这个能动的生活过程，历史就不再像那些本身还是抽象的经验主义者所认为的那样，是一些僵死的事实的汇集，也不再像唯心主义者所认为的那样，是想象的主体的想象活动。"② 在叙事方式上，马克思主张从"个别上升到一般"。在《〈政治经济学批判〉导言》中，他这样说道："我把已经起草的一篇总的导言压下了，因为仔细想来，我觉得预先说出正要证明的结论总是有妨害的，读者如果真想跟着我走，就要下定决心，从个别上升到一般。"③ 这一叙述方式在马克思成熟时期的哲学话语中有所体现。

综上所述，马克思哲学话语是学理性与通俗性的统一。其中，马克思哲学话语的通俗性是以学理性为前提，是马克思哲学话语的大众化的根基。马克思哲学话语的通俗化绝不是马克思哲学话语的庸俗化，而是以学理性为基础，将语言形式表达得更加通俗易懂，语言表达更加"接地气"。马克思哲学话语的通俗性与学理性并不抵触，遵循通俗性的同时，其学理性也不能丢！

（四）革命性与实践性的统一

"改变世界"是马克思哲学话语的根本旨趣，这注定了马克思哲学话语的革命性与实践性。不同于以往的思辨哲学话语，马克思哲学话语是要指导无产阶级在批判旧世界中建立新世界的。

1. 马克思哲学话语的革命性

马克思哲学话语不仅仅是对西方传统哲学话语的一次颠覆和革命，而且其话语本身也是一种革命的话语。正如利奥塔所认为的，言说就是战斗④。某种意义上来说，马克思哲学话语的言说就是为了战斗，"革命"早已成为马克思哲学话语的代名词。

---

① 《马克思恩格斯文集》第1卷，人民出版社，2009，第526页。
② 《马克思恩格斯文集》第1卷，人民出版社，2009，第525页。
③ 《马克思恩格斯文集》第2卷，人民出版社，2009，第588页。
④ 〔美〕道格拉斯·凯尔纳、斯蒂文·贝斯特：《后现代理论：批判性的质疑》，张志斌译，中央编译出版社，2001，第230页。

首先，马克思哲学话语是一种"批判现实"的话语。

与以往旧哲学话语努力用各种方式解释世界，为现存世界做辩护不同，马克思则要恢复哲学话语的批判本性，批判现实，"改变世界"。马克思的哲学话语革命就是要建立一种革命性的、批判性的哲学话语，他一生都在批判资本主义社会，都在"反对和改变事物的现状"，正是在对资本主义社会现实逻辑的揭示中，马克思形成自己的哲学范畴、哲学话语。马克思哲学话语是为改变现存世界的实践活动而构建的，实践的内容就是它话语的内容。马克思始终把自己的哲学话语与无产阶级的命运联系在一起，为无产阶级革命提供精神武器。其实，在其著述中，术语、范畴等语言表达充满了"革命"的气息，比如说，阶级斗争、无产阶级专政、批判武器、武器批判、精神武器、物质武器、不断革命、在批判旧世界中发现新世界等。

其次，马克思哲学话语是一种"消灭哲学"的话语。

"消灭哲学"、"使哲学成为现实"、构建"真正的哲学"等话语无不表达了马克思对"真正的哲学"的期盼。马克思所实现的话语革命其实就是"消灭哲学"的过程。在《莱茵报》时期的社会生活实践中，马克思已经认识到脱离现实世界的思辨哲学话语的危害性。但是，在对现实世界批判之前，马克思"把仅仅针对思辨的批判同针对不同材料本身的批判混在一起"①，仅仅停留在传统哲学框架内对思辨哲学进行改造，虽然产生了一些新的话语、新的概念、新的范畴。但是，这些新话语并没有超越西方传统思辨哲学的局限性。马克思真正实现话语上的转折是在术语上否定"哲学"开始的，而迈出这最关键一步是深入到经济学研究之中。也正是通过对政治经济学批判、构建科学的政治经济学理论，马克思彻底看清了费尔巴哈的唯物主义思辨哲学的危害性，彻底清算了费尔巴哈脱离实践和社会历史发展的"新哲学"，最终完成了对西方传统思辨哲学的批判和超越。马克思从现实的人的实践出发，根据事物的本来面目去言说其哲学，最终走出思辨的"陷阱"，实现了哲学话语的革命。

其实，话语与人格也是内在一致的。正如恩格斯所说："马克思首先

---

① 《马克思恩格斯文集》第 1 卷，人民出版社，2009，第 111 页。

是一个革命家。"① 马克思一生都投入战斗中，不管是实践斗争还是思想斗争，马克思毕生的使命"就是以这种或那种方式参加推翻资本主义社会及其所建立的国家设施的事业"②，而革命性的哲学话语就是他进行革命批判的锐利武器。不过，与青年黑格尔派只进行观念斗争的"革命话语"不同，马克思哲学话语的这种革命性是"真金白银"的革命，是要真正指导无产阶级革命，推翻现存的不合理世界，真正实现全人类的解放的话语理论。

2. 马克思哲学话语的实践性

在马克思哲学话语科学性中谈到其话语的可证性，这种可证性同时也说明了马克思哲学话语的实践性。马克思哲学话语是在现实中可以实践的话语，是要掌握群众，为群众进行革命指导，是改造现实的话语。马克思哲学话语是在实践活动中逐渐发展和丰富起来的，同时又反过来指导实践。

马克思话语革命的实质就是走出语言的独立王国，走向现实的生活世界。马克思强调语言的物质性、实践性、社会性、交往实践性。马克思认为："'精神'从一开始就很倒霉，受到物质的'纠缠'，物质在这里表现为振动着的空气层、声音，简言之，即语言。"③ 语言产生于物质生产生活，"是从劳动中并和劳动一起产生出来的"，而不是产生于人们的头脑中。"思想、观念、意识的生产最初是直接与人们的物质活动，与人们的物质交往，与现实生活的语言交织在一起的。"④ 语言不可能独立成为某种王国，语言是由于需要才产生的，语言总是与现实生活、物质生产交织在一起。马克思让语言走出抽象的概念，让抽象的哲学范畴回归到现实生活中，变得具体化、可感化。马克思反对离开现实而沉醉于哲学的"词句革命"中。马克思哲学话语的革命性不是像青年黑格尔派那样仅仅提出语言的批判——为反对"词句"而斗争，并没有对现存世界进行改造。马克思哲学就是要进行彻底的革命，对世界进行改造，就是要将这种话语付诸实践。马克思曾说："对实践的唯物主义者即共产主义者来说，全部问题

① 《马克思恩格斯文集》第 3 卷，人民出版社，2009，第 602 页。
② 《马克思恩格斯文集》第 3 卷，人民出版社，2009，第 602 页。
③ 《马克思恩格斯文集》第 1 卷，人民出版社，2009，第 533 页。
④ 《马克思恩格斯文集》第 1 卷，人民出版社，2009，第 524 页。

都在于使现存世界革命化，实际地反对并改变现存的事物。"①

　　马克思哲学话语具有"实践"本质，它是以"实践"为基础的新唯物主义哲学话语。在其哲学语境中，以"实践"为基础的"新唯物主义哲学话语"，已经根本不再是本体论意义上的哲学话语。马克思的新唯物主义话语是一种与"旧哲学"具有根本不同的"革命的""现实的、感性的活动本身"。"实践"让马克思哲学话语变成一种"物质力量"，变成一种感性的物质活动，其基本功能就在于"改变世界"。马克思的哲学阐明了无产阶级的地位和历史使命，唤醒了无产阶级的觉醒，让无产阶级认识到，只有进行无畏的革命斗争，才可能最终解放自身、解放全人类。马克思哲学话语与"思辨哲学话语"的根本区别就在于"实践"二字。作为一种理性的思辨的哲学话语是根本不可能"改变世界"的，只有"实践"作为一种"感性的现实的物质活动"才能"改变世界"。

　　总之，马克思哲学话语的革命性是彻底的革命，是要付诸实践的革命。马克思哲学话语是革命性与实践性的统一。

---

①　《马克思恩格斯文集》第 1 卷，人民出版社，2009，第 527 页。

第四章　马克思哲学话语革命的若干维度

众所周知，马克思的哲学直接来源于对德国古典哲学的批判性改造，其哲学话语直接脱胎于黑格尔的思辨哲学话语，是对黑格尔所代表的西方传统哲学话语的根本性颠覆和改造。从话语的视角来说，西方传统哲学的历史也是形而上学话语的发生史。黑格尔作为德国古典哲学的集大成者，同时也是形而上学的话语终结者。其话语体系是西方传统哲学话语的"最后的最完善的形式"①。正是在对黑格尔思辨哲学话语批判和继承的基础上，马克思实现自己哲学话语的变革，同时也完成了对西方传统哲学话语的一次颠覆性超越。

一　话语逻辑的转变：从思辨逻辑到现实逻辑

何谓思辨逻辑？在黑格尔看来，"思辨逻辑内即含有单纯的知性逻辑，而且从前者即可抽得出后者。我们只消把思辨逻辑中辩证法的和理性的成分排除掉，就可以得到知性逻辑"②。思辨逻辑是对知性逻辑的一种批判和改造，其本身包含知性逻辑。在黑格尔这里，"知性逻辑"是指古希腊的亚里士多德开创的传统形式逻辑，这种逻辑只限于对思维形式和思维规律的考察，是对脱离思维内容的"纯形式"的研究，割裂了思维形式和思维内容的统一。其实，从知性逻辑到思辨逻辑的转变就是辩证逻辑的发生史。在辩证逻辑的发展史上，康德首先对传统形式逻辑进行了批判改造，建立了先验逻辑。但是，康德的改造并不彻底，先验逻辑的对象仍然是人的主观的知性思维，即主体运用先天的知性范畴，去综合统一感性的直观

---

① 《马克思恩格斯文集》第 3 卷，人民出版社，2009，第 545 页。
② 〔德〕黑格尔：《小逻辑》，贺麟译，商务印书馆，2017，第 182 页。

的思维。康德的先验逻辑未能有效论证思维内容和思维形式的统一，只是"那种在非现实的思想里推论过来推论过去的形式思维"①。不过，康德将认识论引入逻辑学，把范畴作为先验逻辑的对象还是给黑格尔以很大启发。

与康德不同，黑格尔并没有局限于对人的主观思维自身的形式结构的批判，而是将批判的重点放在了对主观的知性思维的局限性的分析上。对此，黑格尔彻底抛弃了康德主观唯心主义和形而上学的思维方式，从彻底的客观唯心主义的思辨思维出发，把逻辑的对象规定为绝对理念。在黑格尔这里，绝对理念既是主体，又是客体的绝对主体。思辨思维区别于知性思维，是一种客观的思维、理性的辩证思维。从思维的内容来看，这种思维的内容不是感性世界，而是既是主体又是客体的普遍实体，即概念、范畴。范畴的本性是存在于事物中的概念或称事物中的本质性；从思维的形式来看，这种思维的形式是辩证发展的，由于实体即主体，自我意识的发展运动必然也带来概念、范畴的自我运动和自我否定。

一言以蔽之，黑格尔的思辨逻辑，就是这样一种辩证逻辑：第一，它的逻辑对象是绝对理念，是斯宾诺莎的实体与费希特的自我意识的统一，是将思维范畴作为事物本质加以考察的纯粹科学；第二，它以范畴推演的形式打破了知性思维的局限，弥补了以往知性逻辑中哲学范畴的死板和僵化，将各个抽象的范畴连贯起来，使知性成为范畴系统演进的一个环节；第三，它实现了思维内容与思维形式的统一，因为绝对理念是能动的，既能产生自我认识的形式，也能创造关于认识客体的内容。不过，这里的思维内容只是一种纯抽象的、纯逻辑的概念，思辨逻辑是通过思维本身的自我规定，将思维的内容与思维的形式统一起来，但是这种"脱离经验的""纯粹的"思维逻辑，并没有解决思维形式（范畴、概念）和思维内容（感觉表象）的关系问题，真正解决这一问题的是马克思的客观现实逻辑。

　　在以思辨逻辑为基本原则的话语体系构建中，概念、范畴是话语的逻辑起点，思辨话语以通过概念、范畴的逻辑推演建构了一套圆融自洽的、封闭的话语体系。简而言之，思辨哲学话语就是一套概念自

---

① 〔德〕黑格尔：《精神现象学》上卷，贺麟、王玖兴译，商务印书馆，1979，第40页。

我发展、自我演化的语言符号系统。这是一种抽象化、概念化的语言表达。正如黑格尔自己所说，"哲学是以纯概念、纯范畴的逻辑推演的方式表达"①，"哲学的最高目标就是运用思辨思维把握理念"②。黑格尔要为历史找到的是一种抽象的、思辨的表达。

首先，我们来看一下，思辨话语的逻辑起点——概念。正如马尔库塞所言，黑格尔的"概念"有双重功能，"既包括性质或论题的本质……也涉及了或本质的具体存在的实际现实"③。在黑格尔的哲学话语体系中，"概念"已经发生了根本性的改变，"只有概念才是真理，或更确切点说，概念是存在和本质的真理"④。这意味着，在黑格尔这里，直观已经被概念化，概念是存在的本质，存在不过是概念的外化。哲学作为探寻真理的一门学问，也随之就变成了对概念、范畴的探究。也就是说，作为人类认识成果的概念、范畴又反过来成为人们认识的新对象，人们要通过概念、范畴去把握客体和客观过程。因此，概念、范畴成了黑格尔整个哲学话语体系的逻辑起点。在这里，哲学是"以思想、范畴，或更确切地说，是以概念去代替表象"，对现实世界的言说，变成了对概念、范畴的言说。这种对概念范畴的言说方式只能是思辨的。

其次，我们再来看一下思辨话语的逻辑演进——从概念到概念的逻辑推演。在思辨逻辑中已经提到，辩证法是思辨逻辑超越知性逻辑的根本所在。在思辨的话语体系中，黑格尔通过概念的精神化推演出"概念的运动"，在《精神现象学》中，自我意识从低级发展到高级，直至发展到"精神本身"，即"自在自为存在着的东西"，其中包含诸多环节，是精神的运动发展。而概念作为"精神对其自己本身所显现的现实"⑤，当概念成为精神自身的显现方式时，概念自身也就是精神本身了。这样，精神的运动演变成了"概念的运动"。"概念的规定只能是概念的自由的规定，只能是概念在其中就与自身同一那样的一个实有，这个实有的各环节也是

①　〔德〕黑格尔：《黑格尔的客观哲学》，刘烨编译，中国戏剧出版社，2008，第202页。

②　冯契主编《外国哲学大辞典》，上海辞书出版社，2008，第114页。

③　〔美〕赫伯特·马尔库塞：《理性和革命：黑格尔和社会理论的兴起》，程志民等译，上海人民出版社，2007，第36页。

④　〔德〕黑格尔：《小逻辑》，贺麟译，商务印书馆，2017，第186页。

⑤　〔德〕黑格尔：《精神现象学》下卷，贺麟、王玖兴译，商务印书馆，1979，第77页。

概念，并且是由概念本身建立的。"① 概念的这一运动正是通过"辩证法"的形式来实现的，即概念的"否定之否定"，形成一个正、反、合的圆圈运动。"概念的系统，一般就是按照这条途径构成的——并且是在一个不可遏止的、纯粹的、无求于外的过程中完成的。"②

　　黑格尔把独立于自然和历史的抽象思维作为其哲学体系的起点，试图用语言逻辑和概念推理，将不可规定的生命、生存、自由规定下来，赋予已被抽象化、概念化的语言以内在的生命。在黑格尔这里，对现实各种运动的阐释变成了对逻辑范畴的生产运动的一种表述，现实的发展变成了范畴的自我运动，他为历史找到了抽象的、思辨的表达。思辨的思维本身是一种以"预悬终点为目的并以终点为起点"的思维方式。按照概念从潜在到展开和显现的逻辑顺序，逐层推演，最终确立概念的终极存在。在黑格尔哲学体系开端的《逻辑学》中，他从绝对精神的自身矛盾——"纯有"和"纯无"，经过一系列的圆圈式的辩证运动，从绝对精神回到绝对精神自身，然后再由绝对精神外化为自然界，最后扬弃自然界的外化，通过人类精神的历史发展返回到绝对精神自身。在这一话语体系中，从"概念"回到"概念"本身，起点亦是终点，结果亦是开端，黑格尔的整个哲学话语体系是圆融自洽的。这种由范畴的逻辑推演而构建的话语体系，是存在于现实之上、生活之外的，具体的生产实践早已被"异化"，被抛在了九霄云外。在西方传统形而上学话语的发展中，思想就这样魔术般地变成了概念推演的游戏。马克思批判了这种脱离现实生活的抽象叙述逻辑，"正如从简单范畴的辩证运动中产生出群一样，从群的辩证运动中产生出系列，从系列的辩证运动中又产生出整个体系"③。用概念、逻辑的语言把一切不可说的东西都说尽，这是黑格尔哲学话语的"神秘之处"！

　　总之，黑格尔哲学话语遵循的是"从抽象到抽象""从概念到概念"的思辨逻辑。在思辨的哲学话语中，"人"与"世界"的统一是通过概念范畴之间的辩证运动来实现的。思辨的话语体系是脱离生活、脱离人的生产实践的，是独立于生活之外的。毫不夸张地说，黑格尔的思辨话语不过

---

① 〔德〕黑格尔：《逻辑学》下卷，杨一之译，商务印书馆，2017，第263页。
② 〔德〕黑格尔：《逻辑学》上卷，杨一之译，商务印书馆，2017，第36页。
③ 《马克思恩格斯文集》第1卷，人民出版社，2009，第601页。

是一种"思想游戏""语言游戏"。

一切存在物，经过思维的抽象都可以归结为逻辑范畴，世界上的事物只是在"逻辑范畴这块底布上绣成的花卉"①，黑格尔哲学话语体系的构建就是将"实体变主体"。

与黑格尔抽象的、纯粹思辨的语言不同，马克思反对"把语言变成某种独立的特殊的王国"，反对将"概念"作为哲学话语的根本旨归，他要将"语言降到生活"，从生活出发来构建其哲学话语体系。在马克思看来，哲学不过是"关于现实的人及其历史发展的科学"②。马克思一改西方传统形而上学的思维方式，从现实生活出发，用客观现实的逻辑支撑其话语体系，彻底摧毁了黑格尔所构建的独立的语言王国，真正解决了话语内容（思想）与话语形式（语言）的统一问题。但有一点需要说明，这里的客观现实逻辑并不是指费尔巴哈的直观感性逻辑，而是客观实践的逻辑。所谓客观现实的逻辑，就是"按照事物的真实面目及其产生情况来理解事物"③，来描述现实世界。

这种客观现实的逻辑在话语体系构建上表现为：马克思的哲学话语从"现实生活"出发，从"现实的人的实践"出发，通过生活提炼概念来构建的一套开放的、发展的话语体系。这是一种具体的、历史的语言表达。

同样，我们也从逻辑起点和逻辑演进两个方面来阐释马克思的哲学话语。

首先，从逻辑起点来看，马克思哲学话语的逻辑起点是生活本身。

正如马克思恩格斯所说："在思辨终止的地方，在现实生活面前，正是描述人们实践活动和实际发展过程的真正的实证科学开始的地方。"④每个时代哲学话语言说的前提"只能从每个时代的个人的现实生活过程和活动的研究中产生。"⑤ 在马克思看来，现实生活是哲学话语的水之源、木之本。"生活"是马克思哲学话语的"底色"，是其哲学话语的根本"坐标"。马克思是用生活来剪裁概念，而不是用概念来剪裁生活。

---

① 《马克思恩格斯文集》第1卷，人民出版社，2009，第600页。
② 《马克思恩格斯文集》第4卷，人民出版社，2009，第295页。
③ 《马克思恩格斯文集》第1卷，人民出版社，2009，第528页。
④ 《马克思恩格斯文集》第1卷，人民出版社，2009，第526页。
⑤ 《马克思恩格斯文集》第1卷，人民出版社，2009，第526页。

在进入《莱茵报》，真正深入到社会生活之后，马克思逐渐认识到，物质性的现实生活才是第一位的，思想观念只是生活的衍生品。人类首先必须解决吃、喝、住、穿的问题，所以"第一个历史活动"就是生产物质生活本身，然后才能从事艺术、宗教、哲学活动。"不是意识决定生活，而是生活决定意识"①，有什么样的生活，就会产生什么样的意识。"意识在任何时候都只能是被意识到了的存在，而人们的存在就是他们的现实生活过程。"② 在马克思看来，"不是从观念出发来解释实践，而是从物质实践出发来解释各种观念形态"③。马克思反复强调，其哲学话语的立足点是"人类社会或社会的人类"，是"现实的个人，是他们的活动和他们的物质生活条件，包括他们已有的和由他们自己的活动创造出来的物质生活条件"④。在《〈政治经济学批判〉导言》中，马克思曾说："具体总体作为思想总体、作为思想具体，事实上是思维的、理解的产物；但是，决不是处于直观和表象之外或驾于其上而思维着的、自我产生着的概念的产物，而是把直观和表象加工成概念这一过程的产物。"⑤ 话语实践的对象是"具体总体"，其结果是新的概念。

其次，从话语的逻辑演进来看一下，马克思哲学话语遵循的客观现实逻辑。

新唯物主义的话语是从生活出发，从生活提炼概念，然后再回归生活的，是生活与概念的"双向互动"。在《德意志意识形态》中，马克思恩格斯通过对物质生产、人的需要、人的自然关系、人的社会关系、人的意识等五个方面来规定"现实的个人"，将人的自然规定、生产规定、发展规定、社会规定全部囊括其中，使这一概念获得它的全部现实性规定，而不仅仅只是作为一个抽象的概念。当然，"按照事物的真实面目"来描述，是对现实世界总体意义的描述，而不是对某一具体现实问题的描述。同样，在《德意志意识形态》中，马克思恩格斯通过对物质生活的生产、新的需要的生产、人与人和自然关系的生产、生命的生产及其精神文化的生

---

① 《马克思恩格斯文集》第1卷，人民出版社，2009，第525页。
② 《马克思恩格斯全集》第3卷，人民出版社，1960，第29页。
③ 《马克思恩格斯文集》第1卷，人民出版社，2009，第544页。
④ 《马克思恩格斯文集》第1卷，人民出版社，2009，第517页。
⑤ 《马克思恩格斯文集》第8卷，人民出版社，2009，第25页。

产等五种生产活动的描述，来阐释生产活动的总体性。

"话语方式乃思维之方式"①，不同的思维方式塑造了不同的话语体系，在客观现实逻辑的支配下，马克思把黑格尔的颠倒的事实关系按照事物的本来面目重新颠倒回来。借用马克斯·韦伯的话来说，就是马克思哲学话语体系的构建"不是要用抽象的一般公式把握历史事实，而是要用必然具有独特个性的具体生成的关系体系把握历史现实"②。

二　核心范畴的转变：从知性范畴到生活范畴

"知性"，也被称为"理智"或"悟性"，其本义是指包括认识能力或求知能力在内的理解的性能。自柏拉图提出"理智"，知性范畴就开始了它的演变发展历程。布鲁诺的"感觉、理智（知性）和理性"、斯宾诺莎的"知性改进论"等，但直到德国古典哲学的创始人康德，知性范畴才得到专门和系统的研究。康德认为知性的纯粹概念既不来自经验，也不来自超经验，而是"对一般直观对象的先天知识"，是知性本身的思维形式。知性范畴是先验的，在人的经验之前就具有的。在康德看来，知性就是利用逻辑范畴去综合感觉材料的能力，知性范畴就是没有任何内容的纯形式，是先天存在于人们的知性之中，是纯主观的知性形式，正如黑格尔所批判的，它"并未深入到范畴的内容，只是列举一些主观性的抽象形式，而且甚至片面的停留在主观方面，认为主观性为最后的绝对肯定的规定"③。

在批判的基础之上，黑格尔肯定了康德的"不以基于经验的知识为真理，而仅把它看成对于现象的知识"④，知性就是一种反思，就是意识的分析和抽象，是逻辑思维的第一阶段。知性范畴就是一种思维的产物，不来源于经验世界，是一些普遍的"纯概念"。另外，和康德一样，黑格尔对知性和理性进行了明确的区分。在《精神现象学》的第一部分"自我

---

① 施旭主编《当代中国话语研究》总第 1 辑，浙江大学出版社，2008，创刊词二。
② 〔德〕马克斯·韦伯：《新教伦理与资本主义精神》，于晓等译，陕西师范大学出版社，2006，第 18 页。
③ 〔德〕黑格尔：《小逻辑》，贺麟译，商务印书馆，2017，第 129 页。
④ 〔德〕黑格尔：《小逻辑》，贺麟译，商务印书馆，2017，第 117 页。

意识"中，黑格尔严格区分了"感性确定性""知觉""知性"三个环节，并指出，在知性中，意识所寻求的是事物的本质和根据，是"无条件的、绝对的共性"①。但是，通过"分解活动"这一知性的力量，只能获得关于事物的单纯定义，还无法完整认识事物本身，还需要从知性思维上升到理性思维。同样，和康德一样，黑格尔也认为真理不能用有限的范畴表达。不过有一点不同，康德求助于"自在之物"来认识无限，黑格尔则是通过理性来获得对无限的认识。

如果说康德是在先验逻辑的指导下规定他的知性范畴，那么黑格尔则是在思辨逻辑基础上提出自己的知性范畴理论，这也是他超越康德的地方，将康德的固定不变的知性范畴变成了发展变化的范畴。在黑格尔唯心主义的哲学话语体系中，思维形式本身就是客观的东西，具有充实的内容和形式。与康德将知性理解为认识形式不同，他从思维方法去理解知性。在《小逻辑》中黑格尔将知性定义为，"那只能产生有限规定，并且只能在有限规定中活动的思维便叫做知性（就知性二字的严格的意思而言）"②。那么，知性范畴如何打破这种有限性？黑格尔提出了逻辑思维的三个环节，即"（a）抽象的或知性的［理智］的方面，（b）辩证的否定或否定的理性方面，（c）思辨的或肯定理性的方面"③。也就是说，只要将知性思维发展到思辨思维，回到概念本身，就可以克服这种有限性，达到无限性。具体地说，就是"把提供给它的知性认识的普遍东西译成概念"，这样，知性范畴就可以将其转变为辩证法的范畴。而辩证法又是"一种内在的超越，由于这种内在的超越过程，知性概念的片面性和局限性的本来面目，即知性概念的自身否定性就表述出来了。凡有限之物莫不扬弃其自身……只有在辩证法里，一般才包含有真实的超出有限，而不只是外在的超出有限"④。因此，知性范畴本身具有否定性和内在超越性，让其不断扬弃超出有限性。那么问题来了，最后真实的无限在哪里？黑格尔说，"真正的无限毋宁是'在别物中即是在自己中'，或者从过程方面

---

①　〔德〕黑格尔：《精神现象学》上卷，贺麟、王玖兴译，商务印书馆，1979，第85页。

②　〔德〕黑格尔：《小逻辑》，贺麟译，商务印书馆，2017，第93页。

③　〔德〕黑格尔：《小逻辑》，贺麟译，商务印书馆，2017，第172页。

④　〔德〕黑格尔：《小逻辑》，贺麟译，商务印书馆，2017，第177页。

来表述，就是：'在别物中返回到自己'"①。黑格尔所说的"它物"并不是指外来的东西，而是指有限的事物本身的对立面，是它自己的它物。这种它物的否定性被扬弃了之后，就可以回归到概念自身。无限不是抛弃有限，而是扬弃它的界限。由此可见，黑格尔在扬弃了康德的知性范畴基础之上，在思辨逻辑的平台上将知性范畴进行理论的转换，是知性范畴自身的扬弃和发展。

归根结底，黑格尔的"知性范畴"，就是这样一种思维的范畴：它既不来自经验，也不来自超验，而是"概念的自我规定"，通过概念自身的扬弃，实现自主发展；它既无时间性，也无空间性，是"永恒"②的范畴；它既没有"前"，也没有"后"，是"绝对"的范畴；它"是普遍的，抽象的，适合于任何内容的，从而既超脱任何内容同时又恰恰对任何内容都有效的，脱离现实精神和现实自然界的抽象形式、思维形式、逻辑范畴"③。以黑格尔的核心范畴"绝对理念"为例，严格地说，它是历史的、发展的，这种发展是自身内部无求于外的发展；同时它又是超历史的永恒的概念，因为整个历史过程都是在它的内部演绎出来的。再比如，黑格尔的"自我意识"。在黑格尔这里，自我意识"是一个被抽象掉人的自然基础、社会基础而与人的自然、生产生活等社会实践及其社会条件完全无关的充满了神秘主义的概念"，是"被抽象掉一切现实可能性和具体规定性的'自我意识'"，是"连时间、空间等规定性都没有的绝对能动的'意识形式'和'精神主体'"④。诸如此类的概念，在黑格尔思辨的哲学话语体系中还有很多。

马克思的生活范畴与黑格尔的知性范畴是两种截然不同的范畴体系，有联系也有差异，差异是主要方面。通过与黑格尔的知性范畴的对比研究，我们来考察马克思的生活范畴。

---

① 〔德〕黑格尔：《小逻辑》，贺麟译，商务印书馆，2017，第207页。
② 这里的"永恒"并不是指持久不变，而是指"现在"，把过去融入的"当下"。黑格尔曾说，"永恒并非时间之前或之后，既不是创世之前也并非末日之后，而是绝对的当下，没有'前'或'后'的现在"。黑格尔认为他的范畴体系是一个开放的体系，是需要修改的，但他是将绝对性融入历史性之中的，其中的范畴仍是"绝对的"。
③ 《马克思恩格斯文集》第1卷，人民出版社，2009，第218页。
④ 杨思基：《我所理解的"马克思主义哲学观"》，载中国辩证唯物主义研究会编《马克思主义哲学论丛　总第8辑》，社会科学文献出版社，2013，第239~240页。

第一，从范畴的发生学来看，生活范畴是从社会生活实践中提炼的。像黑格尔一样，马克思也高度重视知性思维在范畴形成中的作用，但与黑格尔将其作为逻辑思维的第一阶段不同，马克思回到"知性"本义，即理解的性能。马克思从人的生产生活实践中，通过对人的存在的现实分析，对自然、社会实践的历史考察，以及对未来社会的考察，进一步抽象、概括和归纳，最终产生生活范畴的规定。这是一种从具体到抽象、从特殊到一般的范畴发生方式，即马克思的生活范畴是取之于生活，并用之于生活的。马克思的生活范畴从社会事实发展规律中提炼出概念，借用列宁的话，即范畴是"自然现象之网的网上纽结"①。我们可以说，生活范畴是帮助我们认识和掌握社会现象之网的网上纽结。马克思的生活范畴是对社会历史发展规律的总结，他用"生产力""生产关系""人的现实的'社会结构'""人的现实的'政治结构'""生产方式""现实的个人"等概念来说明人类社会发展的物质基础和内在动力；用"社会存在""社会意识""经济基础""上层建筑"等概念来阐释人类社会发展规律；用"阶级""国家""革命""群众"等概念来阐明社会革命以及社会变迁；用"资本主义""社会主义""共产主义"等概念来描绘社会形态的更替图景。

第二，从范畴的个性来看，生活范畴是一个历史范畴，具有开放的品格。任何的历史现象都是"受变化规律支配的，它有自己的历史，有自己的始末"②，同样，以社会历史发展为依托的生活范畴也有着自己的历史和始末，有着自己的发生、发展、消亡规律。这些范畴不是与生俱来的，而是人类社会发展到一定阶段的产物，并随着人们的实践活动的发展而发展。正如马克思所说："范畴也和它们所表现的关系一样不是永恒的。它们是历史的和暂时的产物。"③ "各个似乎稳定的事物同它们在我们头脑中的思想映象即概念一样都处在生成和灭亡的不断变化中。"④ "异化劳动""阶级""国家""民族"等都是历史发展的产物，也最终退出历史的舞台。以阶级为例，马克思认为，阶级的存在只是同生产发展的一定历史阶

---

① 《列宁全集》第 55 卷，人民出版社，2017，第 78 页。
② 《斯大林选集》上卷，人民出版社，1979，第 64 页。
③ 《马克思恩格斯文集》第 10 卷，人民出版社，2009，第 49～50 页。
④ 《马克思恩格斯文集》第 4 卷，人民出版社，2009，第 298 页。

段相联系，阶级斗争导致阶级专政，阶级专政就是要消灭一切阶级，最终进入"无阶级的社会"，这就意味着阶级概念将会退出历史舞台。再比如说国家，人类社会之初，并没有国家概念，物质资料生产水平低下，人们以血缘为纽带形成氏族、部落等"原始共同体"，这就是国家的雏形，但还不能被称为严格意义上的国家概念。随着生产力的不断发展，阶级的出现，阶级矛盾的不可调和，就逐渐形成国家。随着阶级的消亡，最终也带来国家的消亡。但是，马克思生活范畴的发展运动，并不是内部的自我否定和内在超越，而是随着社会历史的发展而发展的。

第三，从范畴之间的逻辑关系来看，马克思哲学话语体系是一个开放的体系。不同于黑格尔"概念的自我规定"，马克思的范畴之间是一种在现实基础之上的相互规定。在黑格尔的哲学话语中，他以思想为根据，进行一种概念之间的相互规定，概念之间是一种纯粹的逻辑推演，以"规定"和"否定"作为概念运动的根据和动力。黑格尔的从有到无再到绝对理念，概念之间形成一个"生产过程"；而马克思则是以社会历史规律为"原本"的，概念范畴之间形成一个"叙述过程"。马克思的生活范畴之间可以相互规定，但这种相互规定并不是说"生产力"可以规定"生产关系"，"经济基础"可以规定"上层建筑"，而是说两个范畴之间有着种种割不断的联系，诸如"生产力决定生产关系""生产关系反作用于生产力""经济基础决定上层建筑""生产力的发展促进生产关系的变革""阶级灭亡国家也随之灭亡"等。在马克思这里，范畴不是单一绝缘的，不追求自身的圆满，而是追求一种范畴之间的合理张力、生产结构之间的张力。

综上所述，范畴作为哲学话语的外衣，不同的范畴表征了不同的话语体系，核心范畴的发展变化是考察话语变革的一个不可或缺的维度。从知性范畴到生活范畴的变化，一定程度上反映了马克思在西方哲学话语史上实现的一次伟大变革。

三　语言风格的转变：从晦涩难懂到通俗易懂

自柏拉图将诗人逐出哲学之外，西方传统哲学就与诗歌分道扬镳，逻辑与修辞、推论与描述、概念与隐喻、逻各斯与神话悄然对立。到了近代哲学，这种对立更是登峰造极。在黑格尔的著述中，抽象的概念范畴、生僻的术语、思辨的行文、恢宏庞大的体系结构，更是将语言的晦涩难懂发挥到极致。马克思就曾形容黑格尔哲学是"神秘的思辨"，恩格斯说它是"迂腐晦涩笨拙"，列宁将其《逻辑学》形容为"引起头痛的最好办法"，其语言的晦涩程度可见一斑。的确，晦涩是黑格尔哲学语言最好的注脚，也是最真实的写照。

首先，在黑格尔的话语体系中，概念、范畴是极其抽象的。众所周知，黑格尔哲学是研究理念（或精神、观念）的科学。在《精神现象学》中，黑格尔从最初的精神现象即感性知识开始，经过"自我意识"达到"概念思维"，形成"绝对知识""绝对理念"，也即"纯粹概念"。继之，《逻辑学》以绝对理念作为研究对象，详尽论证绝对理念是怎样发展的，从此也开辟了以独立的精神实体为研究对象的哲学时代。在黑格尔哲学话语体系中，"绝对理念"作为逻辑学的最高范畴，同时又是逻辑学的对象总体。当作为逻辑学对象总体时，是指"思维的最抽象的要素所形成的理念"，"思维的特有规定和规律自身发展而成的全体"①。它包括诸如"纯存在""虚无""变化""有限""无限""本质""现象""实在""因果"等概念。而这些概念是我们认识事物所能达到的最高抽象，也是关于事物的最高概括，是事物的最高本质。"纯概念"作为事物的最高抽象，与具体事物相去甚远，"有些概念乃是在逻辑上有而在哲学史上却没有的"②。高度抽象让黑格尔的哲学语言变得晦涩、枯燥。

同时，在黑格尔的哲学话语体系中，有时候概念是混乱的，这无疑让抽象的概念更加难懂。在黑格尔的著作中，很难划分清楚意识、精神、理念、理性、观念、思维等概念，有时候它们是在同一意义上使用，但是仔细考察又存在区别。比如说精神和思维，它们或者在等同意义上使用，但是黑格尔又说，"那活生生的精神，它的本性就是思维""精神……复要求它自己的内在性——思维——的满足"，显然这里精神又不等于思维。

其次，在黑格尔的话语体系中，其行文方式是极其抽象思辨的。黑格尔在《精神现象学》的序言中说道："照我看来，——我的这种看法的正

---

① 〔德〕黑格尔：《小逻辑》，贺麟译，商务印书馆，2017，第63页。

② 〔德〕黑格尔：《哲学史讲演录》第1卷，贺麟、王太庆译，商务印书馆，2017，第366页。

确性只能由体系的陈述本身予以证明——一切问题的关键在于：不仅把真实的东西或真理理解和表述为实体，而且同样理解和表述为主体"①。简言之，就是"实体即主体"。在这里，黑格尔将亚里士多德的"存在的实体"与近代哲学的"主体性觉醒"融为一体，实体不仅具有客观性原则，而且本身就是能动的，在自身内部蕴含着否定性和矛盾。因此，实体的运动就是它的自我运动，世界不过是它的外化和展开。"实体即主体"是黑格尔哲学话语体系构建的基本原则。正是在这一原则指导下，"特别是黑格尔哲学认为：一切问题，要能够给以回答，就必须把它们从正常的人类理智的形式变为思辨理性的形式，并把现实的问题变为思辨的问题。"② 这种话语具有"极端的抽象性"③。以黑格尔的《历史哲学》为例，这是一部富于思辨的著作，是在逻辑的发展中和历史的叙述中来把握那富于观念的"历史"。在《历史哲学》中，黑格尔认为，历史是精神自我发展的过程，是理性实现自由的过程，是世界走向自我意识的过程。历史的目标是精神的充分发展和充分的自我意识。黑格尔不是要述说历史，而是要讲述历史的哲学。如恩格斯所说，历史的辩证发展，"在黑格尔那里，只是概念的自己运动的翻版"④。无疑，这种思辨的行文给阅读增加了难度。由于掺杂着"经验事物"和"历史人物"，相对于黑格尔的其他著作，《历史哲学》还算容易读。他那纯概念演绎的《逻辑学》常常让人望而却步，就连歌德都发出感慨："思想倒也罢了，不能因为我不赞同黑格尔派的观念就贬低他们，但黑格尔的行文风格却是我不能接受的。这种矫揉造作而又晦涩难懂的风格，使得他的著作中有不少段落难以卒读。"⑤ 歌德并不否认黑格尔思想的深刻，但是对黑格尔的行文风格却是不敢恭维。也许只有脱去抽象晦涩的语言外衣，我们才能啜饮黑格尔那"智慧的玉液琼浆"⑥。

第三，黑格尔的话语体系本身是一套恢宏庞大的话语体系，"圆圈中的圆圈"增加了语言的晦涩。作为德国古典哲学的集大成者，黑格尔建立

① 〔德〕黑格尔：《精神现象学》上卷，贺麟、王玖兴译，商务印书馆，1979，第10页。
② 《马克思恩格斯全集》第2卷，人民出版社，1957，第115页。
③ 贺来：《马克思哲学与"存在论"范式的转换》，《中国社会科学》2002年第5期。
④ 《马克思恩格斯文集》第4卷，人民出版社，2009，第297~298页。
⑤ 〔德〕爱克曼：《歌德谈话录》，林昕改写，长江少年儿童出版社，2014，第114页。
⑥ 《马克思恩格斯全集》第1卷，人民出版社，1995，第735页。

了历史上庞大、完备的哲学体系。在黑格尔看来，哲学就是哲学史，作为出现时间最晚的哲学体系，乃是此前一切体系的成果，"因而必定包括前此各体系的原则在内"①，黑格尔遵照此原则而写的哲学史，就成了一个有着一定必然性的圆圈。在黑格尔看来，哲学就是"一个自己返回到自己的圆圈"②，就是从低级到高级，从简单到复杂，一环套一环的逻辑体系。任何一个哲学体系都是理念发展过程的一个环节，最终达到理念发展的"最高的、绝对的目的"③。当然，这种逻辑缜密的哲学体系是深刻的，又是晦涩的、难懂的。要理解这样一个庞大的体系，不仅需要高度抽象的思维能力，更需要发达的逻辑推理能力。有时候，"由于'体系'的需要"，黑格尔常常不得不采用"强制性的结构"，这无疑让他那晦涩的语言雪上加霜，更加的晦涩难懂。综观整个黑格尔的著述，从《精神现象学》《逻辑学》到《哲学全书》，环环相扣、层层递进。在《精神现象学》中，黑格尔追溯了思想范畴的起源和形成，即人类精神认识绝对的历史过程，他将这一过程看作"纯科学概念"，即范畴的形成史。当精神达到概念时，它就在其生命的这种以太展开它的定在和运动。而《逻辑学》就是以这些"纯科学概念"作为研究对象④，并将人类精神认识绝对的过程纯化为一个范畴体系，确立宇宙的逻辑结构。在此基础上将宇宙自然乃至人类精神的全部发展囊括其中，建立一个包罗万象的体系，这就是《哲学全书》。这是一个何等严谨而又晦涩的体系啊！黑格尔用他那环环相扣的概念体系剪裁自然和历史，晦涩难懂的逻辑推演，往往让人望而生畏。

王国维曾说："哲学上之说，大都可爱者不可信，可信者不可爱。"⑤这里所谓的"可信者"，大概是指像康德、黑格尔那样强调理性的哲学，逻辑缜密但缺少优美的行文，当属于"不可爱者"之列。与黑格尔晦涩的语言风格相比，马克思的语言显得可爱多了、晓畅多了。马克思直击黑格尔思辨话语的软肋，把"从思想世界降到现实世界的问题，变成了从语言降到生活中的问题"⑥。马克思走出书斋，深入工人解放运动中，在此基

---

① 〔德〕黑格尔：《小逻辑》，贺麟译，商务印书馆，2017，第54页。
② 〔德〕黑格尔：《小逻辑》，贺麟译，商务印书馆，2017，第58页。
③ 〔德〕黑格尔：《哲学史讲演录》第1卷，贺麟、王玖兴译，商务印书馆，2017，第29页。
④ 〔德〕黑格尔：《逻辑学》上卷，商务印书馆，2017，第30页。
⑤ 转引自叶嘉莹《王国维及其文学批评》，河北教育出版社，1977，第3页。
⑥ 《马克思恩格斯全集》第3卷，人民出版社，1960，第525页。

础上进行创作，并使自己的理论成为工人的行动指导。"现实生活的语言"消除了思辨语言的神秘阴影，"工人运动的理论指导"消除了思辨语言的艰深晦涩，在这两者的指引下，马克思的哲学话语变得愈加通俗易懂。

首先，马克思将语言回到生活本身，从生活出发来构建其话语体系。

在马克思看来，"语言是一种实践的、既为别人存在因而也为我自身而存在的、现实的意识"[1]。语言是现实生活的表现，现实生活是语言的根基。语言是由于和他人交往的需要才产生的，不可能独立组成特殊的王国。黑格尔将现实问题上升到思辨问题致使其语言晦涩、抽象，而马克思则与之相反，他认为只要"按照事物的真实面目及其产生情况来理解事物，任何深奥的哲学问题……都可以十分简单地归结为某种经验的事实"[2]；"只要把自己的语言还原为它从中抽象出来的普通语言，就可以认清他们的语言是被歪曲了的现实世界的语言"[3]。这意味着，马克思要求对事物进行经验的描述，摆脱意识形态的束缚和遮蔽，展现出它的"庐山真面目"。

其实，马克思的哲学话语就是对现实生活的一种概括和表述，是从现实的人的生活过程和活动的研究中产生的。马克思终其一生都在研究资本主义社会的产生、发展和必然灭亡的规律。在马克思看来，"历史不是作为'源于精神的精神'消融在'自我意识'中而告终的，历史的每一阶段都遇到一定的物质结果……"[4] 在黑格尔那里，理性统治着世界历史，他用"意识""精神""自我意识""理性"等知性概念来描述历史；而在马克思这里，历史不过是生产力与生产关系共同作用的结果，以"生产力""生产关系""物质""阶级""国家""现实的人"等概念来描述历史发展。这些概念是具体的，易于理解和把握。马克思把语言降到生活，从生活中提炼，抽象出概念、判断、命题，不仅让他的哲学话语变得通俗易懂，而且还增加了其可读性。

其次，"深入浅出"的叙述风格，为工人阶级提供理论指导。

作为工人运动的指导理论，马克思必定要使其话语变得通俗易懂。马

---

① 《马克思恩格斯文集》第1卷，人民出版社，2009，第533页。
② 《马克思恩格斯文集》第1卷，人民出版社，2009，第528页。
③ 《马克思恩格斯全集》第3卷，人民出版社，1960，第525页。
④ 《马克思恩格斯文集》第1卷，人民出版社，2009，第544页。

克思一生致力于人类解放，深知自己的著作是写给工人阶级的，所以他也使自己的表述尽量做到通俗易懂。在马克思的哲学中，没有难以理解的表达，他总是以理服人，采用"深入浅出"的叙述风格。在《德意志意识形态》中，马克思恩格斯曾有段对未来社会隐喻式的描述：

> 而在共产主义社会里，任何人都没有特殊的活动范围，而是都可以在任何部门内发展，社会调节着整个生产，因而使我有可能随自己的兴趣今天干这事，明天干那事，上午打猎，下午捕鱼，傍晚从事畜牧，晚饭后从事批判，这样就不会使我老是一个猎人、渔夫、牧人或批判者①。

马克思恩格斯采用文学的语言、比喻的手法，让哲学变得生动、活泼、有趣、可读。其实，在其著述中，还有很多诸如此类的话语，比如，"'思想'一旦离开'利益'，就一定会使自己出丑"②。在新唯物主义话语体系形成以后，马克思更加注重语言的通俗性，后来的几篇纲领性文件，更是将"通俗"进行到底。正如他在《资本论》的序言中所说："本书第一章，特别是分析商品的部分，是最难理解的。其中对价值实体和价值量的分析，我已经尽可能地做到通俗易懂。"③ 就像王国维所说的"可信"与"可爱"，也许只有马克思的哲学话语兼具了通俗与智慧，做到了既可信又可爱。

四　话语受众的转变：从小众话语到大众话语

早在古希腊，哲学属于贵族之学，与毫无闲暇的奴隶绝缘；到了近代，复杂的思想、晦涩的行文、抽象的语言，让哲学再也不是普通老百姓可以问津的学问。而作为西方哲学的集大成者，黑格尔哲学也难逃"寡众"的厄运。黑格尔的哲学话语体系自构建之初，就疏远大众，成为资产阶级的哲学话语，是哲学家们的"窃窃私语"，是大学讲堂里的"学术话

---

① 《马克思恩格斯文集》第1卷，人民出版社，2009，第537页。
② 《马克思恩格斯文集》第1卷，人民出版社，2009，第286页。
③ 《马克思恩格斯文集》第5卷，人民出版社，2009，第7页。

语"，是一小众人的"阳春白雪"。加之，缺乏通俗性更是使人民大众敬而远之，这是一种丧失人民性的哲学话语，是小众的话语。

资产阶级的"起身鼓"。在阶级社会中，哲学作为一种意识形态，必定带有一定的阶级性。黑格尔的哲学也不例外，他始终站在资产阶级的立场上，进行其哲学的言说和话语体系的构建。黑格尔的哲学话语代表了资产阶级的意志和愿望，"在本质上是城市的从而是市民阶级的产物"，其哲学话语内容"本质上仅仅是那些和中小市民阶级发展为大资产阶级的过程相适应的思想的哲学表现"①。诗人海涅曾形象地将其哲学比作资产阶级革命的战鼓，黑格尔哲学"把人们从昏睡中敲起，敲着起身鼓，用青春的力气，敲着鼓永远向前进，这就是全部的学问"②。虽然黑格尔也说过，"我们不象希腊人那样是把哲学当作私人艺术来研究，哲学具有公众的即公众有关的存在，它主要是或者是纯粹为国家服务的"③。乍一看，黑格尔也反对为哲学而哲学，反对"把哲学当作私人艺术"，肯定哲学是"与公众有关的存在"，是"为国家服务"的。但我们要知道，黑格尔这里的"公众"，并不是指劳动阶级和全体人民，主要是指德国当时的统治阶级。实际上，为国家服务，就变成了为统治阶级服务，为政府说话。难怪马克思讽刺说，"哲学在'本质上'也得依赖国库"④。

从黑格尔的哲学著作中，我们也可以清晰地看到，黑格尔哲学话语中隐藏着的资产阶级立场。他站在资本主义的立场上，努力寻求变革德国社会现状的道路。列宁在摘录《哲学史讲演录》时，就曾引用黑格尔的这句话"波兰的自由也无非是贵族对君主的自由……因此，人民和国王一样对贵族表示不满……当谈到自由时，必须随时注意：是否就是指个人利益而言"，同时还标注了"注意阶级关系"⑤，这是因为黑格尔赋予"自由"以资产阶级的内容。黑格尔认为，凡是妨碍个人利益发展的，都不能算自由；没有置产的资格，不能出卖的东西，也无自由可言。很显然，黑格尔所说的自由是资产阶级的自由。恩格斯曾在《路德维希·费尔巴哈和德国古

---

① 《马克思恩格斯文集》第 4 卷，人民出版社，2009，第 308 ~ 309 页。
② 〔德〕海涅：《海涅的抒情》，冯至译，花城出版社，2012，第 69 页。
③ 〔德〕黑格尔：《法哲学原理》，范扬、张企泰译，商务印书馆，1961，序言第 8 页。
④ 《马克思恩格斯全集》第 3 卷，人民出版社，2002，第 122 页。
⑤ 《列宁全集》第 55 卷，人民出版社，2017，第 275 页。

典哲学的终结》中，对"凡是现实的都是合理的，凡是合理的都是现实的"，进行了深度的解剖，发现并指出隐藏在黑格尔哲学话语中革命的一面。18 世纪是资产阶级革命的时代，黑格尔的哲学话语带有明显资产阶级革命色彩，是时代的映射，也是时代的产物。黑格尔明显带有资产阶级色彩的哲学话语，为资产阶级革命助威呐喊，是不可能代表受压迫、受剥削的人民群众来"发声"的。因此，黑格尔的哲学话语也就无法成为大众的话语。

在"哲学家们"的小圈子里吟唱。复杂的思想、晦涩的行文、抽象的语言，"天书"般的黑格尔哲学是拒绝大众的。其实，对黑格尔来说，他构建其庞大的思辨话语体系之初，并无普及之意。当然，晦涩难懂的思辨话语也难以普及，它将人民大众"拒于千里之外"。黑格尔把思想本身作为言说的对象，那么要想理解其哲学话语就"需要一种特殊的能力和技巧"①，而且还"须在抽象的思维中训练自己"②。这里的潜台词是，未经专业的哲学训练，没有抽象的思维能力，是很难理解黑格尔哲学的。黑格尔自己也说，"思辨的东西……对于尚未经训练的、不自由的思维能力说来，也是最困难的方面"③。确实，作为一种高度抽象和思辨的语言，黑格尔的哲学话语超越常识、超越经验事实，甚至反常识，他将精神置于人之上，人是"精神的人"，而不是"人的精神"，这些早已超出常人的理智形式，即使对专业的学者来说，理解都是困难的，更不用说普通大众了。还是以黑格尔的名句——"凡是现实的都是合理的，凡是合理的都是现实的"为例，其真实含义应为：凡是合乎理性的才是现实存在的，而不合乎理性的都是现实存在的。就连普鲁士政府都没有看清其真实意思，用这句具有革命性质的话语为自己辩护，恩格斯就曾讽刺普鲁士政府"近视"，这是何等的可笑！语言的过于抽象给人们造成理解的困难甚至曲解，就连黑格尔的学生和普鲁士政府都对他产生了误解，更不用说普通大众。列宁就曾在《哲学笔记》中写道："在阅读时……这部著作（黑格尔《逻辑学》）的这些部分应当叫做：引起头痛的最好办法！"④

其实，拒绝大众与当时整个德国古典哲学话语的"追求"不无关系。

---

① 〔德〕黑格尔：《小逻辑》，贺麟译，商务印书馆，2017，第 125 页。
② 〔德〕黑格尔：《逻辑学》上卷，杨一之译，商务印书馆，2017，第 39 页。
③ 〔德〕黑格尔：《逻辑学》上卷，杨一之译，商务印书馆，2017，第 39 页。
④ 《列宁全集》第 55 卷，人民出版社，2017，第 147 页。

从康德开始，德国古典哲学就走上了它的"庙堂"之路。在康德以后，黑格尔的哲学话语不是普通群众可以问津的学问，成为学院哲学，哲学家们的哲学，其哲学话语彻底成了大学讲坛上教授专用的"学术话语"。罗素更是夸张地说，"自己的哲学，全世界只有十二个人懂，很了不起"①。这些哲学家以"小众"为傲！西方传统哲学远离了一切大众，因此它不可能得到公众的注意，人们只能对它"敬而远之"，最终也只能窒息在自己的哲学话语当中。

试问，全世界有多少黑格尔主义者？100、200 已是很了不起的数字了。马克思哲学则不同，作为无产阶级的世界观，同时作为全人类认识世界和改造世界的武器，其信仰者则众矣。马克思哲学话语的受众是广大无产阶级，是受压迫、受剥削的人民大众。

马克思改变了以往哲学话语的"贵族气"，而变得更加地"接地气"，更加贴近群众、贴近生活，成为人们喜闻乐见的话语形式。诚如马克思所说："哲学把无产阶级当做自己的物质武器，同样，无产阶级也把哲学当做自己的精神武器。"② 马克思哲学话语从诞生之日起，就与无产阶级的命运紧密联系在一起。

在大众范围内传播。马克思从不以哲学家自居，其话语也没有像思辨话语那样抽象、虚无。马克思没有追随先人的脚步继续在"形而上"的宏大哲学问题中兜圈子，而是走出书斋，走进现实。马克思将自己的哲学话语植根于物质的生产实践当中，言说与时代休戚与共、与现实实践息息相关的时代课题和社会矛盾。在马克思哲学话语中，没有玄而又玄的词语和概念、没有艰深晦涩的逻辑推演，有的只是接地气的概念、范畴，有的只是为人民立言、为时代立言。在马克思哲学话语中，我们看到最多的是"生产力""生产关系""社会存在""社会意识""经济基础""上层建筑""实践""社会革命""国家""人民群众""无产阶级"等概念，这些都来自人们的生产实践，与人民的生活密切相关，从生活中提炼所得。这些平易近人、通俗易懂的概念想不进入人民大众都难。

无产阶级的话语。马克思从不屑于隐瞒自己的意图和观点，他公开承

---

① 艾思奇：《艾思奇全书》第 6 卷，人民出版社，2006，第 384 页。
② 《马克思恩格斯文集》第 1 卷，人民出版社，2009，第 17 页。

认自己的哲学是无产阶级的革命武器。他将自己的哲学始终与人民群众的利益联系在一起，并始终为无产阶级的利益奔走呼号。列宁曾说："马克思的哲学是完备的哲学唯物主义，它把伟大的认识工具给了人类，特别是给了工人阶级。"① 马克思哲学话语的言说就是面对无产阶级，宣传无产阶级。马克思哲学是为无产阶级解放斗争服务的，就是为了在人民大众中得到普及，马克思对深奥的哲学道理进行"深入浅出"地言说，工人阶级要想习得马克思哲学话语，不需要经过专门的哲学训练。试问，这样"亲民"的哲学话语怎么可能会不受欢迎，怎么可能会不普及？正如马克思所说，哲学家都是"自己的时代、自己的人民的产物"②。马克思哲学话语就是人民的话语，时代的话语！

五　话语功能的转变：从"解释世界"到"改变世界"③

哲学不是"屠龙之术"，哲学话语的建构更不是为了"自说自话""自娱自乐"。自生成之日，哲学话语就肩负着一定的功能和使命。诚如马克思的那句名言，"哲学家们只是用不同的方式解释世界，问题在于改变世界"④。当然，马克思说这句话的具体语境是针对黑格尔以后的费尔巴哈等青年黑格尔派的，但是一定程度上也是对以往哲学一次公允的评判。不过，需要强调一点：马克思哲学话语不只是强调"改变世界"，西方传统哲学话语也不只是强调"解释世界"，二者都有"解释世界"和"改变世界"的话语动机。只是西方传统哲学话语将"改变世界"消解在了"解释世界"之中，陷入了"话语的贫困"之中。

西方传统哲学话语是一种脱离现实的哲学话语，根本无法承受"改变世界"之重。从毕达哥拉斯到黑格尔，西方传统哲学话语始终以形而上学作为自己的牢固根基，并在此基础上形成了一套形而上的话语体系，其话语的功能和使命是以人类理性的名义发挥思想规范和统治现实的作用。古

---

① 《列宁全集》第23卷，人民出版社，2017，第45页。
② 《马克思恩格斯全集》第1卷，人民出版社，1995，第219页。
③ 在此加注引号，是因为任何哲学话语都有"解释世界"和"改变世界"的情怀与动机，但最终话语应用的结果却是一个在"解释世界"，一个在"改变世界"。这里的"解释世界"和"改变世界"主要是针对话语应用的结果而言的。
④ 《马克思恩格斯文集》第1卷，人民出版社，2009，第502页。

希腊哲学从本体论维度探究"世界的终极本体"，探寻宇宙意义上的自然世界的本原问题，形成了一系列的形而上的实体范畴，比如说赫拉克利特的"逻各斯"、巴门尼德的"存在"、柏拉图的"理念"、普罗提诺的"太一"等。这些范畴远远超出经验（即形而下）的范围，它们远离人们的日用之间，其哲学话语的构建也必将高悬于现实世界。巴门尼德就认为，对变动不居的感性世界的认识只能达到"意见"，唯有通过抽象思维来把握不变不动的本质，才能达到"真理"。一定程度上来说，这种形而上学的话语是不可能起到改变世界的功能的，因为它早已将现实世界排除在外了。

　　近代哲学沿着形而上学的话语轨迹继续前行，自笛卡尔以来的近代哲学，在认识论的维度探究"人的认识何以把握本体"，将形而上学的实体范畴转变成了形而上学的主体范畴，诸如笛卡尔的"我思故我在"、康德的"物自体"等。这些范畴在解释世界方面，相对于"存在""理念"是有过之而无不及。因为他们所面对的世界只是抽象的客体，所要回答的问题域是抽象的思想世界，现实世界依然被排除在外。黑格尔哲学作为西方形而上学的最高形式，其哲学话语也是将形而上学推向了极端。黑格尔消解了实体与主体之间的对立，在历史与逻辑的辩证中将超验、先验与经验融为一个有机的统一体，构建了他无所不包的思辨的哲学话语体系。黑格尔的话语体系将客体主体化、主体客体化，在黑格尔看来，"实体即主体"，现实世界完全被消解在思辨的话语之中。比如说，在《现象学》中，"当他（指黑格尔——笔者注）把财富、国家权力等等看成同人的本质相异化的本质，这只是就它们的思想形式而言。它们是思想的本质，因而只是纯粹的即抽象的哲学思维的异化"①。这里，对异化的扬弃，只是发生在思维领域中，在思辨的逻辑中，克服异化只需要改变哲学思维方式就行了，并不涉及实际改变事物的现状，也不需要对现实世界进行改变。

　　总之，西方传统哲学话语本质上是一种脱离现实的哲学话语，话语的建构只是为了满足理论上的需要，为了构建"具有最高概括性（最大的普遍性）和最高的解释性（最大的普适性）知识""最高的科学"②，根本

---

① 《马克思恩格斯全集》第42卷，人民出版社，1979，第161页。
② 孙正聿：《哲学通论》，辽宁人民出版社，1998，第89页。

不能使现存世界革命化；这种将现实世界"悬置"的哲学话语，是无法实现对现实世界的改变！

西方传统哲学话语将"改变世界"消解在"解释世界"的话语之中。任何一种哲学话语都不可能是纯粹的概念游戏，都充满强烈的"改变世界"的动机和情怀。一切哲学家都曾幻想把自己的哲学变成现实，按照自己的哲学原则改变世界。柏拉图的"哲学王""政治家"的国家治理模式，十八世纪启蒙思想家和法国唯物主义，被马克思称为"法国革命的德国理论"的德国古典哲学，还有那满嘴"震撼世界"的词句青年黑格尔派等，都试图去改变世界。可以说，他们都有着批判现实和改变世界的动机和情怀。但是，与马克思哲学相比，西方传统哲学家又都"致力于改变人们的观念，即致力于以某种新的方式去说明现存世界，而不是推动人们从事改变现实世界的实际斗争"。① 他们是将"改变世界"消解在"解释世界"的话语之中，将行动变成思想，将要求变成原则，他们"只是希望确立对现存的事实的正确理解"。② 正如黑格尔所坚称的："现在我越来越确信理论工作比实际工作对世界的影响更大；我们的观念领域一旦革命化，现实就必然会随着前进"③。在这里，"改变世界"变成了"解释世界"的一件"附属品"，根本起不到改变世界的效果。

"用另一种方式来解释存在的东西，也就是说，借助于另外的解释来承认它"④，最终也无法真正"解释世界"，只能达到对现实的辩护性解释。与马克思同时代的青年黑格尔派虽然满口讲着"震撼世界"的语词，但是他们却把观念、思想、概念看成"人们的真正枷锁"，他们只是停留在"词句的斗争"上，"他们仅仅反对这个世界的词句，那么他们就绝对不是反对现实的现存世界"⑤。恰恰相反，他们却是最大的保守派。正如恩格斯所说，黑格尔认为，"思维和存在的同一性要得到证实，人类就要马上把他的哲学从理论转移到实践中去，并按照黑格尔的原则来改造整个

---

① 高清海：《高清海文存》第 3 卷，吉林人民出版社，1997，第 194 页。

② 《马克思恩格斯文集》第 1 卷，人民出版社，2009，第 549 页。

③ 转引自〔法〕科尔纽《马克思的思想起源》，王瑾译，中国人民大学出版社，1987，第 11 页。

④ 《马克思恩格斯文集》第 1 卷，人民出版社，2009，第 516 页。

⑤ 《马克思恩格斯文集》第 1 卷，人民出版社，2009，第 516 页。

世界。这是他和几乎所有的哲学家所共有的幻想"①。西方传统哲学话语满足于思辨理性的"阴影王国",企图通过制造概念、范畴来改变世界,这只能是白费力气。西方传统哲学无一例外地寻求一个能够"解释世界"的终极真理,只要把握了这个根本原理,就能够轻而易举地实现对现实世界的改变,这无疑是一种"自欺欺人"的做法,只能是现实的抽象继续、现实的观念上的补充,并没有发挥改变世界的功能。

与西方传统哲学话语不同,马克思哲学话语自诞生之日起,就将其熔铸在现实世界之中,把西方哲学"颠倒的世界观再颠倒过来,以使人们正视真实的现实世界"②。马克思没有继续停留在西方传统哲学的论域,而是将其哲学转向现实世界,对马克思来说,其哲学话语体系的建构"不是一个理论的问题,而是一个实践的问题"③。马克思从黑格尔对资本主义提供合理辩护的"解释世界"的哲学转向了"为历史服务"的"改变世界"的哲学,彻底走出西方传统哲学的话语困境。

马克思将"话语"变成现实力量,"在现实中实现哲学"。马克思哲学的变革是"哲学范式"的一次全方位的转换,不管是哲学的视野或研究对象,还是哲学的主题或核心问题,以及哲学的思维方式或话语方式,抑或哲学的理论形态或存在样式都实现了一次"大换血"。马克思不再追问宇宙等问题,也没有论证"思想的客观性问题",而是将哲学的视野转向了现实的人类世界,把哲学的任务规定为解答现实人类中的各种现实问题,反思人类实践活动中的各种矛盾关系,并找到了人类社会及其历史发展的基础——实践。马克思曾说,"对思辨的法哲学的批判……就不会专注于自身,而会专注于课题,这种课题只有一个解决办法:实践。"④ 马克思哲学话语与其他哲学话语根本区别就在于"实践"。马克思提出要"消灭哲学",就是要将其话语直接转变为实践需要服务,他把目光更多地放在了"问题中的哲学",对现实问题予以哲学求解。因此,马克思哲学话语是一部关于"现实世界"的话语体系,即是说,马克思哲学话语首先

① 《马克思恩格斯文集》第4卷,人民出版社,2009,第279页。
② 高清海、孙利天:《马克思的哲学观变革及其当代意义》,载叶如贤、孙麾主编《马克思与我们同行》,中国社会科学出版社,2003,第22页。
③ 《马克思恩格斯文集》第1卷,人民出版社,2009,第500页。
④ 《马克思恩格斯文集》第1卷,人民出版社,2009,第11页。

是对"现实世界"、对实践需要的一种科学解释。

那么对现实世界的解释,又如何发挥"改变世界"的功能呢?这就存在着"话语如何可能"的问题,也即是话语如何成为现实力量?只有用一个办法即"实践",找到那个具有"实践力量的人"。"物质力量只能用物质力量来摧毁;但是理论一经掌握群众,也会变成物质力量。"① 马克思没有因循着思辨哲学从抽象概念出发,而是从"现从事实际活动的人"出发,为哲学话语的实现找到了"实践力量的人"。正如马克思所说:"哲学把无产阶级当做自己的物质武器,同样,无产阶级也把哲学当做自己的精神武器。"② 马克思哲学话语为无产阶级革命提供了"科学世界观和方法论",为其改变世界提供了锋利的匕首,直指资本主义社会的心脏。德国语言学家、哲学家威廉·冯·洪堡特说:"语言不是一个实体,或已完成的事物,而是行动。"③ 在马克思这里,语言就是一种实践的力量,是改变世界的利器。

马克思哲学话语实现了"解释世界"与"改变世界"两种功能的统一。

马克思哲学话语从来不拒绝"解释世界"。马克思哲学话语作为"时代精神之精华",必然表征和反映着时代,即是对现存世界的解释;同时作为"文明的活的灵魂"又构成了对世界的批判,也即是对世界的改变。可以说,马克思哲学话语具有"解释世界"和"改变世界"的双重功能。要想切实承担起"改变世界"的功能,就必须首先是对世界有正确合理的解释,科学地把握社会发展规律,否则"改变世界"只能是"空想""遥不可及的愿望"而已。在当下的哲学研究中,偶尔会出现这样一种认识倾向:马克思哲学话语的言说只是为了改变世界,与解释世界无关。这是对马克思哲学话语的一种误读。合理解释世界是改变世界的前提。马克思打破"思辨哲学的幻想",将哲学与现实融合,是对那些由于改变现存世界而产生的理论课题和实践问题的科学回答,但是马克思从不满足于像旧哲学那样"只是用不同的方式解释世界",或者"只是希望确立对存在的事

---

① 《马克思恩格斯文集》第1卷,人民出版社,2009,第11页。

② 《马克思恩格斯文集》第1卷,人民出版社,2009,第17页。

③ 〔丹麦〕奥托·叶斯柏森:《叶斯柏森语言学选集》,任绍曾编译,湖南教育出版社,2005,第17页。

实的正确理解"，他更在意对世界的改造，即他所说的："对实践的唯物主义者即共产主义者来说，全部问题都在于使现存世界革命化，实际地反对并改变现存的事物。"① 这是马克思"改变世界"的宣言，也是其哲学话语"改变世界"这一功能的彰显。马克思哲学话语本身是批判的、革命的，在解释世界时，马克思从来没有试图找到一劳永逸的答案，而是对现存的一切进行无情的批判；马克思从"不想教条式地预料未来，而只是希望在批判旧世界中发现新世界"②。"解释世界"与"改变世界"从来不是相悖的两种功能，只能偏向其一，而是一种话语的两个维度。马克思哲学话语既包含对世界的解释，同时借助现实力量真正实现对世界的改变。

---

① 《马克思恩格斯文集》第 1 卷，人民出版社，2009，第 527 页。
② 《马克思恩格斯全集》第 1 卷，人民出版社，1956，第 416 页。

第五章　马克思哲学话语革命的方法论原则

马克思哲学话语的诞生是哲学话语史上的一次伟大变革。它以思辨哲学话语的终结者姿态登上话语舞台，实现了哲学话语的格式塔转换。将晦涩的哲学话语转变为通俗易懂的哲学话语，将资产阶级的辩护工具转变为无产阶级的思想武器，将形而上的知性概念转变为形而下的生活概念，马克思哲学话语的变革并不是无章可循、无法可依的，而是遵循着一定的方法论原则。

一　从生活中提炼概念

不同于以往的"纯概念"，马克思从物质生产实践出发，从生活中提炼概念，"重新唯物地把我们头脑中的概念看做现实事物的反映"①，现实的生活世界成为其哲学话语最根本的生长点。马克思用"从对人类历史发展的考察中抽象出来的最一般的结果的概括"② 来代替"关于意识的空话"，从而实现哲学话语的真正变革。

（一）"重新唯物地把我们头脑中的概念看做现实事物的反映"

马克思批判德国哲学从天国降到人间，从绝对理念或外在于人的物质世界出发来构建其抽象的、思辨的话语体系，而他的哲学则是要从人间升到天国，从人的现实生活世界出发来说明思辨话语中的那个抽象世界，并以此建构其具体的、历史的哲学话语体系。那么，马克思视域下的"现实生活世界"又是什么样？马克思又是如何回到现实生活世界进行话语体

---

① 《马克思恩格斯文集》第 4 卷，人民出版社，2009，第 298 页。
② 《马克思恩格斯文集》第 1 卷，人民出版社，2009，第 526 页。

系的构建呢？

1. 马克思哲学视域下的"现实生活世界"

何谓"现实生活世界"？这始终是哲学家们思考的一个问题。在马克思之前，哲学家们对现实生活世界大体上有两种看法：一种认为现实的世界就是自然的物质、纯粹的客观世界，"自然本体论"者就是典型的代表；另一种认为现实世界就是某种精神、观念实体，诸如逻各斯、绝对精神等，将现实生活世界精神化，"精神本体论"者就持这种看法。不管是"精神本体论"者还是"自然本体论"者，都是以实体化的方式来理解现实生活世界的，都对现实世界作了片面化、抽象化的理解。在他们那里，现实世界被分裂和瓦解，是不全面的、不完整的世界。而马克思则认为，现实生活世界是由实践活动和现实的人与世界组成的统一的整体。通过引进"实践"，用实践的观点看问题，把生活世界"当作感性的人的活动，当作实践去理解"，马克思找到了回归生活世界的道路和理解生活世界的现实基础。马克思认为这种世界不是某种开天辟地就已存在的世界，而是由人的自由自觉的实践创造和生成的世界。

马克思的现实生活世界大致可以从三个方面理解。首先，马克思的生活世界是现实的人的生活世界。在马克思看来，"生活世界"就是"人的实际生活过程"，是"现实生活的生产和再生产"。马克思从来不谈与人无关的自然或世界，不谈史前世界，只谈人的现实世界。他说，"我们的出发点是从事实际活动的人，而且从他们的现实生活过程中还可以描绘出这一生活过程在意识形态上的反射和反响的发展"①。其次，马克思的生活世界是指实践的世界。在马克思看来，"全部社会生活在本质上是实践的"②。实践是人的根本存在方式，现实世界正是人的实践活动的结果，人的实践生成了现实的生活世界。"实践活动不仅创造了人和人的活动，也创造了人的生活世界和对象世界。"③ 再次，马克思的生活世界还是一个历史生成的世界。人们所面对的世界是过去那个现实生活世界的产物和继承，又是未来现实生活世界的基础和开端。这就是马克思所谓的"历史"，它既是指时间维度上的"过去"，也是指当下和未来。总之，马克

---

① 《马克思恩格斯文集》第 1 卷，人民出版社，2009，第 525 页。
② 《马克思恩格斯文集》第 1 卷，人民出版社，2009，第 501 页。
③ 高清海：《高清海哲学文存》第 1 卷，吉林人民出版社，1997，第 136～137 页。

思的"现实生活世界"是属人的世界，是人的实践活动创造的世界，是一个发展的世界。当然，马克思这里的"现实生活世界"也不是胡塞尔所谓的前科学的、前反思的生活世界。

2. 转向现实生活世界，拒斥从概念到概念的抽象思辨

转向生活世界，是马克思哲学话语变革的最初动力。《莱茵报》时期，马克思接触了大量社会现实问题，也正是对尘世生活和市民社会的关注，马克思最终构建了其新唯物主义话语体系。马克思发现空洞的、抽象的概念根本无法解决现实中的问题，只有从现实生活出发，不断总结人民大众的生产生活实践，从生活中提炼出概念本身，才可能解决生活中的问题。马克思摒弃了诸如"实体""自我意识""绝对精神"等概念，取而代之的是"生产力""生产关系""生产方式""社会存在""社会意识""劳动""资本""经济基础""上层建筑"等，这些概念都是从现实生活世界走来，与人们的实践活动密不可分。

马克思超越了"纯粹的思想领域"，摆脱了"纯粹的逻辑自洽"，重新回到现实生活世界之中，其哲学话语的言说就是从无产阶级立场出发对生活中的问题予以回答。在《路德维希·费尔巴哈和德国哲学的终结》中，恩格斯这样说道："在黑格尔那里，辩证法是概念的自我发展。……在自然界和历史中所显露出来的辩证的发展，即经过一切迂回曲折和暂时退步而由低级到高级的前进运动的因果联系，在黑格尔那里，只是概念的自己运动的翻版，而这种概念的自己运动是从来就有的（不知在什么地方），但无论如何是不依任何能思维的人脑为转移的。这种意识形态上的颠倒是应该消除的。我们重新唯物地把我们头脑中的概念看做现实事物的反映，而不是把现实事物看做绝对概念的某一阶段的反映。"① 尽管这是恩格斯的话语，但是也可以说是马克思哲学话语构建的原则。马克思就是依靠此原则、此方法来构建其哲学话语体系的。"头脑中的概念"不过是对现实事物的反映，通过对现实问题的回答，观照现实生活，总结和提炼出哲学的"一般"，也即马克思的哲学概念。与黑格尔的"概念的自我规定"不同，马克思的哲学概念都来自现实生活世界，即便是从黑格尔那继承过来的概念，也充实了其"实证"的内容。熊彼特曾说："他（指马克

---

① 《马克思恩格斯文集》第 4 卷，人民出版社，2009，第 297～298 页。

思——笔者注）的主张都不是源于哲学领域，而是建立在社会事实之上的。"① 在这里，熊彼特的哲学领域是指像黑格尔那样的"纯哲学"领域，社会事实也是指现实的生活世界。因此，熊彼特的这句话是不是也可以这样理解：马克思的哲学概念都不是通过概念本身的推演而来的，而是根据社会历史事实而丰富完整的。马克思自己也有这样的表述，他说："一个概念（定在，等等）可以抽象地把握；它不是作为一种独立的东西而具有意义，而是作为从某种他物中得出的抽象并且仅仅是作为这样一种抽象才具有意义。"② 也就是说，马克思的哲学概念的抽象，是从某种他物得出的抽象，而不是像黑格尔那样，通过概念本身的逻辑推演得出来的。

其实，从成熟时期马克思哲学著述中也可以看出，马克思所使用的概念与"哲学"已经相去甚远，甚至有些就直接来源于古典政治经济学。阿尔都塞曾说，马克思使用的概念基本上都是古典经济学的，他没有发明什么新概念。也许阿尔都塞这句话过于武断，但也不无道理，马克思哲学话语中的术语虽然是从政治经济学继承而来，但是已经有了哲学的意蕴，被赋予了全新的意义和内涵。比如说，"资本"在经济学中是指用于生产的要素，而马克思却看到，资本是资本家占有，并用作剥削的生产资料和货币，是在物的关系掩盖下的人与人之间的关系。在马克思这里，"资本""劳动"等都与人们的生产实践相关，都是对现实生活的一种反映和抽象。除了阿尔都塞，柯尔施也认为："在任何关于马克思主义和哲学之间的关系的严肃考察中，必须不考虑这种纯粹术语学的观点"③。术语虽然是旧的，但概念却是新的，是加了"现实的人"进去的，是有了现实生活底蕴的！没有人可以将哲学术语、概念固定化，从古希腊哲学到现代西方哲学，概念、范畴无疑不是在转换之中的，又有谁可以否认，马克思从政治经济学继承下来的术语就不可以用到哲学话语之中呢！其实，这恰恰也从侧面证明马克思哲学概念源于生活生产实践，因为政治经济学术语就是对人们经济生活的一种提炼。

总之，相较于从概念到概念的逻辑推演，通过"概念自我规定"而得

---

① 〔美〕J. A. 熊彼特：《从马克思到凯恩斯》，韩宏等译，江苏人民出版社，2000，第 8 页。
② 《马克思恩格斯全集》第 3 卷，人民出版社，2002，第 111 页。
③ 〔德〕卡尔·柯尔施：《马克思主义与哲学》，王南湜、荣新海译，重庆出版社，1989，第 18 页。

来的空洞的、抽象的概念，在现实生活世界的"加持"之下，马克思从生活中提炼的概念，变得更加丰满，也更加"有质感"。

（二）"从对人类历史发展的考察中抽象出来的最一般的结果的概括"

历史的起点也是哲学话语的逻辑起点。在马克思看来，历史的第一个前提是人们为了生存和发展。正是从现实的人的物质生产实践出发，马克思构建了自己新唯物主义话语体系；也正是通过对社会生产生活的分析、抽象，马克思才提炼出其历史唯物主义的范畴。"从对人类历史发展的考察中抽象出来的最一般的结果的概括"①，即指历史唯物主义范畴及其生成。

其实，历史唯物主义范畴的生成过程就是其哲学话语体系构建的过程。马克思新唯物主义话语体系的构建经过了一个艰苦复杂的过程，这一过程也是马克思对"历史唯物主义"范畴认识不断深化的过程。"社会物质生产""人的本质""社会存在"等范畴都经历了一个从抽象到具体、从片面到全面、从不科学到科学的过程。以"社会物质生产"为例。最早在《莱茵报》时期，马克思开始关注物质利益领域，看到了客观关系在社会生活中的作用，但是这种客观关系是什么马克思当时并没有回答；接着转向对政治经济学的研究，马克思从对"副本"的批判开始转向对"原本"的批判，在《1844年经济学哲学手稿》中，透视了资本主义社会制度，分析了人类历史以及人本身的发展，揭示资本主义社会的发展趋势，出现了类似于物质生产在人类社会发展中起决定作用的观点；在《神圣家族》中，"生产方式"概念首次出场，在这部著述中，已经提到生产方式在社会发展中的决定作用，已经认识到生产劳动是认识现实的逻辑起点，但是还不可能在现实思维中再现现实具体；在《关于费尔巴哈的提纲》中，马克思提出"社会实践"概念，这距离社会物质生产范畴的提出一步之遥；作为马克思哲学话语革命完成标志的《德意志意识形态》，对社会物质生产作了现实具体的规定。同样，对"人的本质"的界定也经历了一段从"抽象到具体"的过程，从"抽象的人"向"现实的人"的转移，学术界已经有很多阐述，这里不再赘述。

那么，最终的具体概念又是怎么从对人类历史发展的考察中抽象而来

---

① 《马克思恩格斯文集》第1卷，人民出版社，2009，第526页。

呢？在《德意志意识形态》中，马克思恩格斯这样写道："在思辨终止的地方，在现实生活面前，正是描述人们实践活动和实际发展过程的真正的实证科学开始的地方。关于意识的空话将终止，它们一定会被真正的知识所代替。对现实的描述会使独立的哲学失去生存环境，能够取而代之的充其量不过是从对人类历史发展的考察中抽象出来的最一般的结果的概括。"① 仔细研读这段话，"实证科学"取代了"思辨"，用"对人类历史发展考察中抽象出来的最一般的结果的概括"取代了"独立的哲学（即思辨哲学）"②。这也就意味着真正取代"思辨哲学"范畴的不是"实证科学"的范畴，而是"历史唯物主义"的范畴。相较于"实证科学"，仅仅是具体活动的一种描述，马克思的历史唯物主义则是进一步的深化和升华，是进一步的抽象和概括，其概念、范畴直接奠基于"真正的实证科学"。哲学范畴相较于实证科学的范畴最根本的区别在于其抽象性。对这些科学描述的哲学抽象，是对现实世界的最高抽象。以"社会存在"为例。"社会存在"是一个十分广泛的概念，它既包括一切现实的活动，也包括一切现实的社会关系；既包括一切社会实践，也包括社会环境的一切因素。社会存在是对一切社会现象的高度抽象，包括一切物质现象和精神现象。同样，"经济基础""上层建筑""物质生产关系""生产方式""生产关系""生产力""阶级关系""社会经济形态""社会生活""精神生活"等范畴，无不是从对人类实践的历史发展的考察中抽象所得，从"真正的实证科学"的描述之上抽象所得。最后，还有一点必须说明，马克思的哲学范畴离开人类社会历史的发展将没有任何意义。正如马克思所说："哪怕是最抽象的范畴，虽然正是由于它们的抽象而适用于一切时代，但是就这个抽象的规定性本身来说，同样是历史条件的产物，而且只有对于这些条件并在这些条件之内才具有充分的适用性。"③

---

① 《马克思恩格斯文集》第 1 卷，人民出版社，2009，第 526 页。
② 学界对马克思的"历史唯物主义"学科归属问题看法不一，段忠桥认为"历史唯物主义"就是"实证科学"，属于哲学的"实证科学"；而俞吾金认为"历史唯物主义"就是"哲学理论"。舒远招又同时对二者进行了批判，指出"历史唯物主义"在马克思那里是指"从人类历史发展的考察中抽象出来的最一般的结果的概括。"本书提出的从生活中提炼概念，其中"从人类历史发展的考察中抽象出来的最一般的结果的概括"这一部分的写作，就是受舒远招的启发。
③ 《马克思恩格斯文集》第 8 卷，人民出版社，1995，第 29 页。

在马克思成熟时期的著述中，我们很难找到诸如"实体""理性""自我意识""类""类本质"等概念，因为马克思说："每个个人和每一代所遇到的现成的东西：生产力、资金和社会交往形式的总和，是哲学家们想象为'实体'和'人的本质'的东西的现实基础。"① 这也许就是马克思与"哲学家"们的不同吧！

二 教哲学说"大众话"

固然，哲学研究的是最一般的规律，其话语具有高度的概括性和抽象性，但哲学的语言表达却可以通俗化和大众化。用通俗易懂的方式、深入浅出的表达阐明深刻的哲学道理，马克思一扫"哲学家们"的"意识的空话"，将抽象的语言还原为普通人的语言；与"哲学家"们划清界限，作为一个普通人去研究现实，将旧的抽象概念转变为具有现实基础的具体概念，对现实社会做批判性的话语建构。

（一）"把自己的语言还原为它从中抽象出来的普通语言"

"把自己的语言还原为它从中抽象出来的普通语言"②，即从"每个时代的个人的现实生活过程和活动"出发，"描述人们的实践活动和实际发展过程。"在《神圣家族》中，马克思在谈到"消灭无产阶级""人的解放"等问题时，用诸如"人的类本质""类"概念，给了德国理论家们以可乘之机。在随后的《德意志意识形态》中，马克思决定完全抛弃这些"哲学家易懂的话"，用基于经验观察的"真正的实证科学"的语言来表述"自己的肯定的观点，以及对现代哲学和社会学的肯定的见解"③。

"把自己的语言还原为它从中抽象出来的普通语言"④，马克思主要是从以下两个方面展开的。

第一，转换自己解释问题的思维范式。

马克思改变了从原则出发来解释现实世界的传统思维方法，而从现实

① 《马克思恩格斯文集》第1卷，人民出版社，2009，第545页。
② 《马克思恩格斯全集》第3卷，人民出版社，1960，第525页。
③ 《马克思恩格斯选集》第2卷，人民出版社，1957，第8页。
④ 《马克思恩格斯全集》第3卷，人民出版社，1960，第525页。

出发来解释观念的东西。在马克思看来，"观念的东西不外是移入人的头脑并在人的头脑中改造过的物质的东西而已"①。"我们重新唯物地把我们头脑中的概念看做现实事物的反映，而不是把现实事物看做绝对概念的某一阶段的反映。"马克思终止了概念的抽象用法，而是将其置于唯物史观的框架下，这样原本的具有思辨、抽象色彩的概念就转化为具有现实基础的"实证概念"。以"异化"概念为例，在德国哲学家（包括黑格尔、费尔巴哈在内）按照他们所理解的神的、标准人的观念来说明异化，用"后来阶段的一般化的人强加于先前段的个人"，给异化概念带上观念、抽象、幻想的枷锁。马克思认为，这种唯心主义的抽象规定，只能是一种"天真的幼稚的空想"。马克思从经验事实出发，将异化表述为一种由于分工和私有制而造成的某种异己的、外在的强制力量。在谈到世界历史活动与个人活动的关系时说，"单个人随着自己的活动扩大为世界历史性的活动，越来越受到对他们来说是异己的力量的支配（他们把这种压迫想象为所谓世界精神等等的圈套），受到日益扩大的、归根结底表现为世界市场的力量的支配，这种情况在迄今为止的历史中当然也是经验事实"②。如果用异化理论来表述这段话，就是说个人活动的结果反而凌驾于个人意志之上，成为支配他们的异己力量。其实，这种表述就是一种异化理论的思维方式，只不过不同于以往的"幻想"，而变成了"经验事实"。

第二，把"深奥的哲学问题"都"归结为某种经验的事实"。

思辨哲学，"不仅是它的回答而且连它所提出的问题本身，都包含着神秘主义"③。正如马克思批判思辨哲学时所说："思辨哲学，特别是黑格尔哲学认为：一切问题，要能够给以回答，就必须把它们从正常的人类理智的形式变为思辨理性的形式，并把现实的问题变为思辨的问题。"④ 这种"神秘"是由于"哲学家们"从人们所说、所想象的东西出发，从人的"应然"状态去理解人的"实然"；这种"虚幻"是由于思辨的哲学话语用颠倒的世界观来表述现实世界，"概念"取代了现实，用抽象的符号取代那普通的语言，一切实际问题都变成了虚幻的词句。和它完全相反，

---

① 《马克思恩格斯文集》第 5 卷，人民出版社，2009，第 22 页。
② 《马克思恩格斯文集》第 1 卷，人民出版社，2009，第 541 页。
③ 《马克思恩格斯文集》第 1 卷，人民出版社，2009，第 514 页。
④ 《马克思恩格斯全集》第 2 卷，人民出版社，1957，第 115 页。

在马克思看来，"凡是把理论引向神秘主义的神秘东西，都能在人的实践中以及对这种实践的理解中得到合理的解决"①。马克思将颠倒的世界观重新颠倒回来，基于现实世界的观察，按照事物的真实面目及其产生情况来解释事物，形成了一系列具有现实接触并能被社会经验所验证的概念、范畴，将原本抽象的语言还原成了普通人的现实语言；彻底否定传统哲学提出问题的方式，摒弃了那些非历史的概念，如"人""类的本质"等，而是以进行社会活动的一定的个人或"现实的个人""人的现实的'社会结构'和'政治结构'"等取而代之。马克思将这些抽象的语词回归到经验的事实，用通俗易懂、生动形象、富于感召力和吸引力的语言进行解释。马克思将现实熔铸到理论当中，使其哲学话语从深奥变得浅显，从抽象变得具体；根据经验的事实构造世界的发展图景，按照事物的本来面目来认识世界、解释世界和改变世界，而不应带有任何神秘和思辨的色彩。

现代哲学家维特根斯坦曾不无幽默地说，你的哲学目标是什么？——给苍蝇指出一条飞出捕蝇瓶的途径。他主张，要把词从它们的形而上学的用法带回到它们的日常用法上来。在这里，维特根斯坦与马克思可谓殊途同归。马克思通过对现实的描述来终止"意识的空话"，将哲学从"词句的奴役"中解放出来，其哲学话语少了基于"思辨"的宏大叙事，多了面向"现实生活"的"对现实世界的"描述；少了"哲学家"们的神秘主义色彩，多了"经验事实"的朴实话语；少了"适用于各个时代的药方或公式"，多了"对人类历史发展的考察中抽象出来的最一般的结果的概括"。不过，马克思从没有否定哲学语言的抽象性和思辨性，他所否定的是，把哲学语言看成一个超越现实世界的神秘的独立王国。马克思将语言降到生活，立足于现实，从而超越思辨哲学话语。

（二）"跳出哲学②的圈子并作为一个普通的人去研究现实"

"跳出哲学的圈子并作为一个普通的人去研究现实"③，就是指跳出思辨哲学的圈子，用一种异于"哲学家"们的眼光去观察现实世界，从

---

① 《马克思恩格斯文集》第 1 卷，人民出版社，2009，第 501 页。
② 在这里，哲学指的是旧的思辨哲学。1845 年以后，为了不与"哲学"混淆，马克思用"真正的知识""实证科学"来指称自己的新哲学。
③ 《马克思恩格斯全集》第 3 卷，人民出版社，1960，第 262 页。

"现实的人的实践活动"出发来构建其哲学话语体系。"哲学家"是马克思对费尔巴哈等青年黑格尔派的称谓，为了与其划清界限，马克思不再以"哲学家"自居，而是以非哲学家的身份和"哲学家"们对立。为了回避"哲学家"们的"哲学"，马克思称自己的哲学为"实证科学"，但是这种"实证科学"又不同于孔德的"实证科学"。马克思的哲学话语不仅仅是基于经验的观察对"现实生活"的描述，更是一种对现实社会批判的话语。

1. 用"非哲学"的态度对待传统思辨哲学话语

马克思所实现的哲学话语革命，不是通过创造新概念、新范畴，用一种形而上学的话语代替另一种形而上学的话语，而是"离开哲学基地"，用一种"非哲学"的态度来实现话语范式的根本转换。诚如阿尔都塞所说："马克思哲学存在着，但它却没有当做哲学来生产。"① 马克思将"哲学搁置一旁"，在现实生活世界的语境中言说其哲学，人的解放始终贯穿于其哲学话语的言说过程中。在马克思这里，很难发现有如形而上学本体论、知识论的话语方式，也很难找到"本体""实体"等概念，如萨特所说："在马克思那儿，永远找不到实体。"萨特非常赞赏马克思"对形势的'分析'的重视"②。

以往的"哲学家"们总是试图"摆脱世界而去构造'纯粹的'理论、神学、哲学、道德等等"③；在构建其话语体系时，总是陷入"实体""自我意识""绝对理念"等"哲学"概念中而不能自拔。其实，这与整个西方哲学传统是一以贯之的，"哲学家"们总是试图在遥远的彼岸世界寻找"真理"，在他们看来，世俗之中的现象本身不值得关注。从巴门尼德的"真理之路"开始，就形成了这样一种根深蒂固的偏见。康德试图寻找"物自体"，黑格尔构建自我意识、绝对精神自我运动、自我确证的思辨体系，蒲鲁东的哲学只是"无人身的人类理性"的产物而已。而马克思则转变前人的哲学观，从一个普通人的视角，用"世俗"的眼光来研究现实。

---

① 〔法〕路易·阿尔都塞：《政治与哲学》，何怀宏编，陈越译，吉林人民出版社，2003，第225页。

② 〔法〕保罗·萨特：《辩证理性批判》，林骧化等译，安徽文艺出版社，1998，第25～26页。

③ 《马克思恩格斯文集》第1卷，人民出版社，2009，第534页。

从马克思的哲学著述可以看出：马克思并没有过多地探讨形而上学的知识论，而是去关注"人民现实的幸福"；他没有试图构建宏大的"解释世界"的哲学话语体系，而是去言说"改变世界"的哲学；他从不为"现实世界"做"哲学家"式的辩护，而是成为工人阶级一员对"现实世界"做批判性、革命性的话语建构。如果马克思哲学话语的展陈只是单一线性的哲学视域，离开这种"非哲学"的视域，那么马克思哲学话语革命将无从谈起，充其量只能是传统哲学话语的"改良版"或"升级版"。

2. "离开哲学基地"，与"哲学家"们划清界限

马克思反对"从哲学家的观点""从哲学家"的立场来构建起哲学话语体系。在《德意志意识形态》中，为了与"哲学家"的语言划清界限，马克思开始有意回避"哲学家"们的用语，用其他语词来代替。他不再称自己的哲学为"哲学"，而以"实证科学""真正的知识"来替代。其实也可以从"异化"概念的使用看出一二。马克思曾经一度减少这一概念的使用，即便使用也加以明确界定。比如其中一处："这种'异化'（用哲学家易懂的话来说）当然只有在具备了两个实际前提之后才会消灭。要使这种异化成为一种'不堪忍受的'力量……"① 马克思特别强调用哲学家易懂的话来说，就是为了将自己的"异化"概念与"哲学家"们的"异化"概念区别开来。这足以看出，马克思与"哲学"划清界限的坚决！自此以后，马克思尽量避免使用"哲学"的术语，而更多地使用政治经济学的术语来表述其哲学思想。

当然，马克思也不是从一开始就作为一个"普通人"来研究现实的，也经历了一段"哲学家"的时光。在马克思哲学话语生成早期，马克思深受黑格尔、费尔巴哈的影响，当时马克思以"哲学家"的眼光来观察世界，用黑格尔的理性主义来审视现实和历史，从原则出发来解释世界。在《博士论文》和《莱茵报》时期，其话语就充满了思辨和神秘色彩，比如说，马克思当时就认为，自由是"理性的瀑布边阳光所赐的礼物"，"任何国家、任何婚姻、任何友谊都不完全符合自己的概念"；其话语中出现最多的概念、术语就是"理性""自由""概念""自我意识"等。即便是转向了费尔巴哈，其解释世界的立场依然没有改变，依然是从原则出发

① 《马克思恩格斯文集》第1卷，人民出版社，2009，第538页。

来解释世界。他曾把哲学变革看作现实变革的根本动力："德国的革命的过去就是理论性的，这就是宗教改革。正像当时的革命是从僧侣的头脑开始一样，现在的革命则从哲学家的头脑开始。"① 从人本主义来理解人的解放，说"德国唯一实际可能的解放是以宣布人是人的最高本质这个理论为立足点的解放"②。在《1844年经济学哲学手稿》中频繁使用的"异化"概念，就是"哲学家"们经常使用的。当时，马克思用"异化"来解释国家和市民社会的二元对立，用"异化"来解释劳动与人的对立，用"异化"来解释货币与人的对立，等等。这一时期当属于马克思的"哲学"时期，与德国的理论家一样，对现实世界了解太少，用"哲学家"的眼光来看世界，用思辨的话语来解释世界。就像恩格斯做的边注所说："费尔巴哈的错误不在于他使眼前的东西即感性外观从属于通过对感性事实作比较精确的研究而确认的感性现实，而在于他要是不用哲学家的'眼睛'，就是说，要是不戴哲学家的'眼镜'来观察感性，最终会对感性束手无策。"③ 马克思认为普通人看的世界才是真实的世界，而"哲学家"们看到的世界只是扭曲的世界，把映射在镜片上的影像当作真实世界本身。哲学家们对所谓的"真实世界"的描述只是"停留在思想的领域"，其哲学话语表达只能使用"哲学家"们通用的哲学词句。

　　不可否认，1845年以后，马克思没有一部"像样"的哲学著作，也许从纯粹术语学的角度来考察马克思的哲学话语，结果只能得出马克思没有"哲学"话语。这恐怕是不妥的。学者孙正聿也曾批判过这种看法："毫无疑问，《资本论》是由经济范畴构成的理论体系。正因为如此，人们往往只是把《资本论》视为关于'资本'的经济学巨著，或者仅仅认为《资本论》包含某些哲学思想，而不把《资本论》视为关于'存在'的哲学巨著。"④ 可以说，哲学并未从马克思的话语中消失，而是采用了一种"实证科学"的话语来解释现实世界，来解释人们的现实生产实践。马克思哲学话语只是转换了一种存在样式，但并未消失。

---

① 《马克思恩格斯文集》第1卷，人民出版社，2009，第12页。
② 《马克思恩格斯文集》第1卷，人民出版社，2009，第18页。
③ 《马克思恩格斯选集》第1卷，人民出版社，1995，第76页。
④ 孙正聿：《辩证法与现代哲学思维方式》，长春出版社，2019，第160页。

三　站在无产阶级①立场上说话

不同于语言符号本身的客观中立，话语总是表现为一定的价值诉求，总是站在一定的阶级立场之上。它是按照某种价值观组织起来的语言符号系统。不同的价值立场和价值诉求，会产生不同的话语体系。正如马克思所说："把现代资本主义生产只看做是人类经济史上一个暂时阶段的理论所使用的术语，和把这种生产形式看做是永恒的、最终的阶段的那些作者所惯用的术语，必然是不同的。"② 也就是说，站在资产阶级的立场构建的哲学话语体系，以及所使用的概念、术语与无产阶级立场是不同的。站在无产阶级的立场构建哲学话语体系，将其哲学话语与无产阶级的实践相结合，为无产阶级的解放"呐喊助威"，这是马克思实现话语革命的根源所在，也是马克思哲学话语构建的根本原则。

（一）哲学"把无产阶级当作自己的物质武器"

话语体系构建绝不是时代之外的遐想，也绝不是一个纯粹理论思辨的问题，而是在与时代的互动、从无产阶级的革命实践中确立的。只有坚持无产阶级的立场，才能构建真正"改变世界"的哲学话语。正是从无产阶级的革命实践出发，马克思才实现哲学话语革命的。无产阶级在马克思哲学话语变革中起着举足轻重的作用。可以说，没有无产阶级这一物质力量，马克思根本不可能构建真正"改变世界"的哲学话语；没有无产阶级，就不会有马克思哲学话语的变革。

从古希腊到德国古典哲学，哲学话语形式发生了数次的变革，但是终究没有逃出"解释世界"的厄运，一直停留在"解释世界"的自我满足之中。"哲学家"们并不是没有改变世界的欲求，而是因为没有找到改变世界的物质力量。当然，这与时代的局限也有一定的关系。马克思所处的19 世纪上半叶，西方资本主义社会发生了很大变化，机器大工业的产生以及统一的世界市场形成，使资本主义的生产越来越社会化，生产能力得

---

① 在资本主义社会，工人阶级就是指无产者，马克思的无产阶级与工人阶级就是同义语，在文中，二者是混用的。

② 《马克思恩格斯文集》第 5 卷，人民出版社，2009，第 33 页。

到提高的同时，也使生产资料和产品集聚到少数资产阶级手里，无产阶级和资产阶级的矛盾和斗争日益激化。"如何变革资本主义社会""如何实现无产阶级的解放""如何消灭剥削"成为马克思所处时代最大的课题。而无产阶级的革命实践需要先进理论的指导，没有革命的理论，就没有革命的行动。此时，时代发展亟须一套改变现实世界的理论。马克思正是在对时代课题的回答中应运而生的，正是满足无产阶级的革命实践需要而产生的。

　　其实，马克思同时代也不无"改变世界"的哲学话语，但是这种"改变世界"只是"哲学的批判""语词之争"，青年黑格尔派就属于这一类。这是因为他们没有找到"无产阶级"这一革命的"物质力量"，"他们要做的全部事情就是编造新的词句来解释现存的世界"①，他们总是试图通过创造新概念、新范畴，把改变世界变成了"空洞的废话"。而且在马克思所处的时代，资产阶级处于统治地位，他们掌握着绝对的话语权，资产阶级的哲学家是不可能构建"改变世界"的话语的，他们做的最多的是为资产阶级辩护，不可能奢求他们能够改变世界。马克思则不同，他总是"把实际斗争作为我们的批判的出发点，并把批判和实际斗争看做同一件事情"②，以某种方式参与到无产阶级和人类的解放事业中，为他们认识和改造现存的社会制度、为人类的自由和解放提供科学的世界观和方法论。马克思站在无产阶级的立场之上，不断总结工人阶级、人民大众革命实践的经验，并使之上升到科学理论，形成符合无产阶级需要的哲学话语。

　　但是，马克思也不是一开始就站在无产阶级立场之上的，最初是以一种"超阶级"的态度来构建其哲学话语的。以共产主义为例，在《1844年经济学哲学手稿》中，马克思提出："共产主义是对私有财产即人的自我异化的积极的扬弃，因而是通过人并且为了人而对人的本质的真正占有；因此，它是人向自身、也就是向社会的即合乎人性的人的复归，这种复归是完全的复归，是自觉实现并在以往发展的全部财富的范围内实现的复归。"③马克思借用费尔巴哈的"类"概念，提出人的本质就是类的存

---

①《马克思恩格斯全集》第 3 卷，人民出版社，1960，第 461 页。

②《马克思恩格斯文集》第 10 卷，人民出版社，2009，第 9 页。

③《马克思恩格斯文集》第 1 卷，人民出版社，2009，第 185 页。

在物，从劳动是人的自由本性出发，通过对异化劳动的分析，提出共产主义是人的本性的复归。在《神圣家族》中，马克思提出："有产阶级和无产阶级同是人的自我异化。"① 也就是说，此时马克思认为无产阶级不是真正的人，而与之相对应的资产阶级也不是真正的人。要实现共产主义，就要消灭异化，使人成为"人"；此时马克思在"无意识"中运用了超阶级的"人道主义"。这种"无意识"随着马克思研究的深入以及对无产阶级革命实践的了解，逐渐转变立场。马克思不再借用"类"的概念来界定人的本质，进而规定共产主义，而是在资本主义社会的现实矛盾中，从无产阶级与资产阶级的斗争中而规定共产主义。在《德意志意识形态》中，马克思恩格斯明确提出："而且对实践的唯物主义者即共产主义者来说，全部问题都在于使现存世界革命化，实际地反对并改变现存的事物。"② 正是对无产阶级的考察，让马克思认识到要实现共产主义，必须推翻现存的社会制度。自从转向科学的共产主义之后，马克思的哲学话语就自觉地从之前的"类""类本质""异化"等纯粹理论上的"哲学话语"转向了"无产阶级""消灭分工""消灭劳动""消灭私有制""推翻国家""共产主义意识""共产主义革命"等政治学语境中的"哲学话语"。恩格斯曾说，"共产主义是关于无产阶级解放的条件的学说"，也正是无产阶级给了马克思从"哲学的共产主义"到"科学的共产主义"，从"人的类本质"到"改变现存世界"的力量，实现了其哲学话语的变革。

一言以蔽之，马克思通过对所处时代和所处社会的历史考察，以及人类历史的现实考察，为无产阶级革命实践提供了科学的方法论指导；通过考察资本主义社会的基本矛盾及其规律，描绘出资本主义必然灭亡、共产主义必然胜利的人类解放的美好前景。但是，也正是在考察无产阶级的革命实践中，马克思构建了以"社会存在""社会意识""生产方式""生产力""生产关系""经济基础""上层建筑""社会形态""意识形态"为基本范畴的新唯物主义话语体系。

（二）"无产阶级把哲学当作自己的精神武器"

话语作为思想和语言的综合体，是人类使用语言表达思想的产物，一

---

① 《马克思恩格斯全集》第 2 卷，人民出版社，1957，第 44 页。
② 《马克思恩格斯文集》第 1 卷，人民出版社，2009，第 527 页。

经形成就要接受受众的检验。因此，要想成为无产阶级革命的"精神武器"，必须从话语形式到话语内容，都符合无产阶级的利益需要，并能够被无产阶级接受并内化于心，马克思哲学话语正好符合这些要求。

1. 从话语内容来说，马克思哲学是为"无产阶级服务"的。

马克思从不隐藏自己的阶级立场，公开承认自己的哲学是为无产阶级服务的。他是这样说的，也是这样做的。他一生都为无产阶级的解放奔走呼号，都围绕着人类的解放来言说其哲学话语。学生时代，马克思就树立为千百万人的幸福而奋斗的人生理想；《莱茵报》时期，他代表下层的贫苦群众"发声"，为他们的利益奔走呼号；巴黎时期，他把无产阶级作为革命的物质力量；《共产党宣言》更是成为无产阶级的行动指南。马克思终生致力于全人类的解放，始终为无产阶级的历史命运奋斗，始终把自己的理论当作无产阶级革命的精神武器。"马克思从一开始就是从生产中的无产阶级活动出发的"①，其哲学话语坚守为工人阶级代言，替无产阶级说话，始终代表了广大无产阶级的根本利益。

马克思所实现的哲学话语革命，不仅仅是因为马克思冲破了思辨哲学的藩篱，更重要的还在于，马克思把话语变革与时代课题结合在一起，把无产阶级的解放作为话语体系构建的最终指向。马克思始终致力于工人阶级意识的清醒自觉，切实探讨工人阶级实现人类解放的历史使命和现实途径。马克思的哲学思维方式、哲学思想路线、认识和改造世界的理论宗旨与工人阶级的革命实践紧密联系在一起，马克思哲学话语的革命性、科学性，与其哲学作为工人阶级意识形态所具有的阶级性和价值性是有机统一的。恩格斯在谈到马克思的伟大功绩时说："正是他第一次使现代无产阶级意识到自身的地位和需要，意识到自身解放的条件。"② 在无产阶级革命的实践中，马克思的功绩不可抹杀，正是马克思等理论家，让工人阶级从自发到自觉。

2. 从话语形式来说，马克思哲学"力求说得简单和通俗"。

马克思曾说："我们力求说得尽量简单和通俗，我们就当读者连最起

---

① 〔美〕杜娜叶夫斯卡娅：《马克思主义与自由》，傅小平译，辽宁教育出版社，1998，第35页。

② 《马克思恩格斯文集》第3卷，人民出版社，2009，第602页。

码的政治经济学概念也没有。我们希望工人能明白我们的解说。"① 他总是用人民大众都能听得懂的哲学语言言说其哲学,用通俗易懂的哲学话语,让哲学走入人民大众。列宁曾说:"马克思的哲学是完备的哲学唯物主义,它把伟大的认识工具给了人类,特别是给了工人阶级。"② 如果马克思仅仅是华丽辞藻供应商的话,他的学说今天可能早已消亡。人们不会感谢那种形式的服务,会很快忘掉那些为他们的政治歌剧谱写歌词的人的名字。

成熟时期的马克思,抛弃了"实体""自我意识""理性""类""类本质""感性""对象化"等概念,从抽象思辨的"阴影王国"中走到广大工人阶级当中,将通俗易懂的"生产力""经济基础""生产方式""社会关系""资本""劳动""工资"等与工人息息相关的概念、范畴带给工人,并通过哲学的宣传和普及,让哲学真正变成工人阶级"武器的批判",在实际的革命实践中以此为指导。

总之,马克思哲学话语体系的构建与无产阶级的革命实践是双向互动、相互依赖的,取之于无产阶级,又用之于无产阶级。一方面从无产阶级的革命实践中抽象、提炼出哲学话语,无产阶级革命实践为马克思哲学话语体系构建提供素材;另一方面又用这些哲学话语去指导无产阶级的革命实践,为无产阶级革命实践提供方法论指导。

四　批判与继承相结合

在马克思与马克思之前的话语关系问题上,出现了两种截然相反的态度:阿尔都塞认为,"在马克思的概念体系和马克思前的概念体系之间,不存在继承关系(即使古典政治经济学的情况也是如此)"③,这就是他的"认识论断裂"和"决裂"。卢卡奇却认为:"整整一系列经常使用的有决定意义的范畴都直接来自黑格尔的《逻辑学》。"④ 很显然,阿尔都塞和卢卡奇都是以一种绝对的态度来对待二者关系问题的。"实践""辩证法"

---

① 《马克思恩格斯文集》第 1 卷,人民出版社,2009,第 712 页。
② 《列宁全集》第 23 卷,人民出版社,2017,第 45 页。
③ 〔法〕路易·阿尔都塞:《保卫马克思》,顾良译,商务印书馆,1984,第 261 页。
④ 〔匈〕卢卡奇:《历史与阶级意识》,杜章智等译,商务印书馆,2004,第 43 页。

"劳动""异化"等概念绝不是马克思"首创",生产力、生产关系、生产资料、资本等术语也绝不是第一次"出场",马克思哲学话语体系本身的构建也绝不是从天而降的,马克思哲学话语体系的构建不是一次"断裂性"创造活动,但也不是德国古典哲学的延伸和话语的继续,而是一次对此前学术传统的批判与继承、继承与创新。尽管马克思哲学话语是站在前人肩膀上的创新,但这丝毫不影响马克思哲学话语的原创性,也并没有降低其话语变革的意义。因为马克思的改造并不是一种简单的仿造和重复,而是以一种新的姿态出现。

(一) 对旧概念、旧范畴的改造

在马克思哲学诞生之前,西方传统哲学已经走过两千多年,已形成了一套概念、范畴体系。马克思不可能抛开前人的思想成果来构建自己的话语体系。在创立自己学说过程中,马克思借用了黑格尔、费尔巴哈的概念和范畴,诸如"人的本质""类""存在物""市民社会""异化"等,来表述自己的新观点。当然,随着马克思哲学话语的成熟,有些概念也随之退出话语舞台,有些则加进了崭新的内容继续沿用,但绝不是"穿旧了的理论外衣的翻新",而是进行了一次"历史唯物主义"的改造。此外,对古典政治经济学的术语进行唯物主义改造,赋予其哲学意蕴,是马克思哲学话语体系构建的一项重要任务,也是马克思构建不同于以往形而上学话语体系的关键之所在。对旧概念、旧范畴的改造,是内容上的批判,形式上的继承。在马克思这里,术语形式是旧的,但概念内容却是新的。不可否认,对古已有之的概念、范畴进行改造,是马克思哲学话语的一个生长点。

1. 用"实证(经验)内容"充实旧哲学概念

在对传统形而上学批判中,马克思沿着唯物主义路线从"根"上对概念进行了改造,将原本抽象的哲学概念还原、重置到社会历史的具体语境之中,剥除其先验抽象形式,填入具体的经验内容来充实它、说明它,并使之焕发革命的力量。按照马克思的说法就是:"经验的观察在任何情况下都应当根据经验来揭示社会结构和政治结构同生产的联系,而不应当带有任何神秘和思辨的色彩。"① 无产阶级概念最早是以思辨形式出现的,

---

① 《马克思恩格斯文集》第 1 卷,人民出版社,2009,第 524 页。

而在最终形成的新唯物主义话语体系中，已经充实了它的历史性内容。以"实践"这一马克思哲学最核心的范畴为例。"实践"概念是德国古典哲学广泛使用的术语，但先前的"实践"概念还很不合理、不完善，马克思在构建新话语体系时，对"实践"这一术语进行了革命性的改造。不同于黑格尔过分强调人的主体能动性以及费尔巴哈的过分强调客观现实性，马克思则认为，"实践"首先表现为人对自然界的能动关系的物质生产活动。再比如说，对"辩证法"的唯物主义改造。"辩证法"是黑格尔哲学的理论精华，但是在黑格尔那里却是头足倒置的，马克思在《资本论》中说："辩证法在黑格尔手中神秘化了……在他那里，辩证法是倒立着的。必须把它倒过来，以便发现神秘外壳中的合理内核。"① 在经过马克思的唯物主义改造之后，辩证法获得了真正的科学意义。在马克思这里，辩证法有了合理形态。阿尔都塞曾将马克思的辩证法说成以实践状态出现的辩证法。他说："马克思在他的理论实践和科学研究中用以把他的'材料'加工成认识的方法。"② 这里阿尔都塞所说的"材料"就是思维的具体，就是从直观材料中的抽象。不同于以往思辨话语，马克思哲学话语最根本的就是回到生活本身，将原本的思辨范畴、抽象范畴变得更加具体，形成了马克思主义的具体范畴、历史范畴。

2. 赋予经济学范畴以哲学意蕴

任何一个概念都有其适用的话语体系，超越了这个话语体系，其意义就会发生巨大变化。马克思哲学的特点之一，就是哲学与政治经济学"互镜"之下进行的话语建构，这是从黑格尔那继承的哲学与经济学"视域融合"的研究方法。将经济学范畴引入哲学话语体系，并进行了唯物主义的改造，这是马克思哲学话语与以往形而上学话语的根本不同之所在；对经济学范畴进行哲学的改造，将经济学术语上升到哲学概念，并在哲学话语与经济学话语之间保持着一种辩证的张力，这是马克思对黑格尔的一种继承和超越。也正像马尔库塞所说："马克思的所有哲学概念都是经济学的和社会的范畴，而黑格尔的经济和社会范畴都是哲学概念。"③ "生产""生产力""生产关系""生产方式""生产资料""劳动""资本""分

---

① 《马克思恩格斯文集》第 5 卷，人民出版社，2009，第 22 页。

② 〔法〕路易·阿尔都塞：《保卫马克思》，顾良译，商务印书馆，2006，第 166 页。

③ 〔美〕马尔库塞：《理性和革命》，程志民译，上海人民出版社，2007，第 223 页。

工"等，原本存在于经济学中的概念被马克思置入唯物史观的新语境中，进行了一次哲学的"洗礼"，带有了一定的哲学意蕴，而不仅仅是简单的经济学范畴。马克思借用古典经济学的概念、范畴来说明人类社会的发展，以及人类社会的发展规律，为其赋予经济学中不曾有的意义，比如说，马克思通过改造"劳动"概念，发现劳动的二重性，即使用价值和价值，从而发现剩余价值规律。对经济学范畴进行哲学改造不是马克思首创，却是马克思哲学话语体系构建的一大特色。

不过，对经济学范畴的改造主要集中在马克思哲学话语形成之后，主要体现在其《资本论》中。马克思将古典经济学的概念置于哲学语境中，创造了一套新的哲学范畴来言说和把握资本主义社会的现实。正如马克思所说："某些术语的应用，不仅同它们在日常生活中的含义不同，而且和它们在普通政治经济学中的含义也不同……一门科学提出的每一种新见解都包含这门科学的术语的革命。化学是最好的例证，它的全部术语大约每20年就彻底变换一次，几乎很难找到一种有机化合物不是先后拥有一系列不同的名称的。政治经济学通常满足于照搬工商业生活上的术语并运用这些术语。"① 以"资本"这一古典政治经济学的核心范畴为例。在批判和消解古典经济学家对资本本质的"物化"理解，揭露了"资本"的真实本质。在马克思看来，"资本不是一种物，而是一种以物为中介的人和人之间的社会关系"②，是资产阶级社会的生产关系。再比如说"分工"。"分工既是生产力，又是生产关系，当分工被作为生产力去研究时，就是一个经济科学问题；当分工被作为生产关系（及利益关系、权利关系相对应的技术关系）来批判时，又是一个政治哲学问题。所有制是一个经济学问题，所有权是一个政治哲学问题。"③ 在马克思这里，经济学范畴也许只是表征人的生存状况的符号而已，早已失去了它的纯经济学意蕴。

（二）从概念辩证法到历史辩证法：对黑格尔的继承与超越

在话语创新上，马克思继承前人的学术传统，尤其是黑格尔的辩证

① 《马克思恩格斯文集》第5卷，人民出版社，2009，第32~33页。
② 《马克思恩格斯文集》第5卷，人民出版社，2009，第877页。
③ 程广云：《马克思的政治经济学批判——一种政治哲学理解》，《中国社会科学报》2015年12月8日。

法，并在此基础上实现了哲学话语的革命。"德国的批判……它谈到的全部问题终究是在一定的哲学体系即黑格尔体系的基地上产生的。"① 当德国知识界将黑格尔的哲学看作一条"死狗"时，马克思说："我公开承认我是这位大思想家的学生，并且在关于价值理论的一章中，有些地方我甚至卖弄起黑格尔特有的表达方式。辩证法在黑格尔手中神秘化了，……在他那里，辩证法是倒立着的。必须把它倒过来，以便发现神秘外壳中的合理内核。"② 这就是马克思从概念辩证法到历史辩证法，让窒息在思辨话语体系中的辩证法重新充满活力的原因所在。但是，马克思哲学话语绝不是思辨话语的延伸和变形，而是对思辨话语的批判和超越，是不同于思辨话语的一种新话语体系。

从概念辩证法到历史辩证法的转变，将抽象世界及其运动的辩证法改造成关于现实的人及其历史发展的辩证法，马克思从历史事实中去发现辩证法。从对"共产主义"概念的界定也可以略见一斑。在《1844 年经济学哲学手稿》中，马克思借助黑格尔的理论来构建他的共产主义学说，当然此时马克思转向了费尔巴哈，一定程度上也受到了费尔巴哈的影响。但是，主要还是受黑格尔的影响。在对"黑格尔辩证的积极环节"的考察中，马克思认为："共产主义作为私有财产的扬弃就是要求归还真正人的生命即人的财产。"③ 马克思借助黑格尔哲学术语和形式，即借助黑格尔所说的，"关于通过扬弃对象性本质的异化来占有对象性本质的见解"④，来界定共产主义概念。当然，用人的本质来界定共产主义，也有费尔巴哈的影响。不过，在这里，共产主义的定义流于"概念的自我规定"，共产主义变成了现实应当与之相适应的理想，深受黑格尔主义的影响。而在马克思哲学话语成熟时期，在《德意志意识形态》中，马克思恩格斯指出，"共产主义是用实际手段来追求实际目的的最实际的运动"⑤，将原来的"私有财产的积极扬弃"改造为"联合起来的个人对全部生产力的占有"，将原来的"异化劳动"改造为"人的自主活动"。可以看出，马克思此时

---

① 《马克思恩格斯文集》第 1 卷，人民出版社，2009，第 514 页。
② 《马克思恩格斯文集》第 5 卷，人民出版社，2009，第 22 页。
③ 《马克思恩格斯文集》第 1 卷，人民出版社，2009，第 216 页。
④ 《马克思恩格斯文集》第 1 卷，人民出版社，2009，第 216 页。
⑤ 《马克思恩格斯全集》第 3 卷，人民出版社，1960，第 236 页。

已经摆脱了"概念的自我规定",从现实的人的实践出发,把自己的哲学奠基在现实的新起点上,将独立的语言降到生活。

马克思曾一针见血地指出黑格尔思辨哲学话语的神秘之处:"哲学的因素不是事物本身的逻辑,而是逻辑本身的事物。不是用逻辑来论证国家,而是用国家来论证逻辑。"① 这也是概念辩证法的秘密所在。虽然相较于之前的哲学家,黑格尔的哲学话语充满了"巨大的历史感",其哲学绝不是超然于时代的玄思和遐想。但是,黑格尔"只是为历史的运动找到抽象的、逻辑的、思辨的表达,这种历史还不是作为既定的主体的人的现实历史"②。这就是马克思所说的,黑格尔以抽象的神秘形式所反映的仍然是现实历史的内容③。虽然黑格尔哲学是一种思辨的表达,但是马克思在黑格尔这里批判继承了"历史与逻辑相统一"看待历史的方法,同时也彻底抛弃了黑格尔抽象的表达,为现实的历史找到了具体的表达方式。

在对待黑格尔哲学的态度上,马克思既不是站在黑格尔哲学之外,宣布推翻了黑格尔哲学体系;也不是对其某些结论和原理进行取舍,像青年黑格尔派那样抽象地发展自我意识。马克思真正走入黑格尔的理论大厦,发现了闪光的思想。马克思哲学话语体系的构建本身就是黑格尔思辨的哲学话语的一次"反叛",也就是说,如果不是受到了黑格尔哲学的重大影响,其哲学话语革命也是不可实现的。

五 回到书斋与走进社会相结合

马克思哲学话语体系的构建绝不是"知识考古学",也不是纯粹理论问题的探讨,而是在文本与现实的交织、互动中逐渐实现的。在书斋与社会之间来回穿梭,马克思才完成了自己的哲学话语革命,并确立自己新的话语方式。马克思哲学话语本身是理论和现实的双重构建。

(一)遵循着"书斋—社会—书斋—社会"的话语生成轨迹

在马克思哲学话语生成过程中,书斋和社会既是一体,又非同一场域。

---

① 《马克思恩格斯全集》第3卷,人民出版社,2002,第22页。
② 《马克思恩格斯文集》第1卷,人民出版社,2009,第201页。
③ 参见《马克思恩格斯全集》第2卷,人民出版社,1957,第75~76、246页。

走出书斋——社会实践——回到书斋——社会实践——回到书斋……马克思在其哲学话语生成过程中一次次走出"书斋"走向"社会"，又一次次退出"社会"回到"书斋"，"书斋"和"社会"是马克思哲学话语生成的两大"场域"，二者统一于马克思哲学话语革命的全过程。马克思哲学话语发展经历了从书斋到社会实践、再从社会实践到书斋的否定之否定的曲折前进的发展过程。

1. 第一次走出"书斋"走向"社会"，正式开启哲学话语的革命之旅

1841 年，马克思从柏林大学博士毕业，由于当时普鲁士政府迫害进步教授的反动政策，去波恩大学任教的计划泡汤，马克思不得不转向报刊的编辑工作，供职于《莱茵报》，并出任编辑。这一时期，马克思有了更多的机会接触和了解现实生活，他开始把焦点投放在了现实问题上，并确立了关注时代问题的哲学观。从此，"时代问题"就像一条"红线"穿插在马克思哲学话语革命的始终。也正是这次社会之旅，马克思认识到了思辨哲学的虚假性，认识到"坐在抽象概念的安乐椅上"进行现实的批判，是多么的荒谬！纯粹思辨的哲学话语面对现实问题时，是多么的苍白无力！"理性""自由""国家""法"等概念在利益面前，是多么的"平庸"！正如马克思后来所说，"我作为《莱茵报》的编辑……关于自由贸易和保护关税的辩论，是促使我去研究经济问题的最初动因。"[①] 哲学话语触动经济那根弦，也预示着一场哲学话语革命的到来！

2. 多次往返"社会"与"书斋"，最终实现哲学话语的革命

第一阶段：改造传统哲学话语，产生新的哲学话语，不过依然在话语变革的路上。

1843 年《莱茵报》停刊，马克思从"社会"退回到"书斋"。在克罗茨纳赫小镇（1843 年 3 月~10 月），马克思阅读了大量有关政治国家和历史的著述，作了内容丰富的摘录笔记，即《克罗茨纳赫笔记》，并在此基础上完成了《黑格尔法哲学批判》。半年后，马克思移居巴黎，又一次走出"书斋"走向"社会"，出任《德法年鉴》主编，发表了两篇著名的文章[②]。与卢格决裂后，回到书斋，并完成了《1844 年经济学哲学手稿》

---

① 《马克思恩格斯文集》第 2 卷，人民出版社，2009，第 588 页。

② 即指《论犹太人问题》和《〈黑格尔法哲学批判〉导言》。

以及一些经济学家的摘录、评注，又与恩格斯共同完成《神圣家族》。

这一时期，不管是在哲学内容，还是在哲学话语方面，马克思都向科学回答时代问题迈进了一步，迈出了哲学话语变革最关键的一步：深入到经济学研究之中。从《克罗茨纳赫笔记》开始，马克思突破卢格的政治哲学框架，转向经济学研究，开始关注"私有财产"。在《德法年鉴》时期，马克思已经发现："法的关系正像国家的形式一样，既不能从它们本身来理解，也不能从所谓人类精神的一般发展来理解，相反，它们根源于物质的生活关系，这种物质的生活关系的总和，黑格尔按照 18 世纪的英国人和法国人的先例，概括为'市民社会'，而对市民社会的解剖应该到政治经济学中去寻求。"① 此时马克思已经开始借助古典经济学的术语和一些重要成果对德国思辨哲学进行批判。但是，还未形成自己的一套政治经济学理论，对"关于无产阶级的真实境况我们知道得这样少"②，还不能真正实现自己的哲学话语革命。

第二阶段：回到书斋，找到"当代一切社会运动的真正基础和出发点"③，并真正实现其哲学话语革命。

1845～1846 年，马克思回到书斋，潜心研究政治经济学，并完成了两部笔记：《布鲁塞尔笔记》和《曼彻斯特笔记》，其间也写了标注其哲学话语革命完成的两部著作《关于费尔巴哈的提纲》和《德意志意识形态》。通过对资本主义经济状况的考察，在政治经济学的批判中完成了自己哲学话语的变革，用"生产力"概念正面阐述唯物史观，形成了一套崭新的哲学话语体系。

马克思正是在书斋和社会之间，在关注现实和研究政治经济学、历史学、社会学的过程中，对他所处时代问题做出科学的回答，实现了哲学从"表现"到"内容"的彻底革命，从而实现了自己的哲学话语革命。马克思哲学话语变革离不开在书斋里潜心研究，也离不开社会实践的推动。可以说，如果马克思只停留在书斋中，在概念王国中来回走动，像施蒂那、鲍威尔等人那样玩弄词藻，是不可能有话语的革命性变革的；抑或是马克思只注重社会实践，而不去进行哲学理论的提升，那就根本不可能有马克

① 《马克思恩格斯文集》第 2 卷，人民出版社，2009，第 591 页。
② 《马克思恩格斯全集》第 2 卷，人民出版社，1957，第 279 页。
③ 《马克思恩格斯文集》第 1 卷，人民出版社，2009，第 385 页。

思哲学话语一说。马克思总是带着时代问题，带着苦恼和疑问一次次回到书斋，磨砺他那批判的武器，在批判旧世界中构建新的话语体系。

（二）处理好"面向文本"和"面向现实"的辩证关系

马克思从来不是一个书斋里的学者，而是伟大的实践理论家；马克思从来都反对囿于书斋进行纯粹的"文字游戏"，而是将其哲学话语打造成为无产阶级革命的思想武器。马克思哲学话语的生成，离不开他终其一生的理论探索和现实实践。

马克思哲学话语革命不是脱离现实的纯粹的话语"转变"。在马克思看来，真正的哲学"不仅在内部通过自己的内容，而且在外部通过自己的表现，同自己时代的现实世界接触并相互作用"①。思想与语言都不可能形成独立王国，都必须同自己时代的现实接触。马克思哲学话语的构建，就是对他所处时代问题的回答。每个时代总有属于它自己的问题，准确地把握并解决这些问题，就会把理论、思想和人类社会向前推进一步。与马克思同时期的青年黑格尔派，沉浸在思辨的王国中，他们在头脑里玄想和演绎理论体系，他们满嘴讲着震撼的词句，其实是最大的保守派，"他们要做的全部事情就是编造新的词句来解释现存的世界"②。从"经验事实"出发，马克思将现实置入其话语之中，为无产阶级认识世界和改变世界打造革命的思想武器。但是，马克思的哲学不研究现实中的具体问题，也不提供解决具体问题的答案。而是在对现实世界的"解剖"中，发现指导具体问题的方法论和世界观。正如阿尔都塞所说："对马克思说来，重要的既不是对经济行为的抽象描述，也不是在经济的人的神话中为这一描述找到根据，而是对现实世界的'解剖'，以及这一'解剖'的演变的辩证法。"③ 现实是马克思哲学话语发展、创新的"着力点"。

不过，除了"面向现实"，"面向文本"也必不可少。如果撇开具体科学特别是政治经济学的研究而直接"观照"现实世界，最终必然还是走向西方传统思辨哲学。马克思所实现的话语革命，就是要超出西方传统思辨哲学的话语框架，在经济学语境中构建其哲学话语，当然，对政治经济

① 《马克思恩格斯全集》第 1 卷，人民出版社，1995，第 220 页。
② 《马克思恩格斯全集》第 3 卷，人民出版社，1960，第 461 页。
③ 〔法〕路易·阿尔都塞：《保卫马克思》，顾良译，商务印书馆，2006，第 99 页。

学的研究也必不可少。马克思曾说："把仅仅针对思辨的批判同针对不同材料本身的批判混在一起，十分不妥。"① 马克思转向对经济学的研究，对"副本"的批判以及对"原本"的批判。马克思通过对政治经济学著述的阅读和研究，进一步展开话语的创新，构建科学的政治经济学理论，打破原来的传统哲学话语框架，形成了以"生产力"为核心的新唯物主义话语体系。其实，早在《博士论文》时，现实实践与理论构建的互动就已显现。马克思提出"哲学世界化"和"世界哲学化"的思考，尽管当时还是一种唯心主义立场，但是"现实"与"理论"的互动已经进入了马克思的思考之中。后来的"批判的武器"和"武器的批判"的著名表述更是凸显了马克思对现实实践与理论构建的重视。

　　作为一个学者，马克思从没有安静舒适地待在书斋里，进行纯理论的思辨。马克思曾说："如果一个有理论学问的人不愿意自己堕落，就决不应该不参加社会活动，不应该整年整月地把自己关在书斋或实验室里，像一条藏在乳酪里的蛆虫一样，逃避生活，逃避同时代人的社会斗争和政治斗争。"② 同样，作为一个学者，马克思从不固守书斋，而是要走上社会舞台，根据实践的新发展、新情况、新问题，进行理论的探索、话语的创新，然后实事求是地修改，或取代、或完善已有的结论和判断，以至于对自己的原有论断做出严肃的自我批判，并不断完善自己的哲学话语体系。

---

① 《马克思恩格斯文集》第 1 卷，人民出版社，2009，第 111 页。
② 〔法〕保尔拉法格等：《回忆马克思恩格斯》，马集译，人民出版社，1973，第 2 页。

第六章 中国学术话语体系构建的马克思主义原则

习近平总书记在哲学社会科学工作座谈会上的讲话中指出："当代中国哲学社会科学是以马克思主义进入我国为起点的，是在马克思主义指导下逐步发展起来的。"① 在今天，我们要构建以马克思主义为指导的学术话语体系，就应坚持马克思主义的方法论原则。毋庸置疑，当代中国学术发展的语境与马克思所处的时代不可同日而语，回顾马克思哲学话语革命，绝不仅仅是为了重温历史，还原马克思主义哲学以本来面目，更重要的是从马克思哲学话语革命中受到启示，找到推进中国学术话语的创新发展路径，构建一套融通中外的中国哲学社会科学话语体系，构建中国自主的知识体系。

一 以人民为中心，为人民述学立论

为什么人的问题，是学术话语体系构建的根本问题。习近平总书记在哲学社会科学工作座谈会上的讲话中特别强调为什么人的问题。一种学术、一种思想可以隐瞒自己的立场，但绝对无法逃避，首先就要回答为谁著书、为谁立说的问题。只有解决了为什么人的问题，才能在理论和实践中坚持正确的方向，才能算是真正理解、认识和把握马克思哲学话语的革命性；只有解决了为什么人的问题，才能在理论和实践中坚持正确的方向，才能算是真正理解、认识和把握马克思的哲学话语革命。其实，从马克思的哲学话语革命来看，他始终立足"人民立场"，为"人民立言"，实现"人民利益"。在《〈黑格尔法哲学批判〉导言》中，马克思强调哲

---

① 习近平：《在哲学社会科学工作座谈会上的讲话》，人民出版社，2016，第5~6页。

学要与无产阶级联姻，哲学是实现无产阶级的"头脑"和"精神武器"，无产阶级是实现哲学的"心脏"和"物质武器"；在《1844年经济学哲学手稿》中，马克思着重研究工人阶级的劳动异化问题，在《共产党宣言》中，马克思强调共产党"没有任何同整个无产阶级的利益不同的利益"；《资本论》更是被誉为工人阶级的"圣经"，这些都充分表明马克思哲学的"人民立场"。可以说，马克思始终关心无产阶级的命运，他深入研究工人阶级的现实生存处境和发展状况，构建了一套为工人阶级立言、解放工人阶级的理论。站在无产阶级立场说话是马克思哲学话语的核心，也是马克思哲学话语革命的集中体现。今天，哲学社会科学工作者也应像马克思那样，树立为人民做学问的志向，坚持以人民为中心的研究导向，尊重人民主体地位，聚焦人民实践创造，积极为人民述学立论。

那么，在当代如何为人民述学立论呢？首先，要走到人民中去，通过调查研究了解人民群众所想所需，聚焦和研究人民关切的问题。习近平总书记高度重视调查研究工作，他强调指出："没有调查，就没有发言权，更没有决策权。"① 只有调查，才能了解人民群众的需要，把握现实社会状况和与生产状况相对应的整个社会结构状况，也才能在人民群众的实践中发现首创精神，把群众丰富的实践经验上升为理论，把人民群众的伟大创造总结提炼。马克思主义的创始人之一马克思在长达四十多年的革命生涯中，通过对资本主义国家进行深入调查与研究，并结合大量的历史文献资料，与恩格斯合作完成了《德意志意识形态》、《共产党宣言》和《资本论》等巨著，为共产主义理论奠定了坚实基础。毛泽东也非常重视调查研究，他通过深入湖南农村调研，创作了著名的《湖南农民运动考察报告》。进入新时代，习近平总书记通过调研十八洞村，提出"制定规划要实事求是、综合设计、因地制宜、分类指导，要统一评估，统一论证，一次批准，分年实施，分期投入，分期分批地解决问题"②。同样，学术话语体系的构建也不能脱离人民群众，人民群众始终是历史的创造者，人民群众的实践也是学术话语体系构建取之不尽、用之不竭的智慧源泉。哲学社会科学工作者要走出象牙塔，要扎根人民，到人民的实践中去，才能真

---

① 《习近平关于全面深化改革论述摘编》，中央文献出版社，2014，第37~38页。
② 《十五大以来重要文献选编》下卷，人民出版社，2003，第1879页。

切知道人民群众的所疑所惑所盼，才能把人民群众的需要融于学术研究，为人民立说。但是，人的需要并不是一成不变的。20世纪90年代，我国人均国民生产总体还比较低，摆脱贫困，提高物质生活水平是当时广大人民群众的迫切需要，但随着时代的发展，人的需要也发生巨大改变。党的十九大报告指出："我国社会主要矛盾已经转化为人民日益增长的美好生活需要和不平衡不充分的发展之间的矛盾。"① 人民的愿望不仅是满足温饱等物质方面的需求，而是全方位的、多层次的需求，是对美好生活的向往。因此，进入新时代，哲学社会科学工作者就要从学理上回答如何实现人民对美好生活向往的奋斗目标，如何满足人民的多层次需要，如何始终保持党同人民群众的血肉联系，如何坚持运用好我们党的群众路线的重要传家宝，如何实现共同富裕等问题。改革开放40多年来，人民群众的生动活泼实践与经验智慧为学术话语体系的构建提供了诸多素材，但当前人民大众的生存境遇、发展命运与精神世界问题还没有完全进入学术视域中，人民最美好、最珍贵、最隐蔽的精髓也没有完全汇集到学术研究之中，人民的生活世界和心灵世界还没有成为专家学者研究的基本内容，人民大众的实践之书、生活之书、心灵之书读得还不够。这就要求哲学社会科学工作者走出去，深入人民群众实践一线进行调查研究，直面当代中国发展的现实逻辑与问题，了解人民、读懂人民。

其次，要从人民立场出发去观察思考，做好人民群众的"眼睛"，为人民发声。马克思曾说："资产阶级的社会科学，即古典政治经济学，主要只研究人以生产和交换为取向的行为在社会方面所产生的直接预期的影响。这同以这种社会科学为其理论表现的社会组织是完全相适合的。在各个资本家都是为了直接的利润而从事生产和交换的地方，他们首先考虑的只能是最近的最直接的结果。"② 任何学术话语的言说，都有一个立场问题，不可能"价值无涉"。有人认为，如果在学术话语体系构建中预设了某种立场，难免会影响对研究对象的客观理解和真实言说，因此在学术话语体系构建中拒斥和否定立场问题。殊不知，这种本意要客观理解和真实把握研究对象的愿望，本身就是一种立场，是一种价值设定，即按照事物

---

① 习近平：《决胜全面建成小康社会　夺取新时代中国特色社会主义伟大胜利——在中国共产党第十九次全国代表大会上的报告》，人民出版社，2017，第11页。
② 《马克思恩格斯文集》第9卷，人民出版社，2009，第562页。

的本来面貌去探求事物的内在本性。其实，这也是马克思在其话语革命中所倡导的一种方法，即"按照事物的本来面目及其产生根源来理解事物"①。如此看来，学术话语体系的构建从何种立场出发，学术研究者因何持有以及持有怎样的立场，不是应不应该，需不需要，而是不可避免，无法回避，必须遵循的。马克思始终站在无产阶级的立场，为无产阶级的解放奔走呼号，并构建自己的哲学话语体系。当代中国学术话语体系的构建也应站在人民立场，从现实的人出发。人民立场，即指最广大的普通的人民群众，而不是指"抽象的人"，更不是指"某个人"。资产阶级的思想家以个人主义为根本原则，从个人中心出发，其构建的话语体系代表的只能是少数资产阶级个人。然而，在当前学术话语体系构建中，时常出现从抽象的人出发，用所谓的"经济人"假设来构建其话语体系，其话语也变得越来越虚幻。以共同富裕研究为例，有些人沉迷于西方经济学学术话语体系之中，崇尚私有制，鼓吹人性自私论。试问，在这样的价值指引下，我们又如何实现共同富裕呢？众所周知，西方经济学学术话语体系的缺陷和短板就在于站在资本、少数资产阶级的立场上，根本无法有效解决两极分化问题，更不可能实现共同富裕。马克思主义是无产阶级的世界观和方法论，是解放全人类的科学理论，以马克思主义为指导的中国特色政治经济学学术话语体系的构建，必须站在劳动人民的立场，维护劳动人民的根本利益，而不是站在资本家的立场。不走进人民，试图从西方学术框架中构建中国学术话语体系，只能站在资本家的立场，只能从抽象的人出发。因此，只有站在人民的立场，才能真正构建起具有中国特色的哲学社会科学话语体系。

最后，改变语言表达方式，用尽可能的大众话语来言说中国问题，用人民喜闻乐见的语言来讲述中国故事。不管是马克思主义的创始人马克思和恩格斯，还是列宁、毛泽东都反对学术话语体系的构建只向学术界吐露，他们都把最大限度的通俗和简单明了当作党的思想理论工作的重要原则，把为人民大众提供革命理论当作自己最大的希望，并撰写不少通俗易懂的马克思主义哲学文章。毛泽东曾指出："让哲学从哲学家的课堂上和

---

① 《马克思恩格斯全集》第3卷，人民出版社，1960，第49页。

书本里解放出来，变为群众手里的尖锐武器。"① 他又说："洋八股必须废止，空洞抽象的调头必须少唱，教条主义必须休息，而代之以新鲜活泼的、为中国老百姓所喜闻乐见的中国作风和中国气派。"② 马克思的哲学话语体系的构建是为了实现工人阶级的解放，因此其哲学首先是以大众哲学形象出现的，他尽可能让其理论通俗，尽量说大众话，尽力不让别人说《资本论》这本书难懂。理论只有透彻才能被群众掌握，学术话语也只有通俗，才能深入群众。其实，中国古人关于学术话语大众化也曾说过"道不远人"（孔子语），"不离日用常行内，直造先天未画前"（王阳明语）。但是，反观当代中国学术领域，在内容上往往满足于宏大叙事，不注重对新的现实问题进行具体精确地学术分析；在表述上追求抽象晦涩，没有为人民提供本应有的明明白白的智慧。部分学者热衷于"创造"新概念、新词语来彰显其学术思想的深邃，把简单问题复杂化，最终只能让人们望文生畏、敬而远之。有学者就曾说道："在马克思主义哲学发展史和马克思主义哲学发展史的教科书中，一般来说，大众形态的哲学被不断强调，但没有真正建立起来。"③ 的确，虽然马克思主义大众化提了很多年，但在实践中没有真正实现大众化，马克思主义的研究依然停留在学术形态或政治形态层面。在表达方式上，鲁迅就曾批判章太炎文字艰深，纯粹面向知识阶层多发"士大夫之言""学术之言"，少谈"通俗之言"和"农牧之言"。而鲁迅则站在广大普通人民的立场和角度去写作，去思考民族自救自强之道。当然，不可否认有些学术语言的确艰深晦涩，但不能为了貌似的艰深而艰深，为了学术而学术，这是舍本逐末。为学术而学术，是无所为而为之；只有为人民而学术，才是有所为而为之。可以说，只有和人民在一起，做出来的学问才能有影响力和生命力，说的话才能有吸引力和感染力。

　　总之，哲学社会科学工作者要为人民述学立论，就要走到人民中去，从人民的立场出发，用人民喜闻乐见的表达方式来阐明理论学术问题，只有面向社会大众，才能真正做出有价值的学问，也才能讲好中国故事。习

---

① 《毛泽东文集》第 8 卷，人民出版社，1999，第 323 页。
② 《毛泽东选集》第 2 卷，人民出版社，1991，第 534 页。
③ 韩庆祥：《马克思主义哲学的大众形态、学术形态、政治形态》，《中国社会科学》2010年第 4 期。

近平总书记在哲学社会科学工作座谈会上的讲话中提出："我国广大哲学社会科学工作者要坚持人民是历史创造者的观点，树立为人民做学问的理想，尊重人民主体地位，聚焦人民实践创造，自觉把个人学术追求同国家和民族发展紧紧联系在一起，努力多出经得起实践、人民、历史检验的研究成果。"① 作为新时代的哲学社会科学工作者，我们要真正树立为人民做学问的理想，坚持"以人民为中心"的学术导向，自觉把个人学术追求同党和国家民族发展紧紧联系在一起，真正为人民代言。

二 "问题意识"与"问题导向"相结合

问题是学术话语体系构建的起点，也是学术话语创新的源头活水。一切学术话语的创新都起始于问题，问题既意味着某种无知，又意味着准备摆脱无知。哲学家波普尔曾说，一切科学哲学都"从问题开始；我们得出一个新的理论，主要是通过尝试去解决问题而得出的。"② 马克思也曾深刻指出："主要的困难不是答案，而是问题。"③ "问题"是学术话语创新的生命线，离开了这条生命线，也就无创新可言。

"问题"是理论研究的前提，离开"问题"的探讨和解决的理论研究是没有任何意义的。在学术话语体系构建中，哲学社会科学工作者要紧绷"问题意识"这根弦，不断增强问题意识。当然，这里的"问题"不是当代社会上存在的所有问题，现存的问题并不都是"现实的问题"，能够进入研究视域的"问题"才是"现实的问题"，才是表征着时代的特征及其发展趋向的重大问题。离开了社会现实，"问题研究"只能是一句空话；同样，离开了问题的解决，"问题研究"也只能是一句空话。马克思哲学话语革命也是源于问题，展开于问题的解决。从马克思哲学话语生成史来看，其哲学话语的生成就是问题倒逼的结果。《莱茵报》时期，遇到"物质利益"的难题，吹响了其哲学话语革命的"集结号"，然后才在对黑格尔思辨话语的解构中逐渐构建起自己的哲学话语体系。其实，整个马克思

---

① 习近平：《在哲学社会科学工作座谈会上的讲话》，人民出版社，2016，第13页。
② 〔英〕波普尔：《猜想与反驳：科学知识的增长》，傅季重等译，上海译文出版社，1986，第221页。
③ 《马克思恩格斯全集》第1卷，人民出版社，1995，第203页。

哲学话语体系都始终围绕着"资本主义社会结构及其历史地位"这一问题展开的。问题是马克思哲学话语生成、发展的动力源。毛泽东最著名的两篇哲学著作《实践论》和《矛盾论》，就是为解决中国社会性质和中国革命道路而作的，是对当时中国革命问题的科学回答。中国特色社会主义理论体系就是在改革开放的伟大实践基础上、回答中国建设和发展的一系列重大问题的过程中形成的。习近平新时代中国特色社会主义思想也正是对"中国之问""时代之问""人民之问""执政之问"，以及在对中国前途命运问题回答中形成的。缺少问题意识、不提出问题、不对问题进行解答，学术话语的发展将会终止。

历史学家柯林伍德的"问答逻辑"、德国哲学家科罗纳的"问题史"都是在说，问题意识在创新行为中的作用。以哲学的创新为例。哲学史就是问题史，哲学话语的言说就是对一定问题的回答。增强问题意识，坚持问题导向，不仅要解答"哲学中的问题"，也要回答"问题中的哲学"。"马克思主义哲学既是哲学的变革又是变革的哲学；它不仅重视哲学中的问题，更重视问题中的哲学。"① 立足现实，将"问题中的哲学"转变为"哲学中的问题"，形成新概念、新范畴、新话语。如果我们拘泥于老祖宗创造的范畴体系进行修补工作，只言说"哲学中的问题"，将"问题中的哲学"拒之门外，在话语的言说中消解现实问题。这样既不能把握时代问题，更不用说对现实问题的解决了。因为"真正的哲学问题总是植根于哲学以外的那些迫切问题。这些根烂了，哲学也随之死亡了"②。要想让马克思主义哲学说"新话"，就离不开对问题的探索和言说。

话语创新往往是问题倒逼的结果。"问题意识"是推动学术话语发展创新的内在驱动力，它贯穿于学术话语的发展的全过程。没有问题意识，就不可能有真正意义上的创新行为。"问题存在期"也是学术话语创新成果的高产期。因为一旦发现和提出问题，就需要系统回答，抓住那些规律性的东西，并从中提炼新概念、新范畴，形成新的思想理论。当今世界形势与中国的实践为中国学术话语创新带来了许多需要做出体系性回答的问题，构成了学术话语创新十分丰富的问题资源。可以说，学术话语的创新

① 陈先达：《哲学中的问题与问题中的哲学》，《中国社会科学》2006年第2期。
② 〔英〕卡尔·波普尔：《猜想与反驳：科学知识的增长》，傅季重等译，上海译文出版社，1986，第99页。

正当其时。但当代中国学术研究在一定意义上是缺乏"问题意识"的，对当代中国诸如如何消除资本与权力的结合共同控制社会的弊端，以及人的自主创新能力的培育等总问题的关注研究还不够充分，对具有中国特色的社会主义道路和实践问题缺乏深层次的学理支撑。从问题学的视域来说，当代中国学术话语所遇到话语困境，很大一部分原因是缺少问题意识，没有形成"面向中国问题"的学术话语体系。对中国问题做出马克思主义的回答，提出解决问题的"中国方案"，是发展马克思主义、实现当代中国哲学社会科学创新的根本和关键。在"中国问题意识"的统领下，才能将学术话语体系的构建与中国实际相接触、相结合，才能形成中国特色的话语体系，才能为具体科学关于"中国问题"的研究提供强大的话语支撑，在世界学术发展中获得自己应有的一席之地。但当前我国哲学社会科学话语体系构建存在的一些亟待解决的问题，"比如，哲学社会科学发展战略还不十分明确，学科体系、学术体系、话语体系建设水平总体不高，学术原创能力还不强；哲学社会科学训练培养教育体系不健全，学术评价体系不够科学，管理体制和运行机制还不完善；人才队伍总体素质亟待提高，学风方面问题还比较突出，等等"①，究其原因，就是问题意识不强，发现不了问题。一个连"中国问题"都没有讲清楚的中国学术话语体系是不可能拥有话语权的。每个时代总有属于自己的问题，只有树立强烈的问题意识，才能实事求是地对待问题、解决问题，才能真正形成具有中国特色的哲学社会科学话语体系。

同时，当代中国学术话语创新一定要坚持"问题导向"。习近平总书记指出："坚持问题导向是马克思主义的鲜明特点。问题是创新的起点，也是创新的动力源。只有聆听时代的声音，回应时代的呼唤，认真研究解决重大而紧迫的问题，才能真正把握住历史脉络、找到发展规律，推动理论创新。"② 问题是时代的声音，学术话语体系构建源于实践，始于问题。马克思哲学话语革命就是在回答解决时代所提出的重大问题中实现的，不以问题为导向，不研究社会进步、人类发展的"真问题"，不探讨资本主义向何处去的问题，马克思哲学话语就无从谈起。那么，是不是所有问题

---

① 习近平：《在哲学社会科学工作座谈会上的讲话》，人民出版社，2016，第7页。
② 习近平：《在哲学社会科学工作座谈会上的讲话》，人民出版社，2016，第14页。

都能成为学术问题，显然不是。有些问题诸如"天堂里的玫瑰带不带刺""针尖上能站几个天使"这些荒诞的问题，虽然带有问题形式，但不具有问题的实质，是无法推动学术话语的创新的。再比如，对"法大还是党大"这样的伪问题进行回答，只能落入话语的陷阱之中；对"人道主义马克思与科学主义马克思主义的对立"这样的假问题进行回答，是无法推动学术话语的创新。以问题为导向，是以真问题为导向，所谓真问题是现实中真实存在的问题，既符合逻辑和事实，又有全新而有价值和意义的问题。真问题从何而来，答案是从现实生产生活实践而来。马克思哲学话语革命遵循的原则中，第一条就是从现实生活提炼概念，而不是囿于概念的逻辑推理。其实，仔细研究那些假问题、伪问题，它们的存在无不是因为没有从现实出发。这里还有一点需要说明，有些问题可能早已出现，前人也早已进行思考研究，并在当时的历史条件下提出了解决方案，但随着社会主义条件的变化，这类问题又以新的形式出现，研究者依然需要在学理上进行再思考，并提出新的解决方案，这类问题也是真问题，也是问题导向的体现之一。从对人类社会发展的一般规律、资本主义社会的发展问题，以及东方社会特殊的发展道路这些问题的回答中，马克思指出未来理想社会的基本原则和目的，以及未来人的发展问题。落到中国学术话语体系的构建上，每个哲学社会科学工作者跳出学术小圈子，放眼世界和整个历史长河。时代问题、中国问题为当代中国学术话语创新提供了不竭的动力源。习近平总书记在哲学社会科学座谈会上曾要求哲学社会科学工作者既要"向内看、深入研究关系国计民生的重大课题"，又要"向外看、积极探索关系人类前途命运的重大问题"①。因此，哲学社会科学工作者既要围绕我国和世界发展面临的重大问题，提出体现中国立场、中国智慧、中国方案，也要聚焦国际社会共同关注的问题，推出并牵头组织研究项目，增强我国哲学社会科学研究的国际影响力。总之，哲学社会科学工作者应立足中国与关照人类，回答好民族性问题与世界性问题。只有以问题为导向，才能回应问题所呈现的现实，也才能揭示出现实背后的发展规律。

坚持问题导向是中国哲学社会科学话语体系构建的客观要求，因为问

---

① 习近平：《在哲学社会科学工作座谈会上的讲话》，人民出版社，2016，第16页。

题贯穿于话语创新的全过程。习近平总书记强调指出："从某种意义上说，理论创新的过程就是发现问题、筛选问题、研究问题、解决问题的过程。"① 无疑，学术研究最终就是要解决问题，围绕问题思考，探寻问题的来龙去脉和前因后果，话语体系的构建也就是在发现问题、提出问题、研究问题、回答问题中来实现的。在学术话语体系构建过程中，哲学社会科学工作者要坚持问题导向，就要发掘时代发展中的问题，总结发展经验，揭示出现实背后的发展规律，并凝练为新的思想、理论。每个时代有每个时代的课题，毛泽东曾说："现在，我们已经进入社会主义时代，出现了一系列的新问题，如果单有《实践论》《矛盾论》，不适应新的需要，写出新的著作，形成新的理论，也是不行的。"② "每个时代总有属于它自己的问题，只要科学地认识、准确地把握、正确地解决这些问题，就能够把我们的社会不断推向前进。"③ 毛泽东思想和中国特色社会主义理论体系就是在研究解决所处时代提出的重大问题中形成的。习近平新时代中国特色社会主义思想之所以能够开辟中国特色社会主义理论的新境界，就是因为它立足于中国特色社会主义在建设中遇到的重大问题，在对这些问题的解决中，提出了一系列新观点、新理念和新思路。

在当代，中国学术话语的创新要结合时代重大理论和现实问题说"新话"、说"真话"、说"实话"，绝不是靠说几句纯粹抽象的词句，也绝不是背过问题说几句"时髦话"。"全面建成小康社会与中等收入陷阱问题""新发展理念和创新驱动问题""经济新常态和社会结构转型问题""社会公正与共同富裕问题"等诸如此类的问题都应进入学者的视野；当代的中国哲学社会科学工作者应立足中国实际、聚焦中国问题，以中国特色社会主义建设提出的重大问题为主攻方向，为中国实践提供学理支撑。面对问题不是一句空话，它要求面对客观存在的重大理论和现实问题，在解决过程中，不断提炼出新概念、新范畴，形成新话语。只有我们对当代中国的发展形成的具有解释力说服力的研究成果越多，对中国发展问题提出的彻底的理论分析与有效的政策建言越多，对人类社会面对的时代性课题作出的积极回应越多，我们的学术赢得的尊重与之相应才会越多，才会形成在

---

① 习近平：《在哲学社会科学工作座谈会上的讲话》，人民出版社，2016，第20页。
② 《毛泽东文集》第8卷，人民出版社，1999，第109页。
③ 习近平：《之江新语》，浙江人民出版社，2007，第235页。

学术界激荡久远的"中国声音",在国际话语舞台才有中国学术话语的一席之地。当然,除了研究中国问题,也要研究世界性问题,在经济全球化的今天,如果在全球问题上"缺席"和"不在场",那么,中国学术话语权从何说起,中国挨骂的命运又如何改变。

　　总之,增强问题意识、坚持问题导向,不仅是一个理论问题,更是一个实践问题,需要哲学社会科学工作者能恰当地提出问题、深入地探索问题、合理地解决问题。当代中国学术话语体系的构建,要以研究中国问题为中心,在中国问题上及时有效地发出"中国声音",尤其是重大问题上要有鲜明的观点,才能在国际学术舞台,逐步树立起中国的学术自信。

三　"继承坚持"与"发展创新"相结合

　　继承与创新是学术话语体系构建的永恒主题。话语的创新基于继承和传承,话语的生命在于创新。当代学术话语体系的构建既要继承坚持,也要发展创新,在坚持中创新,在创新中坚持。学术话语的形成不是天外来物,更不是空中楼阁,需要在前人的基础上进行创新发展。但是,话语也有其适用的场景,前人的话语可能随着时代发展,也有其局限性和过时的地方,我们需要根据时代和实践的发展不断进行话语创新。

　　在当代中国,学术话语的创新要坚持马克思主义的指导,正如习近平总书记所说:"坚持以马克思主义为指导,是当代中国哲学社会科学区别于其他哲学社会科学的根本标志,必须旗帜鲜明加以坚持。"[1] 话语体系,顾名思义既不是简单的语言方式,也不是个别的概念范畴,而是一个逻辑严密的概念范畴表达体系。在其构成要素上,包括反映阶级利益、意识形态、价值判断的"主题选择""分析框架""使用语言"[2],有着确定的意识形态内涵。同时,随着时代的发展和实践推进,我们还需要根据新的现实,构建新的理论框架,揭示新的学术原理,总结新的思想观点,推出新的话语表达。因此,当代中国学术话语体系的构建既要坚持马克思主义的指导,也要结合新的伟大实践进行话语的创新。坚持马克思主义的指导,

---

① 习近平:《在哲学社会科学工作座谈会上的讲话》,人民出版社,2016,第 8 页。

② 梅荣政:《构建马克思主义理论研究学术话语体系简论》,《学校党建思想与教育》2013年第 14 期。

就是要将马克思主义的理论、立场和方法应用到学术话语体系构建过程中。马克思主义话语体系鲜明的人民立场、实践本性，以及通俗易懂语言表达方式都需要在话语体系构建中坚持。魏征在《谏太宗十思疏》中曾说："求木之长者，必固其根本；欲流之远者，必浚其泉源。"学术话语体系的创新，也一定也要有"根"和"源"。这个"根"和"源"就是指马克思主义的理论、方法、原则与立场。在中国，不管是哲学、经济学，还是社会学、法学、政治学，其话语体系构建都必须坚持马克思主义的指导，不断巩固马克思主义在哲学社会科学领域的话语权。只有坚持以马克思主义为指导，才能有效应对西方的话语霸权。在学术话语体系构建中，绝不能用所谓的"纯粹学术化""价值中立化""中性化"消解马克思主义话语权；也不能用所谓的"去政治化""去意识形态化"去解构马克思主义话语；更不能试图避免政治对学术"干扰"，不坚持以马克思主义为指导，刻意回避马克思主义话语。坚持以上主张就等于放弃中国的国际话语权，哲学社会科学就会迷失方向，学术话语体系也不能发挥应有作用。在当前学术领域，仍然存在马克思主义话语被篡改、被取代、被边缘化的倾向，试图借助学术的外衣来否定马克思主义。习近平总书记指出："在有的领域中马克思主义被边缘化、空泛化、标签化，在一些学科中'失语'、教材中'失踪'、论坛上'失声'。"[①] 用西方的话语、西方的理论来分析中国问题、评判中国实践甚至指引中国发展，马克思主义话语只能被边缘化。那样，中国的市场经济就不是真正的市场经济，因为与西方的绝对市场化不同；中国也不是西方意义上的法治国家，更不是西方所谓的"民主国家"。不用马克思主义话语表达，最终只能唯西方马首是瞻。

马克思主义是学术话语创新的强大理论支撑，必须继承和坚持。在资本主义仍然占据世界主导地位的今天，如果重温马克思和恩格斯的话语，我们仍然能从中获取诸多启示。在马克思主义经典著作中，其中一些理论、原理反映的是人类社会发展的一般规律，蕴含了具有普遍价值的立场、观点和方法，如劳动价值论和剩余价值学说、无产阶级政党学说、社会建设理论、社会形态和社会基本矛盾运动规律、辩证唯物主义和历史唯物主义等，在当代仍然具有重要指导意义和价值。比如，资本主义与社会

---

① 习近平：《在哲学社会科学工作座谈会上的讲话》，人民出版社，2016，第10页。

主义的历史发展趋势，正如马克思恩格斯所说："无论哪一个社会形态，在它所能容纳的全部生产力发挥出来以前，是决不会灭亡的；而新的更高的生产关系，在它的物质存在条件在旧社会的胎胞里成熟以前，是决不会出现的。"① 这句话在当今时代依然适用。我们今天讲的"公平正义""共同富裕""改造社会"仍然可以在马克思主义理论中找到源流。

但是，坚持马克思主义不代表要固守马克思恩格斯原生态的话语，沉迷于马克思、恩格斯的"本本"，而不去从人民群众的生产生活中，从中国特色社会主义的伟大实践中，汲取话语营养。邓小平指出："马列主义、毛泽东思想的基本原则，我们任何时候都不能违背，这是毫无疑义的。但是，一定要和实际相结合，要分析研究实际情况，解决实际问题。"② 他强调"老祖宗不能丢"，但对待马克思主义不能采取教条主义的态度，应根据时代的特点和面临的新形势、新任务不断创新自己的理论。在当代，坚持马克思主义就是要在时代变化中不断实现自我创新。党的十八大以来，以习近平同志为核心的党中央审时度势，回答实践新要求，顺应人民新期盼，发表了一系列重要讲话，形成一系列治国理政新理念新思想，进一步丰富和发展了党的科学理论，为哲学社会科学的繁荣发展提供了科学指导。质言之，当代中国学术话语体系的构建应以习近平新时代中国特色社会主义思想为指导，并将这一最新理论成果与创新话语体系的现实需求相结合，不断开拓新思想、新理论，提出新概念、新范畴和新表述，从而推动话语体系的全面创新。

此外，在坚持马克思主义指导的前提下，还需要继承中华优秀传统文化的基因。话语具有继承性。习近平总书记明确指出，中国特色哲学社会科学应该具有三个鲜明特点，其中第一个特点就是继承性、民族性。当代中国学术话语脱胎于中国，必然带有中国的文化血脉，因此构建中国学术话语体系要继承中国优秀传统文化，并进行时代转换。毛泽东批判继承了中国古代传统精神，形成了解放思想、实事求是的思想路线。古代的大同思想与当今时代提出的共同富裕异曲同工。

创新是马克思主义的内在规定。《共产党宣言》1872年的德文版序言

---

① 《马克思恩格斯文集》第2卷，人民出版社，2009，第592页。
② 《邓小平文选》第2卷，人民出版社，1994，第114页。

中曾写道："这个纲领现在有些地方已经过时了。"① 其实，马克思从不讳言其理论的局限性，直言其理论和话语体系的开放性。不可否认，任何伟大的思想都有其无法超越的时空界限，有其产生的背景和存在的环境；任何伟大的话语体系都有其适用的语境，有其生成的逻辑和理路。马克思恩格斯研究的主要是 19 世纪中期至 19 世纪末西欧资本主义国家的经济和政治形势，其思想体系为当时无产阶级运动提出了方向性指导，其话语体系立足于当时欧洲的资本主义，是在对资本主义社会的批判基础上的建构，是为无产阶级解放服务的。而今天，资本主义和社会主义都随着时代及其主体的变化而发生变化，在生产方式、生产关系和思想理念等方面都进行了不同程度的调整和变革。马克思和恩格斯的话语面对 21 世纪的新情况新问题，不可避免地就存在局限性，因此也要进行创新发展。

不可否认，马克思恩格斯的有些话语随着时代的发展其内涵已经发生了改变，我们需要对此进行创新，如"劳动""革命""阶级"等。我们不能一讲革命就是指暴力革命，一说"阶级"就是指阶级斗争，这是对马克思主义的生搬硬套，将马克思主义的个别词句当作僵死的教条。殊不知，随着时代的发展，这些概念的内涵早已发生了改变。例如，马克思和恩格斯在《共产党宣言》中讲道，全球化是资本主义大工业的产物，是历史发展的趋势。在当今时代，任何国家都要参与到经济全球化的历史过程中，都要始终保持开放性，这是增强自身生命力的唯一途径。而要进行话语的创新，就要回答在经济全球化的大潮中，如何与自身经济独立保持平衡，如何在政治与文化上保持独立自主，这是话语创新不得不回答的课题。21 世纪马克思主义遇到的问题与 19 世纪马克思和恩格斯所遇到的时代问题不同，但是马克思主义是一个整体的理论，是一个发展的理论，是可以结合实践发展不断进行更新的。

2015 年习近平总书记在主持就马克思主义政治经济学基本原理和方法论进行的中央政治局第二十八次集体学习时指出："我们要立足我国国情和我们的发展实践，深入研究世界经济和我国经济面临的新情况新问题，揭示新特点新规律，提炼和总结我国经济发展实践的规律性成果，把实践经验上升为系统化的经济学说，不断开拓当代中国马克思主义政治经

---

① 《马克思恩格斯文集》第 2 卷，人民出版社，2009，第 6 页。

济学新境界。""深入研究世界经济和我国经济面临的新情况新问题，揭示新特点新规律，提炼和总结我国经济发展实践的规律性成果，把实践经验上升为系统化的经济学说，不断开拓当代中国马克思主义政治经济学新境界，为马克思主义政治经济学创新发展贡献中国智慧。"① 即从政治经济学的角度继续发展当代中国马克思主义，"为马克思主义政治经济学创新发展贡献中国智慧"既包括努力开拓当代中国马克思主义政治经济学的新境界，也包括从基本原理的层面推进马克思主义政治经济学的新发展。同样，整个哲学社会科学都要在当代开辟新境界，讲新时代新话语。

马克思主义话语是批判的、革命的，但这种批判和革命蕴含了对新世界、新社会的建设性维度。从 20 世纪五六十年代以来，世界局势发生巨大变化，苏联解体、东欧剧变之后，社会主义运动陷入低潮。当代马克思主义其存在方式与影响社会发展的形式发生改变。马克思主义的实践与发展重心由原来的"革命"逐渐转向"建设"，马克思主义创始人及经典作家对革命理论、策略有诸多的描述，但在社会主义革命取得胜利并建立无产阶级政权后的社会主义建设时期，马克思主义的革命理论势必走向一个长期的常态化过程，而建设理论则处于主导地方，要用一种建设、建构的思想去面对和解决社会现实问题②。当然，这里提出建构性马克思主义，并不是否定马克思主义革命性，只是说在当代学术话语体系的构建更偏重其建构性。当代中国学术发展的语境已与马克思所处的时代不可同日而语，马克思哲学话语革命具有马克思哲学作为"改变世界"而非"解释世界"的哲学的特定语境，本质上是对作为资产阶级意识形态的"哲学"和"政治经济学"的批判、否定、颠倒，归根结底是对"旧世界"的否定性的"革命"。21 世纪马克思主义研究不仅需要批判，更需要建构，新时代建构中国学术话语体系，就必须深挖马克思主义话语的建构性逻辑，从革命性话语向建设性话语转换。

---

① 《十八大以来重要文献选编》下卷，中央文献出版社，2018，第 7 页。
② "建构性马克思主义"在学术领域讨论较多，2022 年 2 月 26 日就有专场学术研讨会专门讨论"建构性马克思主义"。罗骞指出："建构性马克思主义"能够较好地揭示当代马克思主义现存的实际状况；能够较好地突出当代中国实践、中国理论在马克思主义发展体系中的显著贡献，有利于团结国际舞台上可以团结的力量，尽可能扩大中国的"朋友圈"，共同推进世界历史进程的发展；有利于搭建众多理论流派和思潮的沟通平台，避免马克思主义发展的僵化和教条化。此处的一些观点就受到学术研讨会的启发。

　　此外，学术话语体系的创新要处理好继承坚持与发展创新的关系。以马克思主义本身的发展为例。学术话语体系的继承创新要处理好马克思主义原生态与马克思主义时代化之间的关系。所谓马克思主义话语的原生态，即是指马克思和恩格斯在他们文本中所表达的思想，所使用概念、术语。二者应是"适者用之，不适者暂时搁置"①的关系。马克思主义是什么，既取决于马克思的文本，也取决于我们的时代要求。以马克思主义为指导的学术话语体系的构建，既要忠实于马克思主义原生态，但也要使其适用于我们这个时代。马克思主义必须对接当下问题实现，毛泽东思想、邓小平理论以及21世纪的马克思主义都是循此原则，实现马克思主义的时代化。我们决不能要求马克思为解决他去世之后上百年、几百年所产生的问题提供现成答案。列宁同样也不能承担起他去世以后五十年、一百年所产生的问题提供现成答案的任务。真正的马克思列宁主义者必须根据最新的情况，认识、继承和发展马克思列宁主义……不以新的思想、观点去继承、发展马克思主义，不是真正的马克思主义者。

　　总之，在坚持中创新、在创新中坚持，才能确保哲学社会科学话语体系的无产阶级属性，确保哲学社会科学话语体系的社会主义方向。我们既要继承马克思主义的已被实践和历史检验的已有话语，又要结合当代实际，不断创造马克思主义的新鲜话语，丰富发展创新马克思主义的话语体系。

四　"借鉴吸收"与"自主创新"相结合

　　学术话语体系的构建从来不是单向度的，更不是中国学术的一家"独白"，需要借鉴吸收优秀的文化资源，是在多元话语背景下的"对话"。但是，中国学术话语体系必然要带有中国特色，要有其原创性。习近平总书记指出："我们的哲学社会科学有没有中国特色，归根到底要看有没有主体性、原创性。跟在别人后面亦步亦趋，不仅难以形成中国特色哲学社会科学，而且解决不了我国的实际问题。"②学术话语体系的构建既要博采众长，也要有中国特色；既要融通古今中外，也要有中国原创，只有这

---

① 引自黄力之的话，他在回答"回到马克思"这一问题时提出的观点。参见《马克思主义过时了吗?》，《东方早报》2021年10月24日。

② 习近平:《在哲学社会科学工作座谈会上的讲话》，人民出版社，2016，第19页。

样，中国学术话语才能立于世界民族之林。

毋庸置疑，中国优秀传统文化、国外哲学社会科学、马克思主义都是学术话语创新的资源，都可以相互借鉴、互相吸收。从表面上看，中国优秀传统文化、国外哲学社会科学和马克思主义三种学术形态"壁垒分明"，各自拥有各自的话语系统和言语方式，有着各自的概念、范畴体系，以及问题域，似乎存在着一条无法逾越的话语鸿沟，异质的话语如何同时"在场"？对这一问题的回答，是进行当代中国学术话语创新的逻辑前提。此处以哲学话语为例进行分析。中国哲学、西方哲学、马克思主义哲学并不是"断裂"式的存在，也不是各自画地为牢，它们之间本身有诸多相通之处：首先，它们所关切的时代问题相同；其次，它们具有哲学学科上的共同特性；最后，它们都是人类文明史的成果。这些为三者的对话提供了前提和基础。马克思主义哲学话语作为一种开放的话语体系，也为三者的结合提供了可能。另外，"由于中国近代的哲学革命，中西哲学、中西文化在中国的土地上开始汇合了"①，这也为三者的结合提供了契机。中国著名社会学家费孝通在思考不同文化和文明之间的平等对话与共同发展问题时，提出"各美其美，美人之美，美美与共，天下大同"。这一极富中国话语神韵的话语同样也适合三者间的学术对话。学术话语之间既可以"各美其美，美人之美"，也可以"美美与共"。三者间的对话就应该如此，既保持各自的话语特色，同时也可以从其他话语中汲取精华，达到"美美与共"。中国哲学、西方哲学、马克思主义哲学之间的对话，就是这样。既可以保持各自的话语特色，同时也可以从其他话语汲取精华，达到"美美与共"。

在全球化的历史语境中，要创新当代中国学术话语体系，需要通过中国传统文化、国外哲学社会科学、马克思主义的对话与交流，探索出一条融通古今中外优秀文化资源的话语创新之路。当代中国学术话语的创新，绝不是一家之言，而是吸收和借鉴其他优秀文化资源，是在多元话语背景下的各家"对话"。习近平总书记曾说道："当代中国哲学社会科学是以马克思主义进入我国为起点的，是在马克思主义指导下逐步发展起来的。"② 这也就意味着，要推进中国哲学社会科学话语的创新发展，就要

① 冯契、季甄馥：《古今中西之争与哲学革命——兼论中国近代哲学的特点和规律》，《哲学研究》1982年第8期。
② 习近平：《在哲学社会科学工作座谈会上的讲话》，人民出版社，2016，第5~6页。

以马克思主义为指导。如果说马克思主义是学术话语创新的灵魂，那么中国优秀传统文化就是当代中国学术话语创新的"根"。要打造具有中国特色、中国气派、中国风格的学术话语体系，就必须植根于中国的"文化土壤"，带有中国文化的"基因"。中国传统文化中富有当代中国文化建设应当开掘、借鉴、继承的资源，这些资源也应成为当代学术话语体系构建所关注的对象。

习近平总书记在庆祝中国共产党成立100周年大会上的重要讲话中提出"两个结合"，其中一个结合，就是"坚持马克思主义基本原理同中华优秀传统文化相结合"，这是继"坚持马克思主义基本原理同中国实际相结合"新提出来的，这恰恰说明了二者是可以结合的。中华传统文化的民本思想与马克思主义的以人民为中心异曲同工，当然中国古代的民本思想有其历史局限性，中国共产党人在接受唯物史观之后，对这一思想进行批判性继承，吸收其民主性的精华，特别是这一思想所强调的"贵民"思想，使社会主义民主思想奠定在中国的历史传统之上，将民本思想改造成马克思主义的人民群众观点，确立了人民至上原则。这样的例子还有很多，如共同富裕、知行合一等。马克思主义与中华文明在思维范式上具有相似性，都具有开放性、辩证性的思维，这为两种话语的融合提供了可能。

当然，西方学术资源也不可忽略，了解西方学术的最新进展，有助于扩大国际和时代视野。当今世界，现代西方哲学才是"显学"，拥有着强大的话语权，不与之对话，是很难立足于国际话语舞台的。但有一点我们必须谨记：西方的学术话语体系不可避免地带有西方的文化性格和人文精神，在借鉴吸收中我们要谨防用西方的话语来解读中国，不能忘了中国的"本"。

在当下的学术研究中，有些人热衷于向西探索、追溯学术概念范畴、命题、观点之源，最终只能对西方亦步亦趋，丧失学术话语权。在经济全球化、网络信息化的今天，任何哲学、思想、文化的闭门造车都是不可能的，学术话语的创新更应该敞开大门，吸收各家之所长。毛泽东在谈到文化创新的规律时曾提出六字箴言，即继承、借鉴、创造。他说："我们必须继承一切优秀的文学艺术遗产，批判地吸收其中一切有益的东西，作为我们从此时此地的人民生活中的文学艺术原料创造作品时候的借鉴。有这个借鉴和没有这个借鉴是不同的，这里有文野之分，粗细之分，高低之分，快慢之分。所以我们决不可拒绝继承和借鉴古人和外国人，哪怕是封建阶级和资产阶级的东西。但是继承和借鉴决不可以变成替代自己的创造，这是决不能替代的。"① 毛泽东虽然讲的是文学艺术，但它对学术话语体系的构建也具有普遍的适用性。只有集各家之所长，才能打造出具有中国特色、中国气派、中国风格的哲学社会科学话语体系。

　　此外，不同学科之间也可以相互借鉴吸收，而不能"门户分明"，哲学研究就只研究哲学，经济学研究就只研究经济学，社会学只研究社会学，等等。习近平总书记指出："哲学社会科学研究范畴很广，不同学科有自己的知识体系和研究方法。对一切有益的知识体系和研究方法，我们都要研究借鉴，不能采取不加分析、一概排斥的态度。"② 其实，马克思就是一个融会贯通之人，在研究哲学、政治经济学和社会学等学科的基础上，构建起认识世界和改造世界的宏大叙事体系。马克思正是在"哲学与社会科学的结合"中走向现实、走向实践中，开辟新的哲学道路；也正是在哲学与经济学"视域融合"的方法指导下，才实现了自身哲学话语革命。跨学科是马克思哲学话语的本性。马克思哲学变革的实质是用哲学研究重大现实问题，用思想传递时代声音。而要完整、准确地传递时代声音，就需要社会科学的中介，单纯停留在德国古典哲学的思辨传统之中，停留在纯粹的哲学范围之内，是不可能成为新的话语体系的开创者。沿着马克思开辟的哲学道路，运用马克思的跨学科研究方法，只有这样，才能开辟出中国学术话语的"新天地"。

　　学术话语的创新从来都不是"单向度"的。以马克思哲学话语创新为例，"马克思的著作是很难简单归类的，它涉及的范围从哲学到历史，从政治经济学到社会学、文学以及其他领域"③。马克思主义哲学话语从来不是传统哲学意义上的纯粹哲学话语，而是掺杂着经济学批判和政治诉求的话语。众所周知，受到恩格斯和赫斯的影响，马克思转向对政治经济学的研究，也就是从那时开始，马克思哲学话语才真正走向变革，才最终形成新唯物主义的话语体系。正是转向政治经济学，通过对思辨话语的解构中，马克思逐渐构建起自己的哲学话语体系。"只有透过经济学的语句读

---

① 《毛泽东选集》第3卷，人民出版社，1991，第860页。
② 习近平：《在哲学社会科学工作座谈会上的讲话》，人民出版社，2016，第18页。
③ 〔法〕汤姆·洛克曼：《马克思主义之后的马克思：卡尔·马克思的哲学》，杨学功、徐素华译，东方出版社，2008，第4页。

出他内在的哲学思想，并透过哲学语句读出他内在的经济学基础，我们才能真正理解马克思。"① 这句话的意思是说，马克思主义哲学不单单是哲学，它也是经济学，是经济的哲学，是经济学语境中的哲学。同时，马克思主义哲学又是无产阶级的哲学。从诞生之日起，马克思就站在无产阶级的立场上，进行哲学话语体系的构建。在确立"以哲学研究重大现实问题"之初，马克思致力于为无产阶级寻求彻底解放，科学论证无产阶级的历史使命。可以说，马克思主义哲学还是"政治的哲学"。其哲学话语是"政治学语境"中的哲学话语。概言之，马克思突破了德国古典哲学的思辨传统，让哲学与经济学、政治学"联盟"，形成了一种"复调"的哲学话语，即"经济学语境中的哲学话语"与"政治学语境中的哲学话语"。

其实，从马克思 1845 年之后的著述也可略见一斑。1845 年创立历史唯物主义之后，马克思就没有从事传统意义上的哲学建构，而是投身于政治经济学研究活动中，以政治经济学批判的形式来把握时代之精华。当然，这是资本主义社会发展和社会主义运动的客观需要，更多的还是新唯物主义的内在要求。在马克思之后的马克思主义研究中，以考茨基为代表第二国际的理论家，由于没有理解《资本论》及其手稿的政治维度，将马克思哲学表述为一种经济决定论，彻底遮蔽了马克思政治哲学的理论逻辑；西方马克思主义倒是通过批判第二国际的经济决定论，全面阐释了其政治哲学，但又相继退出政治经济学的研究，而执着于意识形态的批判。不过，反观中国当下的马克思主义研究，比起第二国际和西方马克思主义，也存在诸如此类的问题。受到恩格斯和列宁，以及苏联教科书的影响，哲学、政治经济学、科学社会主义的三分法，在今天依然存在。加之，马克思主义领域相对的专业分工，各学科之间条块分割、壁垒分明，而且缺乏经常性的交流、对话，马克思主义哲学成了名副其实的"马克思主义的哲学"，与政治经济学、政治学、社会学等学科彻底绝缘。在当代的学术研究中，研究政治经济学的往往缺乏深厚的哲学素养，抑或是停留在西方经济学当中无法自拔，只关心那些形而下的具体问题；而研究马克思主义哲学的，又往往没有经济学视野，进行一种纯哲学的思辨而无法自拔，只关心那些形而上的问题，因困在哲学的书斋之中。这些是我们创新

---

① 孙成叔：《经济学与哲学：马克思思想发展的内在轨迹》，《学习与探索》2009 年第 1 期。

不足的原因之所在。

　　不同于以往的"哲学"话语，马克思自身的哲学话语就是与社会科学相结合的结果，马克思哲学话语从来不是纯粹的哲学话语。因此，马克思主义话语，也只有通过与哲学社会科学相结合，才能真正准确地来解释中国现实、来解释时代，从而使理论与实践达到完美结合。反之，就无法构建面向中国问题的学术话语体系。张一兵曾说："在哲学、经济学和科学社会主义等壁垒分明、互不关联的研究平台上，以某种十分局限的专业眼光来孤立地面对作为'哲学家的马克思'、'经济学家的马克思'和'革命家的马克思'，……众人都自以为把捉到了马克思，然而却没有一个人真实和有机地把握了一个完整的马克思。"① 同样，当代中国哲学社会科学话语体系的构建，也是一个整体、一盘棋，不能将其理解为纯粹哲学话语体系的建构，也不能理解为"经济学语境"或"政治学语境"中的哲学话语。马克思主义本身就是一个整体，我们不能人为地将其肢解，这是构建当代中国学术话语体系必须要注意的！我们应该站在马克思主义的制高点，结合经济学、政治学以及其他社会科学来共同构建当代中国学术话语体系。

　　与此同时，哲学社会科学工作者要把借鉴吸收的成果转化为自主创新能力。学术话语体系建设的目标是要在认识世界、探索真理、服务发展的进程中，形成具有我们自己主体性、原创性的概念、范畴、原理，为解答中国问题构建管用的理论，为人类文明奉献中国学术应当有的一抹亮色。借鉴吸收只能是外力，学术话语体系的构建最终还需要苦练内功，构建具有中国特色的哲学社会科学话语体系最终还是靠我们的自主创新能力，要在话语议题和原创性概念上下功夫。

　　在议题设置上，首先增强议题设置的原创性。在议题的原创性上，哲学社会科学工作者最不能的就是忘"本"，一些新的议题可直接来源于中国情景、中国问题、中国经验的自我"学术主张"。我国经济、政治、法律、文化、社会、生态、外交、国防、党建等领域形成的哲学社会科学思想和成果，以及中国特色社会主义道路、理论体系、制度的形成，都是议题设置的最好素材。习近平总书记曾指出，这些资源"是中国特色哲学社

---

① 张一兵：《马克思哲学的历史原像》，人民出版社，2009，第2页。

会科学的主体内容，也是中国特色哲学社会科学发展的最大增量"①。其次以实践为导向，设置对实践具有解释性、应用型、预见性的新议题。"中国经济新常态""新发展理念""供给侧结构改革""高质量发展""精准扶贫""共同富裕""中国式现代化"等都是构建自主性学术话语体系比较好的议题。在国际议题设置上，我们要摆脱对国外学术的依附，要主动出击，"中国治理模式"议题的提出，不仅在国内有着全局意义、战略意义和学术意义，而且还具有广泛的国际影响。著名的世界未来学家约翰·奈斯比特曾指出："在未来近十年里，全球将出现系统的、整体的变革……除一系列技术创新引发的大趋势外，还会出现以西方为中心到一个多中心的世界。从全球范围看，在这一过程中，中国治理模式将受到国际广泛关注。"他还说道："中国模式是一种垂直性治理体系，首先是由上至下的治理方式，其次是基层需求往上推动。这两种系统向中间靠拢就会找到一个重合点……就是这种自上而下和自下而上的力量的平衡，这是中国稳定的关键……中国高效的治理模式培育了它的竞争优势，其管理与统治体系显然拥有长期的战略意义。"② 可见，在国际学术界"中国治理模式"确实是个具有战略和现实意义的议题。在国际议题设置上，中国哲学社会科学工作者一定要基于中国实践进行设定，要敢于突破西方学术话语框架。

此外，要取得自我"学术主张"，还需要凝练具有标识性的新概念，只有这样才能取得对自主性理论体系中概念的定义权。所谓标识性概念，即一个学科中基本的、有别于其他学科的语言符号集合体。而对这些体现学科本质属性的概念要"精选"，使之成为概念体系中的"精品"。标识性概念的提出就是创造"新话"的过程，可能是对已有的甚至是传统的概念赋予新的内涵，即对概念的"重构"，也可以提出一些原来没有的新概念，创造新的概念新的话语。在西强东弱的话语格局中，针对全球和平赤字、发展赤字、治理赤字、信任赤字，中国要承担一个大国的角色，要主动进行表达，凝练出一些叫得响、传得开的标识性概念，为全球话语格局的变革贡献中国智慧。

总之，正如习近平总书记强调："着力构建中国特色哲学社会科学，

①　习近平：《在哲学社会科学工作座谈会上的讲话》，人民出版社，2016，第16页。
②　〔澳〕约翰·奈斯比特、〔美〕多丽丝·奈斯比特：《掌控大趋势：如何正确认识、掌控这个变化的世界》，《杭州》（周刊）2018年第12期。

要按照立足中国、借鉴国外，挖掘历史、把握当代，关怀人类、面向未来的思路，在指导思想、学科体系、学术体系、话语体系等方面充分体现中国特色、中国风格、中国气派。"① 当代学术话语体系的构建既要借鉴吸收，又要自主创新；既要吸收中国优秀传统文化的资源，也要吸收国外哲学社会科学中的资源；既要主动设置议题，也要提炼标识性概念，真正让世界"读懂中国"。

五　"回到文本"与"面向现实"相结合

"文本"与"现实"是学术话语体系构建不可或缺的两个维度。马克思自身实现的哲学话语革命，就是在文本与现实双向视域的交融中，在经典文本与现实批判的互动中逐步实现的。马克思从书斋走向社会，又从社会回到书斋，在不同场域的转换中，不断实现其哲学话语的变革发展。借用解释学话语来看，马克思的文本研究框架是"'社会：历史现实—文本—当下现实'，而不是'文本：概念—原理—体系'"②。文本与现实相结合的方法是马克思不同于以往西方传统哲学家以及青年黑格尔派的不同之处，也是其实现话语革命的关键一环。这一方法在当代学术话语体系构建中依然适用，而且必须要用。

文本，即意味着思想的资源，也是学术话语创新的基础和前提。众所周知，文本是人们观察和认识事物的前提，人们在把握现实中，文本具有重要意义，它总会或隐或显地牵引、指向和辨识相应的现实存在。但是，文本绝不是研究的目的本身，不同的学科文本在话语体系构建中只能是"托物言志"的工具，透视社会现实、社会问题和社会关系本质的"他山之石"。学术话语体系的构建应以文本为依托，但要走出文本，不能简单地接受任何文本所提供的现成结论，要对文本进行历史分析、现实研究，充分认识概念"所指"与"能指"的具体、历史矛盾统一，以揭示现实社会本质和规律。马克思从没有抽象、凝固地把握任何概念，他认为，认识任何范畴及范畴间的关系，都要看情况而定。在当代中国学术话语体系

① 习近平：《在哲学社会科学工作座谈会上的讲话》，人民出版社，2016，第15页。
② 陈忠：《在历史与解释之间：马克思哲学再理解》，人民出版社，2016，第174页。

构建中，文本维度就意味着，基于马克思主义的立场与方法对诸多社会现象和社会问题进行与时俱进的观察与反思，将马克思主义的立场与精神植根于社会现实的土壤。而首要的任务就是高度重视对马克思主义经典文本的解读，回到马克思主义的原初语境，理解马克思主义概念、范畴和命题的真实意蕴。以马克思主义为指导的中国哲学社会科学话语体系的构建，必须加强对马克思主义经典文本的研读和解读，知道什么是马克思主义的，什么是非马克思主义的。基于文本、概念、范畴的学术研究，有助于还原一个"实然"的、深邃的马克思主义理论形象。当然，除去马克思主义经典文本，其他经典文本也都是话语体系构建重要的参取维度。但是，当今中国至今仍存在着的比附于西方、以"西"为贵的学术生态，是需要摒弃的。用西方经典文本的概念、立场和分析框架来标识或标签中国经验和问题，这种文本研读和解读方式不要也罢。这里还存在一个意识形态话语与学术话语①之间的关系问题，二者并不是不可调和，同样只有保持合理张力，才能找到二者的平衡。

现实，是学术话语体系构建的出发点和落脚点，更是学术话语创新的生长点。当代中国学术话语的创新必须面向现实，文本终究是在对话中开启，话语体系终究是在文本与现实的双向视域中建构。学术要想成为思想，就必须回答时代之问、社会之惑，只有立足时代才能构建出有生命力的新话语。其实，回首马克思哲学话语革命本身，也可以看出现实的重要性。马克思所构建的话语体系是一个开放的体系，是一个随着时代发展而发展的话语体系，而不是一个封闭的、永恒的话语体系，不是一个脱离现实、高悬于现实之上的话语体系。马克思曾尖锐批评德国哲学家"没有一个想到要提出关于德国哲学和德国现实之间的联系问题，关于他们所作的批判和他们自身的物质环境之间的联系问题"②。落脚到我们当代学术话语体系的构建，也要让学术与现实联系起来。随着社会发展的深入，新问题、新挑战、新情况层出不穷，我们的学术需要不断对其进行回答，并通过回答提炼出时代新理念和新概念，不断创新学术话语体系。中国学术话语的创新不仅仅是对文本的解读和考证，更重要的是走进现实。悬置现

---

① 参见侯才《构建中国哲学话语体系让当代中国哲学走向世界》，《理论视野》2016 年第 2 期。
② 《马克思恩格斯文集》第 1 卷，人民出版社，2009，第 516 页。

实，学术话语的生命力将荡然无存，文本终究在与现实的对话中开启。学术话语不是纯粹形式化的符号系统，而是建构在日常生活基础之上的语言符号系统。曾经的笛卡尔、斯宾诺莎等试图用数学的方式建构自己的话语体系，但最终都以失败告终。"自康德以后，数学的形式已不再出现于哲学之中了。……哲学中的数学形式只不过带来了一座纸牌拼凑起来的房屋而已。"①用脱离现实世界和社会实践的纯粹形式化的符号系统进行话语创新，只能制造"死"的语言，最终窒息自己构建的话语体系之中。仅仅"回到文本"，那是"知识考古学""书斋里的学问"！恩格斯就反对这种脱离现实的抽象的文本研究方法，他反对从不感性社会出发，而"把生产和一切经济关系""当作'文化史'的从属因素"的研究方法，认为这是"在'文化史'方面舞文弄墨拾人唾余的人"②所运用的抽象方法。而在当代学术研究中，有些学者力图走出意识形态和政治化的"困境"，主张回到学术，强调学术研究的独立性，甚至主张回归学术、放逐现实，对现实生活世界采取逃避的态度。比如，在马克思主义哲学研究领域就曾出现过"文本解读"的热潮，认为关注政治和研究现实不是学术，只有解读文本才是真正的学术，才是真正研究马克思主义哲学。无可厚非，文本解读有助于进一步发展马克思的学术思想资源，为揭示马克思思想的当代意义奠定学理基础，但从整个马克思主义哲学发展看，拒斥现实无疑是不利于马克思主义哲学学术生态的健康发展。现实为学术话语创新提供新的问题域，是学术话语创新的源头活水。马克思曾说，"理论在一个国家实现的程度，总是取决于理论满足这个国家的需要的程度"③。我们也可以说，话语权在一个国家实现的程度，总是取决于满足这个国家的需要程度。如果马克思主义哲学高悬于上空，对中国发展的问题"不闻不问"，那离话语权的丧失也就不远了！没有话语权的马克思主义哲学，即使"创新"了，也不会有任何价值。当然，离开现实，也是不可能有任何创新的。

在话语体系构建中，"文本"与"现实"应保持合理张力，二者不可偏废其一。虽然马克思本人并不绝对、抽象反对文本研究，但他却认为，

---

① 〔德〕海涅：《论德国宗教和哲学的历史》，海安译，商务印书馆，1974，第105页。
② 参见《马克思恩格斯文集》第2卷，人民出版社，2009，第596页。
③ 《马克思恩格斯文集》第1卷，人民出版社，2009，第12页。

在进行文本研究时，"主体，即社会，也必须始终作为前提浮现在表象面前"①。马克思强调文本研究的非独立性和非自足性，强调对社会现实关系的研究、把握与叙述，强调文本研究对现实社会研究的绝对从属。在马克思那里，文本研究只是透视现实关系的工具，而非目的。如果离开现实囿于书斋，进行孤立的文本学研究，满足于"从文本中讨生活"，陷入没有实践意义的纯粹思辨的观念和文字游戏之中，就可能出现由于过度的概念化而遮蔽现实，抑或是对现实的辖制与剪裁，不能解释实践，更不能引领实践。这在话语体系构建中一定要警惕和规避的。

我们要构建的以马克思主义为指导的中国学术话语体系，不能只有马克思和恩格斯等老祖宗的话，没有中国现实；不能只有马克思的"共同体"，没有人类命运共同体；不能只有计划经济，没有社会主义市场经济等；不能一边研究马克思，一边却在背离马克思。当然，如果离开文本而一味沉迷现实，就会停留于经验，形成一些似是而非的概念、术语，抑或形成对现实的碎片化解读，这样的学术研究其合法性将受到质疑。当代中国学术话语的创新绝不是背离马克思，制造一些令人眼花缭乱的新概念、新论断、新命题，也绝不是沉浸在现实世界之外，进行概念的逻辑推演，而是在马克思主义话语体系的基本精神的框架内进行的话语创新，在文本与现实互动和交织中实现话语创新。以当代中国马克思主义哲学研究为例，曾一度"文本解读"蔚然成风，甚至成为马克思主义哲学研究的标尺，大有取代马克思主义哲学研究之势，可谓是"回到文本"有余，"面向现实"不足。当前，在马克思主义哲学研究中，"口号"哲学、"概念"哲学、"文本"哲学、"抽象哲学"多，"实践哲学""问题哲学"少，这是马克思主义话语创新的"软肋"。质言之，重文本轻现实，容易说旧话、说老话，说过时的话；重现实轻文本容易说偏话、说大话、说空话。找到现实与文本的话语平衡点，让当代中国学术话语说真话、说实话、说新话。

当代中国学术话语体系的构建不是单向的从"文本"到"现实"，也不是单向的从"现实"到"文本"，是以"现实问题"为中心的，在文本、思想与现实的多向的、立体的互动中实现的。此外，构建以马克思主

---

① 《马克思恩格斯文集》第8卷，人民出版社，2009，第26页。

义为指导的学术话语体系就要依托马克思主义文本的方法和立场及其分析框架，让经典文本照亮现实，立足现实，生成具有解释力的中国概念和中国命题，促进中国学术话语的出场与构建。

陈先达先生有言："马克思主义哲学繁荣发展的创新之路，最根本的还不是解释文本，而是要立足实践，面对时代，面对现实。"① 他一直强调，马克思主义哲学工作者要自信、自强、自尊，就要做到"顶天""立地"。中国学术话语体系的创新与构建也要"顶天立地"，"顶天"就是要认真学习、阅读、钻研经典文本；"立地"就是要让其话语言说中国问题，回答时代问题，就是要接地气。只有"顶天立地"，中国学术话语才能真正成为"时代精神的精华"。

总之，构建中国学术话语体系，必须以研究经典文本为基础，但是醉心于经典文本中的某些话语而无视中国的具体实际，就背离了马克思主义哲学话语的精神实质。"两耳不闻窗外事，一心只读圣贤书"，过分强调回归学术、回到基础理论的研究，远离社会现实、国家及人民诉求，这是学术工作者不负责任的表现，也是对马克思哲学话语革命的背叛。中国现实是当代中国学术话语创新的源头活水，任何脱离中国问题的学术创新都是头脑中的"臆想"。离开中国问题谈中国学术，只能是成为一种"空谈"。学术话语的创新不是抽象的概念推演或文本解读，必须面向现实、时代、实践和生活世界。当代中国学术话语体系的构建，我们既要注重文本解读，但更重要的是应该注重解读实践和时代这本大书，既要立足文本，又要关注现实；既要解读好马克思主义这本书，也要解读好当代中国社会现实、中国的发展逻辑和中国问题这本书。唯有如此，我们才能构建起中国特色、中国气派、中国风格的哲学社会科学话语体系。

① 陈先达：《学术评价的主体和评价标准》，《毛泽东邓小平理论研究》2012 年第 1 期。

第七章 当代中国学术话语体系构建的境遇与路径

当代中国学术话语体系构建面临何种境遇，如何构建以马克思主义为指导的中国学术话语体系？如何让中国学术话语体系说"新话"？"创新"！唯有创新，才能让中国哲学社会科学话语体系充满生机和活力，才能在国际话语舞台拥有一席之地。新发展阶段、新发展理念、新发展格局，新的实践加快推进了哲学社会科学话语体系的构建。但与此同时，在国际话语舞台，中国学术话语的失声、失语现象仍然存在，"西强东弱"的话语格局仍然没有改变，当代中国学术话语体系的构建仍然面临诸多挑战和困难。可以说，当代中国学术话语体系的构建仍然任重道远。新时代、新机遇、新挑战、新征程、新实践，要求哲学社会科学工作者在更强的思想张力、更广的历史坐标上"建功立业"。回顾当代中国学术话语体系构建的境遇，认清现状，抓住机遇，探寻中国学术话语创新之路径，构建一套立足于中国，以马克思主义为指导的，又结合西方优秀哲学资源的哲学社会科学话语体系，真正让中国哲学屹立于世界话语之林。

一 当代中国学术话语体系构建的现状

改革开放以来，我国哲学社会科学学科体系不断健全，研究水平和创新能力得到明显提升，已经形成了一套相对比较完备的学术话语体系。但不可否认，作为哲学社会科学大国，我国学术话语能力和水平同国家综合国力和国际地位还不相称。哲学社会科学的发展与时代的要求、与党和人民的期盼还有不少差距，研究成果低水平重复现象还比较普遍，应对全局性、战略性、前瞻性重大社会问题的能力还不强，学术话语的原创性不足，还无法满足世界对中国的认识，在国际话语舞台，中国声音仍然相对弱小。同时，许多学术成果止于"象牙塔"，难以满足人民大众的需求，学术话语的小众化问题仍然突出。

首先，学术话语的失声化。学术话语的"失声"主要是指现有的话语体系还不能够对中国社会发展实践作出全面的阐发和系统的解释，在中国现象和中国问题上还没有形成一套行之有效的话语体系。话语供给不足是当前中国学术发展遇到最大的困境。中国问题的"失声"主要表现为理论的创新和话语的提炼滞后于现实的实践逻辑。当"中国问题"需要理论层面上的学术支撑时，哲学社会科学工作者还不能进行行之有效的解释。当前，中国的复兴的速度很快，但是理论并没有与之同步，在很多现实问题上，并没有形成系统的理论知识。有些问题还仅仅停留在对现象的研究，学术思考多流于碎片化，根本没有真正回答问题本身。比如说，"中国向何处去"的问题。用阿尔都塞的话来说，这就是关涉中国发展根本方向、普遍存在又与时俱进的"总问题"。而当前的研究多是对某一具体问题的研究，而对这一"总问题"却少有涉及。全球化的今天，"中国问题"既有中国性，又有世界历史性，在理论上没有可借鉴的资源，在实践上没有可效法的对象，中国要回答"中国向何处去"的问题归根到底还是要向自身寻找答案，而当下的中国研究却常常忽略这一点。转型中的中国，利益博弈、结构转型、力量转移、文化转型等这些中国最大的现实问题，也都需要从哲学的层面进行探讨。当代中国学术话语体系的构建应以"中国问题"作为研究的出发点和落脚点。反观当下的中国学术话语，经典文本的话语、教科书的话语、西方思潮的话语不可谓不多，而"面向中国问题"的学术话语却相对较少。在"中国问题"上，中国是失语的、中国的话语权是有限的。这也是为什么"中国模式""中国道路""中国制度"往往成为话语"他者"，被西方学术任意剪裁和任意解读。由于哲学社会科学工作者的"失语"，才让西方学术话语有机可乘、有话可说。

就当前马克思主义哲学研究而言，马克思主义哲学在学术领域中的话语权逐渐丧失，在公共领域的声音越来越弱，有人就曾提出质疑：马克思主义哲学"被边缘化还是自我放逐"①。其实，从"问题学"的视角来说，马克思主义哲学的"失语"，就是"中国问题"的不在场，就是"中国问题意识"的淡薄和缺失。任何真正的哲学都是自己时代精神的精华，都蕴含着对时代重大问题的独特思考。马克思也正是对自己所处的资本主义社会的现实问题的哲学思考中，形成了自己的哲学范畴和哲学话语，并实现其哲学话语革命的。而反观当代中国，破解中国发展的现实逻辑和中国问题的"中国方案"至今仍然悬而未决，也没有形成一套概念、范畴体系讲清中国故事。

在马克思主义哲学研究中，常常存在这样一种研究倾向：重文本解读而轻现实解读，文本研究有余现实研究不足。改革开放40多年来，针对传统教科书体系的种种弊端，哲学界开始反叛和超越传统的教科书体系，并在研究中逐渐形成两种范式：一种是"回到马克思"的文本解读。力图从源头上探讨马克思主义哲学，还原马克思主义哲学的本真状态，澄清对马克思主义哲学的一些误解和误读。这种研究范式逐渐成为热潮，是马克思主义哲学的重大课题和策略。另一种是"以西解马"的文本解读。试图通过吸收现代西方哲学研究成果的基础上，用他们的概念、范畴体系来解读马克思、恩格斯的学说，重新解释马克思哲学和马克思主义哲学，对马克思主义进行再创造。无疑，这两种研究范式在当代马克思主义哲学研究中都是必不可少的，这对于正确把握马克思主义基本原理，改正过去的误解和误读具有重要意义。

但是，切不可作为哲学研究的"全部"，把文本解读彻底变成了"知识考古学"。比如说，对历史唯物主义的研究，不考察当今历史发展的矛盾和问题；研究"人学"，不关注现实的人所面临的现实问题；对"实践唯物主义"的研究，不关注现实的实践，漠视现实问题；研究"价值"，不关注当代人类社会发展的价值问题，囿于主客体的思辨之中，等等。其实，从近年来的哲学文章也可略见一斑，文本解读的文章多，现实解读的文章少；回答"哲学的问题"的文章多，解答"问题的哲学"的文章少；政题论证的文章多，理性分析的文章少；肯定颂扬的文章多，反思批判的

----

① 青年哲学论坛部分成员：《被边缘化还是自我放逐：关于马克思主义哲学研究的学术性与现实性的对话》，《哲学研究》2004年第1期。

文章少；注解论证的文章多，前导引领的文章少。哲学话语变成为了说而说，为了研究而研究，哲学研究彻底变成了一种抽象思辨。以国外马克思主义研究为例。当前很多对国外马克思主义的研究仅仅停留在对国外马克思主义本身的研究，根本没有把研究还原到中国问题的回答，以及中国理论的构建上来，更没有放在解决中国问题上来，变成了一种为了研究而进行的研究。学术研究是为学术而学术，话语体系构建是为构建而构建，最终只能竹篮打水一场空，中国学术话语体系的构建也成为一张空头支票。

总之，不管是马克思主义哲学，还是以马克思主义为指导的中国哲学社会科学的研究，在"中国问题"上失语、失声的问题还很突出。一些哲学工作者的研究缺乏对中国问题的关照，对当代中国社会实践的重大理论和现实问题缺乏足够的阐释力，对人民群众关心的热点问题、难点问题也缺少应有的回应，这也是为什么当代中国学术话语体系构建困难之所在。

其次，学术话语的边缘化。回看世界话语舞台，西方学术话语可谓是"一枝独秀"，中国的学术声音还很微弱。西方学术占据着国际话语舞台的霸主地位，中国学术被边缘化、被冷落。在学术舞台，西方总是"奇货可居"，中国好似"无人问津"，西方学术与中国学术形成鲜明的对比。

马克思主义的"失语""失踪""失声"是当代中国学术话语被"边缘化"的最真实反映。在教材、学科、论坛上，话语"一边倒"地向"西方话语"靠拢。西方经济学优于政治经济学、西方学者的解读都是正确的，西方的概念、范畴都是不容置疑的，等等。在学术界，唯西方学术思想是从，言必称"西方学术"已经成为一种话语风尚。如有些学者用西方宪政解读依法治国，用新自由主义来解释全面深化改革，长此以往只能落入西方学术话语的陷阱之中，掉入西方国家"和平演变"的圈套之中，最终沦为西方国家的附庸。以马克思主义哲学研究为例，在中国哲学、马克思主义哲学、西方哲学三足鼎立的话语格局中，部分学者盲目地将马克思主义哲学话语与现代西方哲学"接轨"，甚至是合流，"在西方的话语中消解马克思，西方哲学在马克思主义哲学界似乎成了主导性话语"①。这样，马克思主义哲学话语不断被"西化"、被消解，进而丧失其话语权。部分学者

---

① 陈曙光：《改革开放 30 年来马克思主义大众化的反思》，《武汉理工大学学报》2008 年第 4 期。

执迷于西方马克思主义哲学研究者的研究，陷入了对"研究的研究"怪圈。他们的研究话语拘泥于西方马克思主义研究者身上，创造出一些学界听不懂的话语，让马克思主义哲学越来越远离大众。不从中国本土发现属于自己的时代问题，缺少自己的话语议题、话语规则，是很难立于国际哲学话语舞台的，更不可能在国际话语舞台中处于主流，只能做西方话语的小学生，无法摆脱"话语贫困"的帽子；跟着西方话语说，让中国学术说"洋话"，最终使中国学术出现"话语危机"；完全以西方学术为尺度，套用西方概念模式和外在评价的方式，不管是从话语方式还是学术范式都从属于西方，只能成为西方的"应声虫"。

其实，在学术界一直都存在这样一种学术倾向：用西方学术范式来规范中国学术话语，用西方学术话语中的时髦概念来裁剪或"反哺"中国学术话语，用西方学术话语来解构中国的哲学社会科学。当前，在对马克思主义的解读中就出现了名目繁多的解读方式，比如说"以黑解马""以费解马""以海解马""以阿解马""以德解马（德拉—沃尔佩）""以哈解马""以康解马""以韦解马（马克斯·韦伯）""以后解马"① 等，不一而足。这些形形色色的解读方法，都不过是用西方话语来裁剪马克思主义，抑或是用资产阶级意识形态来收编马克思主义，这是对马克思主义经典原著的疏离。学者对马克思哲学的解读，大多以西方哲学史为依托，这无可厚非。因为马克思哲学本身就是对传统西方哲学的一种变革。但是机械地用西方哲学套用马克思哲学，削马克思主义哲学话语之足，适西方话语之履，就有失偏颇了。根据西方学者的观点，将马克思主义哲学歪曲为抽象的人本主义和人道主义，将马克思主义哲学话语认定为人本主义哲学话语；或是用本体论、认识论的语境去套马克思主义哲学话语，站在西方传统形而上学的立场上去解读，将其看作一种形而上学的变种，是不同于传统形而上学的"物质本体论"，将西方传统形而上学当作"模版"，并以此模版为"底色"，对马克思主义哲学话语进行描绘和涂鸦，让其更像西方传统形而上学的话语调调，或单纯地进行西方哲学术语堆砌，意在用西方哲学的术语概念提升马克思主义哲学话语的"学术性"。这不得不让

---

① 参见王东《马克思学新奠基——马克思哲学新解读的方法论导言》，北京大学出版社，2006，第99～159页。

人担忧。殊不知，黑格尔已经是传统形而上学的"集大成者"，依这样的看法，马克思岂不是成了西方传统形而上学这个"大作坊"中的"小徒弟"。这种自降身价的做法真是愚蠢至极！当今世界各国解释社会现象通用的学术概念、理论范畴、语言表述多是来自西方，中国原创的学术概念、理论范式本身少之又少，已经处于劣势。如果还一味地采取"拿来主义"，那么中国的学术话语权又从何说起呢！

最后，学术话语的小众①化。当前，中国哲学社会科学工作者不可谓不多，学术著作和学术论文也灿若星辰。而与此相反，中国学术话语权却越变越小。很多学术话语变成了学术沙龙中的窃窃私语，变成了学术会议上的小众语言，变成了"装潢美丽的西点"，用玄妙的语言构造神秘的体系自我欣赏。很多哲学社会科学著作只是在学者之间相传、自行消化，以至于圈外人很少有人愿意读，更不用说从中汲取点什么了。学术话语的言说一时变成了言说者在小圈子中的自说自话。一个只会说学术行话的人，是一个不懂实践的人，根本不是一个真正的学术研究。学术界晦涩文风盛行，"问题越来越高雅，视阈越来越狭窄，字眼越来越生僻，概念越来越抽象，语言越来越晦涩，文章越来越难懂"②。这种文风严重伤害了话语的感染力、亲和力，阻隔了中国哲学社会科学通向大众的道路，疏远了大众走进马克思主义哲学的距离。

毋庸置疑，中国哲学社会科学话语体系的构建确实是由少数知识精英通过对社会实践和思想理论进行的言说和叙述，但这只是大众化的"前奏"，是为大众实践服务的一环。马克思曾说："我们决不想把新的科学成

---

①　关于学术大众化问题，学界有诸多讨论，有学者就提出从形式上来看，学术就是学术，大众就是大众，学术是研究理性的探索，大众是普及的传播，阅读人群和需求不同。大众对文化知识有所了解即可，而学术研究具有学术标准，不能向大众标准看齐，否则在世界上很难获得话语权。也有学者将大众化的意思进行泛指，他提出现在所说的"大众"与以往的概念不一样。大众，不是文化层次不高的概念，而是泛指本专业以外的爱好者和研究者，以及不以这方面研究为职业的人。未来学术的发展，是大众化趋势开始呈现，所有学问都是大众一起做。每个人抱守自己的专业，这是自己的饭碗，同时也有别人"添滋加味"；每个人在抱守自己专业的同时，也会为别人"添滋加味"，这将成为学术的常态。参见《对话：繁荣与发展 创新中国学术》，《中国社会科学报》2017年5月26日。这里所说的小众化与后者所说的"大众化"对应的，小众是限定在自己的学术小圈子里。

②　陈曙光：《谈谈"理论"与"问题"》，《湖湘论坛》2008年第4期。

就写成厚厚的书，只向'学术'界吐露。正相反，我们两人已经深入到政治运动中；我们已经在知识分子中间，特别是在德国西部的知识分子中间获得一些人的拥护，并且同有组织的无产阶级建立了广泛联系。"① 当前，我国从事马克思主义哲学研究的人员主要集中于党政机关、高校、党校和科研院所，但是作为研究者，他们应该将马克思主义哲学话语从精英向大众转变，而不是仅仅成为学者进行交流的语言，成为某些学术精英口中的之乎者也。人民性是中国学术话语的根本特质。马克思主义哲学是为人民立言，为人民实践服务，是从人民中来，到人民中去的。显然，学术话语的"小众化"已经偏离了中国特色学术话语的发展轨道。

　　中国学术话语的小众化与学术研究的文风不无关系。以马克思主义中国化为例，有些学者皓首穷经、机械照搬、生吞活剥，"唯书、唯上，不唯实"，将学术研究教条化、公式化、经院化。用既有的马克思主义哲学话语裁剪现实，将马克思主义哲学话语进行生搬硬套，墨守马克思主义哲学中已经过时的话语，对马克思搞"话语崇拜"；用经典著作中的概念、理论来审视现实，不管时代提出什么新的课题，从它里面都能找到答案；不管科学取得什么新的成果，都不过是对它的真理性的论证。也有学者在言说马克思主义哲学话语时，采取"拿来主义"的态度，把既有概念、命题不分青红皂白照着说，将马克思主义哲学话语绝对化，视为包治百病的灵丹妙药，并奉为"真经"。殊不知，"马克思活着的时候，不能将后来出现的所有的问题都看到，也就不能在那时把所有的这些问题都加以解决"②，更不可能将所有的话都说完。除此之外，在语言表达上，故弄玄虚使马克思主义话语变得既不可信，也不可爱。部分学者为了凸显其著作的学术性和创造性，将生动活泼的马克思主义话语用"纯粹学术"的语言表达出来，把简单的话语复杂说，将生活话语概念化。用马克思批判德国《国家报》的话来说，就是"去写那种除了作者先生和评论家先生以外再没有人去读的博大精深的著作吧"③。还有学者将学术研究停留在书斋式的话语逻辑中，在空洞抽象的概念王国中转来转去，使其变成空泛、枯燥的理论说教，唱一些空洞的调头只会让人民群众听而生畏。在马克思主义

① 《马克思恩格斯文集》第4卷，人民出版社，2009，第233页。
② 《毛泽东文集》第8卷，人民出版社，1999，第5页。
③ 《马克思恩格斯全集》第1卷，人民出版社，1995，第141页。

哲学研究中，部分学者用一些艰深莫测的术语、概念去言说马克思主义哲学，更有甚者随意制造概念，讲着只有自己能听懂的话，这些都很难让马克思主义哲学具有吸引力、感召力。马克思主义哲学成了远离公众的"阳春白雪"，这与创立马克思主义哲学的初衷是相违背的。其实，通俗化、大众化才是马克思主义话语的本性。马克思主义从来都不是"精英之学""贵族之学""经院之学"，更不是"曲高和寡"之说。用一种大众能明白的语言方式，通俗易懂、生动活泼的话语表达是马克思主义哲学的本性使然。但是近年来，以马克思主义为指导的学术话语却演变成了"象牙塔里的专业用语"，成为少数精英的私语。一些著作，学术性、专业性太强，只有少数"圈子里"的哲学专家才能读懂。他们在哲学的话语中陶醉，将马克思主义哲学束之高阁，拒人民群众于千里之外。马克思主义哲学离老百姓越来越远，马克思主义哲学的文章越来越不被大众接受。马克思主义哲学的研究彻底变成了一种"哲学家们"的"自娱自乐"，哲学话语的言说彻底变成了他们的"自说自话"。

当然，有人会提出异议，甚至偏激地认为，学术本来就是少数人才懂，哲学社会科学中的"哲学"原本就是"贵族化"的学问，不必迎合人民大众，应与人民大众保持一定距离。学术如果过多的过问生活，缺少概念的思辨，就会使哲学失去尊严，变成了"媚俗"的学问。显然，这些认识是大错特错的。殊不知，马克思主义哲学与以往旧哲学的根本区别就在于，它所关注的焦点从精英转向了大众，它以反精英化、面向大众的生活实践作为自己的目标。马克思主义哲学话语的精英化、小众化与其话语本质是相违逆的，这样建构的哲学话语不是真正的马克思主义哲学。做学术研究的最终目的是为人民群众服务的，如果只是为了所谓的学术而研究，那是舍本逐末。

二　当代中国学术话语体系构建面临的机遇

当代中国学术话语体系的构建不仅面临着大变革的时代机遇，也面临着百年之未有大变局的世界机遇，同时随着哲学社会科学工作者主体意识的增强，可以说，现在是中国学术话语体系构建"最好的时代"，也是能够建构学术话语的时代。哲学社会科学工作者应抓住机遇，创造属于中国学术的时代。

首先，时代机遇。

时代造就思想，任何思想与学术都是时代的产物。一个时代有一个时代的思想和学术。旧时代有旧时代的学术，新时代亦会产生新时代的学术。正如邓小平所说："马克思有他那个时代的语言，我们有我们时代的语言。一个时代有一个时代的语言，新时代总有新语言。"① 中国特色社会主义进入新时代，我们比历史上任何时期都更接近、更有信心和能力实现中华民族伟大复兴，新时代要有新时代的声音。习近平总书记指出："经过长期努力，中国特色社会主义进入了新时代，这是我国发展新的历史方位。"② 新时代"是一个需要理论而且一定能够产生理论的时代"，"是一个需要思想而且一定能够产生思想的时代"③。同样，这是一个需要话语的时代而且一定能够产生话语的时代。我们已经进入新时代，是时候拥有属于中国自己的话语体系了。可以说，当今时代是中国学术最好的时代，是中国学术可以大显身手的时代。

回顾历史，我们总能发现，往往社会大变革的时代，同时也是哲学社会科学大发展的时代。这是由于大变革的时代必然是时代发展问题的高发期，也正是在对频发的时代发展问题的回答中，哲学社会科学才能大发展。比如，春秋战国时期，时代的大变迁促使思想空前活跃，儒、法、道、墨等各学派形成"百家争鸣"的学术繁荣局面。同样，进入21世纪，中国社会自身正经历着从农业社会向工业社会，从工业社会向信息社会的大变革，社会的急剧变化，许多问题亟待解决。而这些新出现的问题都是空前的，史无前例的，没有可参照的解决办法，需要不断进行实践和理论上的创新。正如习近平总书记所指出的："当代中国的伟大社会变革，不是简单延续我国历史文化的母版，不是简单套用马克思主义经典作家设想的模板，不是其他国家社会主义实践的再版，也不是国外现代化发展的翻版，不可能找到现成的教科书。"④ 这种前无古人的伟大实践，必将给理论创造、学术繁荣提供强大动力和广阔空间。

① 《邓小平文集（一九四九—一九七四年）》中卷，人民出版社，2014，第390页。
② 《习近平谈治国理政》第3卷，外文出版社，2020，第8页。
③ 习近平：《在哲学社会科学工作座谈会上的讲话》，人民出版社，2016，第8页。
④ 习近平：《在哲学社会科学工作座谈会上的讲话》，人民出版社，2016，第21页。

　　社会大变革推动着实践创新，实践创新召唤着理论创新。实践是学术话语生成的沃土。新中国成立以来尤其是改革开放以来，在中国共产党的领导下，从宏观到微观、从中央到地方、从顶层设计到具体操作，我国都已经探索出了一系列行之有效的做法，可以说时代已经给中国学术话语体系的构建提供了机遇，创造了条件，只欠总结归纳这些成功做法并加以科学凝练，把实践经验上升到理论高度的"东风"。正如习近平总书记所说："新时代改革开放和社会主义现代化建设的丰富实践是理论和政策研究的'富矿'。"① 生机勃勃的中国特色社会主义事业，全面建成小康社会的伟大实践，为繁荣发展哲学社会科学提供了广阔的舞台和不竭的源泉，中国建设实践渴求理论的创新，理论创造学术繁荣面临着难得的时代机遇。如果说中国学术话语体系是一道盛宴的话，中国实践已经为盛宴备好了食材，现在就是需要哲学社会科学工作者一展身手的时候。当下，哲学社会科学工作者应积极总结中国经验、回应中国问题、思考中国未来，提供有预见性的、有思想深度的理论成果。朱自清曾说：知识分子的生路，就是作为一个时代的人。哲学社会科学工作者的生路，也是作为一个时代的学者。时代造英雄，时代也造概念，时代更能成就话语体系的构建。

　　其次，世界机遇。

　　当今世界进入大变革大调整时期，正发生深刻复杂的变化，正经历百年未有之大变局。在世界大变局中，"西方之乱"频发，资本主义国家鼓吹的"民主、自由、人权"等所谓的"普世价值"不过是资本家的"自由、民主、人权"，推销的"历史终结论"早已终结。而反观中国，可谓是风景这边独好。经济社会稳定健康发展，"中国之治"彰显出巨大制度优越性和强大道路生命力。"中国之治"与"西方之乱"形成鲜明对比，这种对比背后反映的是资本主义与社会主义两种道路的成败、优劣。中国的发展打破了西方资本主义政治制度和价值观的"放之四海而皆准"的神话，拓展了发展中国家走向现实化的途径。当今世界既充满希望，也有诸多挑战，国际社会极其期待符合时代发展要求的发展蓝图。

　　世界迫切需要了解中国，中国用实际行动回答了世界。习近平总书记在庆祝中国共产党成立100周年大会上发表的重要讲话中庄严宣告："我

---

① 习近平：《在经济社会领域专家座谈会上的讲话》，人民出版社，2020，第12页。

们坚持和发展中国特色社会主义，推动物质文明、政治文明、精神文明、社会文明、生态文明协调发展，创造了中国式现代化新道路，创造了人类文明新形态。"① 党的十九届六中全会又指出：党的百年奋斗深刻影响了世界历史进程。……一百年来，……党领导人民成功走出中国式现代化道路，创造了人类文明新形态，拓展了发展中国家走向现代化的途径。中国式现代化是"新"的现代化，是不同于西方现代化道路的现代化，具有鲜明"中国特色"的现代化，为发展中国家现代化道路选择提供了新的可能。可以说，"当前，世界各国人民日益体会到，世界已经从与中国共享经济发展红利，走向共享思想理念红利"②。习近平新时代中国特色社会主义思想不仅指引当代中国走向一个又一个的胜利，也给世界上那些既希望加快发展又希望保持自身独立性的国家和民族提供了全新选择，为解决人类问题贡献中国智慧和中国方案。这也是为什么中国的发展理念、道路和内外政策作出集中阐释的《习近平谈治国理政》一书在海外出版，就受到广泛关注和欢迎。德国前总理施密特在为该书撰写书评时就曾说道："这样的书籍有助于外国读者可观、历史、多角度地观察中国，从而更好地了解中国，更全面地认识中国。"③

过去，由于我国贫穷落后等因素，中国学术成果长期不受国际社会的重视，缺乏国际影响，在国际话语舞台更是缺少话语权。众所周知，一个政治经济上落后的国家，其学术是不可能受到国际社会的关注。过去40多年，我国综合国力大幅提升，人民生活得到根本改善，创造了人类历史前所未有的壮丽变革图景，也引发了国际社会对中国的关注，甚至出现了"以研究中国问题为荣"的景象。无论是中国经济的增长速度、规模，还是经济增长的持续性都可谓是世界经济史上的奇迹。随着中国对世界经济影响力的增大，如何认识中国经济发展的机制，已经成为当今世界政治经济领域中的一个最热门的课题。其实不管是出于政治目的，还是出于经济目的，抑或出于学术研究目的，世界越来越想了解中国、认识中国，对中

---

① 习近平：《在庆祝中国共产党成立100周年大会上的讲话》，人民出版社，2021，第13～14页。

② 肖伟光：《拓展视野才能深化认识》，《人民日报》2018年1月23日。

③ 《读〈习近平谈治国理政〉他们怎么说？》，新华网，http://news.xinhuanet.com/world/2014-12/05/c_127279717.htm。

国认识需求的增加，给中国学术发展提供了难得的世界机遇。

回答好中国"从何处来，向何处去"的问题，向世界讲清楚"中国之治"的来龙去脉，是每一个哲学社会科学工作者的责任。哲学社会科学工作者用学术讲好中国故事，就是对这个问题的最好回答。讲清楚改革开放以来中国经济社会发展为什么能够取得巨大成就，讲清楚中国发展进步的路径和轨迹，讲清楚中国人民精神面貌发生深刻变化的深层原因，讲清楚中国发展面临的挑战和我们战胜挑战的举措，讲清楚中国和平发展道路，讲清楚精准脱贫与共同富裕，讲清楚中国未来发展走向，哲学社会科学工作者要用学术讲好中国政治制度、经济政策合理性和正当性，让世界真正了解真实的中国，而不是他者眼中的中国。我们要用中国的学术声音，讲好中国式现代化和人类文明新形态的中国故事。

最后，学术共同体主体意识的增强。

改革开放40多年来，随着中国哲学社会科学工作的不断开展，哲学社会科学工作主体意识不断增强，整个学术共同体也在觉醒。学术共同主体意识的增强主要体现在以下几个方面：其一，学术心态的转变，逐渐从"学术依赖"向"学术自信"转变。虽然我国学术发展在不同程度上仍存在对西方学术的依赖，但实际上也在以不同方式确立自身的主体性，逐渐摆脱对西方的学徒状态。其实，在很长的一段时间，中国的学术研究都处于"跟跑"阶段，特别是新中国成立到改革开放这段时间，我们的学科体系、学术体系和话语体系都不同程度受到苏联教科书体系的影响，甚至是以苏联教科书体系为"蓝本"。但改革开放以后，我们不但迎来了经济发展的春天，同时也迎来了学术研究的春天。经过40多年的发展，我们的学术研究虽然一定程度上还受到西方的影响，并未超越西方，对西方还有依赖，但随着发展逐渐形成与西方齐头并进的态势。过去，我们说的"耕了西方地、慌了中国田"反映的就是中国学术发展的一种学徒心态，即学术主体性和学术自我主张不足。学术自信是学术话语体系构建的关键，是国家文化软实力的重要组成部分。近年来，中国哲学社会科学各学科、各学术团体和组织以及广大哲学社会科学工作者都在思考中国学术话语体系的内涵、要素和特征是什么？构建中国学术话语体系的途径和方法是什么？如经济学界提出，中国经济学要有植根于中国经济改革和发展的土壤的、总结提炼中国经验的概念、范畴，要形成具有中国特色的经济理论体系和学术话语。同样，其他学科也有同样的需求。要构建自己的话语体系，这种意识和努力既是学术自觉，也是学术自信。学术自觉和学术自信的成长，将为当代中国学术话语体系构建注入了活力。

其二，研究格局的转变，逐渐从"拿来主义"向"传播智慧"转变。改革开放以来，随着西方学术的引进与对外学术交流的延伸，学术界滋生了西方中心倾向，对西方的概念、理论采取拿来主义。但当今中国已经发展起来且在向强国迈进中国特色社会主义的丰富实践为中国学术构建提供了素材和资源。在新的历史起点上，哲学社会科学工作者要立时代潮头，担负起历史使命，为构建当代学术话语体系贡献力量，向世界贡献具有标识性、原创性的中国学术理论。习近平总书记提出的"人类命运共同体"，就是在新的历史方位中，为世界贡献的具有原创性的中国智慧。人类命运共同体超越了西方中心主义，为全人类带来了福祉。

总之，站在历史的制高点上把握时代的潮流，哲学社会科学工作者应更加有底气地用中国自己的理论研究和话语体系阐述中国实践、中国道路，为世界提供中国智慧，让世界认识"理论中的中国"和"学术中的中国"。

三　当代中国学术话语体系构建面临的挑战

在世界话语舞台，"西强东弱"的话语格局至今仍然存在，西方的先入为主，给当代中国学术话语体系带来极大挑战。同时，学术不自信，以及当前理论界存在的学风、文风问题和话语的传播困难都成为话语体系建构过程中的绊脚石。

挑战一：壁垒森严，哲学社会科学各学科之间彼此之间缺少相互照应。

世界是一个有机联系、不可分割的整体，但随着人类认识分门别类地发展，浑然一体的整体世界，却日益被肢解为众多的条块，片面强调知识的分化，使各项学科之间壁垒森严、相互割裂，尤其是在哲学社会科学领域，各学科之间自说自话，各学科学者都封闭在自己的"圈子里"，很难走出。不可否认，每个学科都有自己特有的范畴和分析范式，但跨学科的对话语交流不是非此即彼，不是用一个学科的话语取代另一个学科的话语，而是二者的视域融合。任何学科都不是铁板一块，都是可以对话的。就连自然科学与人文科学这两个看似不相干的学科，都可以从分道扬镳走向相互渗透，自然科学的许多研究方法，如系统论、信息论、熵理论等，不断被运用到哲学、经济学、社会学等学科之中。当代中国学术话语体系的构建不能自说自话，应进行对话交流。

陈先达教授就从哲学与经济学的关系角度提出要加强学科对话，他认为，马克思主义哲学要创新，就必须在加强哲学与哲学对话的同时，走出哲学对话①。哲学与哲学的对话即是指马克思主义哲学、西方哲学和中国哲学之间的对话，同时还要让哲学走出哲学的圈子，积极开展与其他学科的交流。这也是马克思完成其哲学话语革命的一个方法原则，开展跨学科的交流。就马克思主义研究而言，如果仅仅停留在哲学领域进行思想与思想、概念与概念的对话，是不可能真正构建起马克思主义话语体系的，只能浮于社会的表层，陷入空谈；如果仅仅停留在经济学领域，根本不相信或不承认社会经济理论形态和生产力与生产关系的辩证关系，只能缘木求鱼，或者陷入西方经济学的话语陷阱之中。在马克思主义的研究中，不存在哲学话语与经济学话语的二元对立，而恰恰二者的对立才是研究的最大风险。

挑战二：先入为主，"西强东弱"的话语格局难以打破。

近代以来，西方国家较早开始现代化建设，在经济、政治、科技等领域占据了先天优势，并建立起资本主义主导下的近代西方世界秩序。经济、政治和文化上的优势同时也带来了西方话语的优势。同时，由于我国现代学科体系是西学东渐的产物，西方学术话语的先入为主，使中国学术处于先天劣势，加之很多学科使用的概念、术语以及理论范式，几乎都来自西方，西方话语的优势更加凸显，并逐渐演化成一种话语霸权。直到今天，西方仍然保持着其话语霸权地位，这种话语霸权甚至已经成为一种国际政治的意识形态，建构了一个所谓的国际秩序。所以，霸权的话语体系有时可能强化人们的思维，觉得世界没霸权和警察不行。西方的思维模式和话语方式几乎成为一种天然的"话语正确"，以至于造成西方对世界话语权的高度垄断。学术上的惯性使人们误以为西方话语霸权是应然的，甚

① 参见陈先达《加强哲学对话　走出哲学对话》，《中国社会科学报》2012年6月12日。

至产生一种"西方是先进的，中国是落后的"错误认知。话语霸权的惯性思维使人们沉浸之中，而不自知。此外，由于西方在自然科学和哲学社会科学领域掌握着学术规则、学术标准等学术规范的制定权，同时也主导了学术话语议题和研究范式的设置权。长期以来，在国际话语舞台，西方学术话语一家独大，并形成了话语垄断。同时，这些规范又一定程度上维护了西方的权威，西方话语权得到了实践和理论的双重加持。这样，西方话语的霸主地位就更加难以动摇，西强东弱的话语格局也更加难以打破。

西方话语霸权的实质是"西方中心主义"在作祟，是西方文化优越论、资本主义制度优越性的体现。从近现代西方文化的发展历程看，西方中心论在西方思想价值体系中长期占据着主导地位，而这种价值观影响下的学术研究以及话语体系构建严重缺乏客观性，西方中心主义作用下的学术研究，就会从西方的利益以及西方的发展历程出发，构建以西方为主导的话语体系，为西方国家服务，而那些非西方的话语就只能处于"边缘地带"。其实，西方中心主义作用下的学术话语体系构建暗含着两种逻辑：其一，西方话语的"绝对正确"，从西方经验提炼出来的话语拥有普遍的解释力，具有普世性可以推广至全世界；其二，其他话语根本不可能具备西方话语的特征，是没有资格向世界推广的。在西方中心主义思维作用下，话语体系的构建似乎也存在着"马太效应"，强者愈强，弱者愈弱，西方对话语的垄断愈加牢固，话语权也愈来愈大，而处于话语边缘的国家则始终处于边缘地位，很难走近中心。

进入 21 世纪，随着新兴经济体的群体性崛起，特别是中国特色社会主义进入新时代，中国正走近世界舞台中央，长期固化的国际话语格局呈现出多彩纷呈的迹象，但西方国家的先天优势还没有被打破，"西强东弱"的话语格局也仍未发生根本性变化。在国际话语舞台仍然是"他者"中国，而没有自我"中国"。其实，"中国"一词在西方话语中也不是作为现代意义上民族—国家出现的，多是以"汉字和儒家文明"的形象出现的。这就涉及西方对中国作为多民族的现代国家的根本认识产生了误读，甚至是一些偏见。马丁·雅克曾在其书中这样描述西方的先入为主，他说西方戴着有色眼镜看东方①。奈斯比特夫人认为，中国构建话语体系时要

---

① 参见〔英〕马丁·雅克：《当中国统治世界》，张莉译，中信出版社，2010。

"先发制人"①，的确，讲好中国故事，中国哲学社会科学工作者应主动出击，改变西方的先入为主，真正打破西方的话语霸权。

挑战三：挟洋自重，难以建立学术自信和理论自觉。

要构建具有中国特色、中国风格、中国气派的学术话语体系，就必须要独立自主，要形成学术自觉、提升学术自信。正如习近平总书记指出："哲学社会科学的特色、风格、气派，是发展到一定阶段的产物，是成熟的标志，是实力的象征，也是自信的体现。"② 然而长期以来，我国哲学社会科学工作者缺乏必要的学术自信和学术自觉。近代以来，随着外敌入侵，中国沦为半殖民地的国家，军事上的失败，使人们不断对技术、经济、政体乃至文化产生怀疑。一些先进的中国人开始效法西方，寻求变革之路。19世纪后半期，尤其是五四运动以来，中国的知识阶层开始以西为贵，从"中学为体，西学为用"到"全盘西化"，口号的演变就可窥见文化的不自信。改革开放以来，随着西方思潮的再度涌入，裹挟着"五四"时期的精神旗号，西方文化大有攻城略地之势。一些人在学习西方先进科技和制度文化的过程中，误认为中国传统文化与西方现代文明是相悖的，甚至认为中国传统文化是中国走向现代化的严重阻碍。因此，在吸收借鉴人类文明成果时，将中华民族的优秀传统文化抛到了脑后。殊不知，一个不珍惜自己思想文化的民族，一个丢掉思想文化的民族，是不可能形成具有自己特色的学术话语体系的。没有文化自觉和文化自信的民族，是立不起来的，同样没有学术自觉和学术自信的话语体系，是无从谈起的。

在今天，某些学者"挟洋自重"，并将其奉为学术研究的捷径，甚至以使用西方话语来凸显"国际性"，这其实就是学术不自信的表现。他们常常被西方话语体系所绑架，不敢也不愿创造新的知识体系，甘愿沦为西方话语的复读机。这无形当中增加了西方话语霸权，而这种霸权又加剧了学者对中国文化的不自信，循此往复，成为一种恶性循环。面对中国的伟大实践，有些学者还存疑，还习惯于用西方理论和西方话语解释中国实践，用西方话语剪裁中国。正如有学者所言，在中国已经彻底摆脱了被军事殖民与政治殖民，我们不少人仍然在精神上、文化上被西方殖民。经济

---

① 参见谷棣、谢戎彬主编《我们误判了中国：西方政要智囊重构对华认知》，华文出版社，2015。

② 习近平：《在哲学社会科学工作座谈会上的讲话》，人民出版社，2016，第15页。

的复兴，尚未带来学术的复兴。当然，摆脱对西方话语的依赖不是一朝一夕就能完成的，但破除对西方学术的盲目崇拜是每个哲学社会工作者应有的意识。

学术话语体系的构建发挥学术主体的自觉性是关键。面对几代中国人不懈奋斗的伟大实践，你不去说，别人就会说，话语领域你不去占领，别人就会占领。如果承载着中国价值观的中国思想和中国话语都要用西方的标尺衡量，那么只能说我们全民族都集体无意识地生活在西方话语体系之中而不自知。没有学术自觉，中国道路、中国制度只能成为"他者中国"。

挑战四：急功近利，不良学风、文风盛行。

学风和文风的好坏直接关系到学术事业的兴衰，关系到学术话语体系的构建。毋庸置疑，学术话语体系的构建需要久久为功，不能急于求成；学术话语的创新来不得半点虚假，需要实事求是。但是，随着市场经济的不断深入，市场经济的功利性、竞争性带来的负面影响不断向学术界渗透，追求利益特别是短期利益成为一种社会风气，反映到学术界，就是急功近利和浮躁的学风抬头。经济的浮躁带来学术的浮躁。有的学者就提出，在大的环境下，在浮躁的年代，单单要求学者独善其身是不现实的。还有学者提出，无论是历史还是现实，学术共同体受到政治经济等其他社会因素的严重影响，都是学术腐败的根源，整个大的社会背景，造成了不良的学风。除了大的社会环境，学术评价体制不完备、管理机制存在弊端也都是造成学风不正的原因。目前，学术管理和评价上，还存在追求数量而漠视论文的质量和水平的倾向。论文数量多即代表学术水平高，这一定程度上鼓励了大家追求数量，学术界就可能形成劣币驱逐良币的不良学术生态。学术话语体系的构建，是内外部因素共同作用的结果，外部因素也不容忽略。这些外部因素有时也能左右学者的发展，也能成为学术话语体系构建过程中的拦路虎。一段时间以来，学术界的雷人事件层出不穷，前有"赞师娘优美"，后有"鸡蛋返生"，试问，这样的学术研究怎能构建起具有中国特色的学术话语体系？

当然，学者自身的道德和价值观才是决定性因素。当下，一些学者学术道德自律不够，急功近利，为了学术而学术，为了研究而研究，缺少了学者的情怀，将学术当作工作，缺少创新的动力。近年来，从出版的著作和发表的论文来看，不可谓不多，单从数量来看，学术领域呈现出一片繁荣之景。而反观整个学术研究，抑或放在世界舞台，还没有构建起中国特色的学术话语体系，所谓的繁荣只是虚假的繁荣。一些领域学术成果的质量难以令人满意，大量重复的论文，时有所见。正如有学者所言，学术界学术创新形势并不乐观，大量所谓的研究成果不是毫无新意的平庸之作，就是东拼西凑的抄袭之文。教育部科学技术委员会学风建设委员会颁布的《高等学校科学技术学术规范指南》明确指出：科技工作者应坚持严肃、严格、严密的科学态度，要忠于中立、探求真知，自觉维护学术尊严和学者的声誉……反对投机取巧、粗制滥造、低水平重复等盲目追求数量不顾质量的浮躁作风和行为。这不仅仅是对科技工作者提出的学术规范要求，更是哲学社会科学工作者应坚持和倡导的学术规范准则。而在现实压力之下，很多人在学术创新的坚守与放弃之间选择了放弃。不得不承认，当前学术风气不正、学术规则缺位仍然是影响我国学术生态健康的痼疾。

文风是学风的体现。文风问题也不容忽视，一些人教条运用经典，热衷于背诵马克思主义理论的个别结论，生吞活剥，从概念到概念，脱离现实实践，脱离时代特点；一些学者缺少社会责任感，不关注现实生活和社会实践，热衷于语言文字游戏；一些文章就是八股文，空话、大话、套话连篇，通篇言之无物。文风方面，故弄玄虚之人有之，浅入深出，用晦涩的文字装点贫乏的思想，很难构建起真正具有中国特色的学术话语体系。总之，学风、文风问题已经成为制约学术话语体系建构的严重障碍，也成为学术话语体系构建的一个挑战。

挑战五：先发制人，"有理说不出，说了传不开"。

学术话语体系的构建从来不是单向度的，也不是自说自话，而是要在话语体系构建中传播出去，增强话语权。习近平总书记指出："加强话语体系建设，着力打造融通中外的新概念新范畴新表述，讲好中国故事，传播好中国声音，增强在国际上的话语权。"① 近年来，我国对外传播的话语体系不断进步，创造性提出一些具有世界意义的概念，比如"人类命运共同体""全过程人民民主""一带一路"等易于西方学者和民众接受的概念，但我国对外传播话语体系仍然滞后，"有理说不出、说了传不开"的问

---

① 《习近平关于社会主义文化建设论述摘编》，中央文献出版社，2017，第 197～198 页。

题仍然突出。学术话语的传播依然是制约我国软实力提升的软肋。

"有理说不出、说了传不开"除了与原创性话语的生产力不足有关，还与学术传播能力有关。长期以来，在国际传播领域信息流向是从西方流向东方，而且至今这一信息流向并未发生根本性变化，美国等西方国家在全球形成了巨大的舆论场，对世界各国媒体及受众的认知产生持续而深刻的影响，中国在短时间很难改变。且英语作为国际通用语言，如果在话语转换过程中，不能有效进行转换，不能将中国方案做出易于国际受众接受的语言，那就更加有理说不出了。在学术话语传播中，处理好学术与政治关系是做好学术话语传播的关键。不可否认，哲学社会科学带有较强的意识形态属性，学术与政治不可分割，特别是一些重大敏感的理论和现实问题，要避免说一些"官话""空话""套话"。其实，"人类命运共同体"就很好地结合了政治与学术，不仅是我国为世界提供的中国智慧和中国方案，更是我国对外话语传播的一个突破口。在学术话语转化过程中，我们要变被动为主动，努力打破传统的传播格局，真正将制度优势转化为话语优势。

四　当代中国学术话语体系构建的具体路径

学术话语的创新是哲学社会科学话语体系构建的重要主题，也是时代发展、实践深化和历史演进的必然要求。党的十八大以来，习近平总书记高度重视话语体系建设，多次强调加快构建中国特色哲学社会科学话语体系。改革开放40多年来，我国走出了一条中国特色社会主义道路，并为世界贡献了"中国智慧"和"中国方案"。但不可否认，中国学术和中国理论尚不能充分解读中国实践，同时也不能为中华民族伟大复兴提供充分的学理支撑。因此，我们有必要找到一条推进中国学术话语创新的发展路径，构建融通中外的具有中国特色的学术话语体系，让世界真正了解中国，知道"学术中的中国"。

（一）以"时代问题"为中心，诠释好中国经验

马克思哲学的本性，就在于对"时代问题"做出符合时代要求的哲学阐释。随着时代的发展，时代问题不断拓展，正是在对时代问题的回答

中，中国学术不断向前，中国学术话语不断更新。"时代课题是理论创新的驱动力"①，同样时代课题也是学术话语创新的驱动力。

对时代问题的回答，实现了马克思主义中国化的飞跃。进入新时代，习近平总书记就新时代坚持和发展什么样的中国特色社会主义、怎样坚持和发展中国特色社会主义，建设什么样的社会主义现代化强国、怎样建设社会主义现代化强国，建设什么样的长期执政的马克思主义政党、怎样建设长期执政的马克思主义政党等重大时代课题，提出一系列原创性的治国理政新理念新思想新战略，他反复强调："要立足时代特点，推进马克思主义时代化，更好运用马克思主义观察时代、解读时代、引领时代，真正搞懂面临的时代课题，深刻把握世界历史的脉络和走向。"②

马克思曾说："人们按照自己的物质生产率建立相应的社会关系，正是这些人又按照自己的社会关系创造了相应的原理、观念和范畴。人们按照自己的物质生产率建立相应的社会关系，正是这些人又按照自己的社会关系创造了相应的原理、观念和范畴。"③ 从马克思主义话语的原生态来说，它是对"资本与劳动关系问题"这一马克思所处时代问题的解答，马克思哲学话语是在对资本主义社会发展的现实逻辑揭示中生成的。而对"落后俄国发展道路问题"的回答，让马克思主义在俄国生根发芽，形成了一套具有俄国特色哲学话语体系。在当代，要想让马克思主义在中国得到发展，就必须对中国的时代问题做出回答，就要围绕"中国问题"进行分析、解答，并形成具有中国特色的学术话语体系。马克思主义话语的发展史，实质就是"时代问题的变迁史"，是一代又一代的马克思主义者运用马克思主义解决新的时代问题，以新的概念、范畴丰富和发展马克思主义话语的历史。

今天，我们要推进哲学社会科学学术话语体系的继续发展，就必须准确捕捉和回答时代性课题，围绕现实发展中的重大理论和实践问题，回答在当代中国发展的"现实逻辑"。"理论的生命力在于理论实践，在于通过新理论概念的生产而实现新知识的生产。"④ 我们要构建一套能够解释

---

① 习近平：《在经济社会领域专家座谈会上的讲话》，人民出版社，2020，第 11 页。
② 《习近平谈治国理政》第 2 卷，外文出版社，2017，第 66 页。
③ 《马克思恩格斯文集》第 1 卷，人民出版社，2009，第 603 页。
④ Louis Althusser, *The Humanist Controversy and Other Writings*, London: Verso, 2003, p. 166.

和引领当代中国社会发展的范畴体系和话语方式。首先，重新思考和回答中国面临的时代问题。在经济全球化、信息网络化以及高科技发展的浪潮中，在社会主义市场经济条件下，回答实践当中的重大现实问题。从战争走向和平的过程中，新自由主义、新左派主义等社会思潮带来的新问题，现代科技革命带来的新问题，恐怖主义、霸权主义引发的新问题等；从传统走向现代的过程中，经济、政治结构转型、领域分离问题、思想分化、价值多元、社会阶层分化、利益博弈、现代治理、民族复兴等，这些矛盾和问题充斥在当今中国社会中。其次，对时代新问题进行新的哲学探讨和哲学概括。我们应将中国问题提升到哲学层面进行研究，进而提升出新的哲学概念、哲学范畴、哲学思想、哲学理念，并以思想、理念、话语的方式影响现实。我们应运用哲学思维方式，准确判断出当代中国社会发展的"历史方位"，知晓中国在全球化发展中向"何处去"的问题，并科学判定应关注的"中国问题"，真正揭示出中国问题的"深层根源"与"世俗基础"。从"时代的深处，筛选出当代中国的问题，挖掘那些深刻影响当代中国历史性实践的思想资源，提炼出相关的理论范畴、核心概念、基本命题和关键词"①。改革开放40多年来，中国走出了一条建设有中国特色的社会主义的"中国道路"，形成了举世瞩目的"中国实践""中国模式"，这些都是对"中国问题"的最好回答，其中也蕴含着丰富的"中国经验""中国智慧"，将这些"中国经验""中国智慧"凝练成中国学术话语，用学术的方式讲好中国故事，是当前中国学术话语体系构建的最大现实。

以"中国问题"为中心，不是以中国发展中遇到的某一具体问题为中心，而是从具体问题中提炼出的哲学问题为中心。这里的"中国问题"不同于经济学、政治学、社会学等具体学科关注的中国问题维度，而是一种哲学的维度。它不纠缠于世俗的琐事，不提供解决具体问题的具体方案；它不是对时代现象的直观，也不是不偏不倚地陈述事实，而是在具体学科的基础上，汲取有助于回答和解决时代问题成果的话语，寻找具体问题回答背后的规律与普遍性。哲学问题本身不同于具体问题，它具有抽象性、普遍性、终极性的特征，是人们在认识和实践中所遇问题的终极追问，是

①　陈曙光：《中国话语说什么怎么说》，湖北人民出版社，2017，第17页。

现象背后的本质性、是偶然背后的必然性，是感性背后的理性。"哲学问题是人类实践的更为广阔的时空范围内起作用的问题，它可以在不同的时间、地点存在于不同的具体问题之中。"① 我们应依据中国实践发展逻辑，从哲学的维度去关注"中国问题"，对中国问题进行哲学上的解答。哲学不关注具体问题，而是关注那些普遍的问题，只有从哲学高度回答这些问题，才能给中国实践发展提供指导。

学术话语的创新离不开概念、范畴的更新。诚然，在现有的学术理论体系中进行词句的翻新和改造可以实现创新，但还远远不够。马克思主义已经在中国，让马克思主义说"中国话"才是创新的根本。马克思主义话语的创新是从话语内容到话语形式全方位的创新。回应时代诉求，以中国问题为中心，绝不是空喊口号。话语创新的根本还在于思想、理论的创新，是在科学回答重大实践和理论问题中，通过哲学的抽象凝练出新概念、新范畴和新表述。如若仅仅停留在概念、范畴的改造、翻新上，是舍本逐末的表现，言之无"物"的创新只能是痴人说梦！学术话语的创新是原创性的创新，是言之有"物"、言之有"道"的创新！毋庸置疑，在"中国问题"上，中国是最有发言权的，我们应增强话语意识，主动将对中国问题的解答符号化、概念化，形成融通中外的概念、范畴。中华民族的复兴理应带来中国学术的复兴。中华民族的复兴理应在学术上、在话语体系的建构上有所体现。解读好中国发展的现实逻辑，诠释好中国当代的发展，是当代中国学术话语体系创新的不二法门。

（二）打破学科壁垒，实现学术话语构建的"视域融合"

在全球化语境中进行学术话语创新，有赖于中国优秀传统文化、国外哲学社会科学和马克思主义相结合的良性互动。以马克思主义为指导的中国哲学社会科学话语体系应是一个开放的体系，应该继承优秀文明成果，把优秀的话语资源集中到话语体系的构建中，尤其是当下中国哲学的话语体系建设中。在中国的语境下，在全球化的背景下，推进当代中国学术话语的创新，需要打破学科壁垒和思想藩篱，吸收其他话语资源的有益成

① 吴元樑：《回答时代性问题是马克思主义哲学在 21 世纪发展的根本途径》，《哲学研究》2001 年第 6 期。

分，为我所用，这对于构建中国学术话语体系是非常必要的。

全球化语境下的学术话语创新，首先遇到的问题就是，如何整合话语资源。如何将中国优秀传统文化、国外哲学社会科学和马克思主义的话语资源进行有效整合，建构以马克思主义为指导的学术话语体系，提升中国学术的国际话语权？如何打破学科壁垒，构建中国当代学术话语体系？如何通过三大学术群体的交流、对话，推动学术话语体系的构建？习近平总书记指出："哲学社会科学的现实形态，是古往今来各种知识、观念、理论、方法等融通生成的结果。我们要善于融通古今中外各种资源，特别是要把握好3方面资源。"① 习近平总书记所说的3方面的资源是指马克思主义、中华优秀传统文化、国外哲学社会科学等资源。我们要充分利用这3种资源，打造出融通中外的概念、范畴。因此，整合话语资源，就要处理好中国优秀传统文化、国外哲学社会科学和马克思主义之间的关系。众所周知，中国优秀传统文化、国外哲学社会科学和马克思主义三者各有特色和优势。在探究哲学社会科学问题时，也有各自不同的出发点，都有自己畅所欲言和展现自己的空间。长期以来，中国优秀传统文化、国外哲学社会科学和马克思主义之间壁垒森严、相互隔离，形成了"三足鼎立"的学术群体。而对话、交流是打破学科壁垒的最有效途径，也是进行学术话语创新的必要条件。单一的某些观点、某一学科根本不足以支撑话语体系的创新，只有将不同的话语资源进行整合，才能使存在于不同学科的思想资源"流动"起来，才能找到话语创新的生长点。

中国优秀传统文化、国外哲学社会科学和马克思主义的交流、对话，应以回应现实世界提出的理论问题和实践问题作为切入点。哲学对话与融通，不是简单地从概念到概念的进行纯理论的研究，而是发挥各自学科优势，对当下中国的现实问题做出哲学的回答。通过问题导向，推动哲学研究的视域扩展与交织。面对问题时，中国优秀传统文化、国外哲学社会科学和马克思主义都应从自身的研究作为出发点，用自己的理论和学术资源来予以回应，首先做好自己的本职工作。然后，再进行交流、对话，找到学科之间的契合点，以此来丰富和补充自己的不足。在面向现实问题时，找到中国优秀传统文化、国外哲学社会科学和马克

① 习近平：《在哲学社会科学工作座谈会上的讲话》，人民出版社，2016，第16页。

思主义三者之间的结合点或交汇点，找出三种哲学形态的"异中之同"和"同中之异"，并在哲学话语的不可通约性与兼容性之间保持必要的张力。

当然，要打破学科壁垒，破除国家界限，就必须在全球范围内、在世界舞台上，加强中国优秀传统文化、国外哲学社会科学和马克思主义之间的对话，寻求适宜的自我身份和表达方式。而不是将视野局限在中国，局限在马克思主义的框架下，故步自封的学术话语只能是路越走越窄，最终失语、无语！中国学术话语体系既要回答中国自身的问题，也要回答人类共同面对的全球性问题；既要具有中国特色、中国风格、中国气派的特殊性，也要具有人类文明的一般性。但是，在交流、对话中，中国学术不能在西方学术的范式中迷失"自我"，让西方的话语系统左右我们的思想视域。中国优秀传统文化、国外哲学社会科学和马克思主义之间的交流、对话，最终目的是构建中国特色的学术话语体系，构建一套具有立足于中国，以马克思主义为指导，结合西方优秀学术资源的话语体系！当然，这里是从宏观的角度来谈论学术话语体系的构建，具体到每个学科来说，学科与学科之间、哲学与社会科学之间都应积极展开对话交流，只有集各家之所长，才能屹立于世界话语之林。

最后，学术话语的创新最关键的因素还是在人，也即在于学术研究者。与其说是当代中国学术话语的"失语""边缘""小众"，还不如说是哲学工作者的"自我放逐"。中国优秀传统文化、国外哲学社会科学和马克思主义研究视域的融合，要求哲学工作者打破学术研究的单一向度，变单一化的学术生态向多样化发展，形成学术共同体或话语共同体，学术话语的创新需要争鸣，更需要共识。可以看到，在全球化语境中，中国学术主体性意识不断觉醒，已经开始呼唤构建新的学术话语体系。张岱年曾在其《中国哲学大纲》中写道："西洋哲学及其方法已输入了中国，人们虽一时不免为西洋哲学所震炫而低伏，但需要新哲学的呼声已可以听到，我们期待着一个可以媲美先秦的哲学灿烂的情形之到来。"① 相信，真实面对当下的现实问题，构建当代中国学术体系指日可待！

---

① 张岱年：《中国哲学大纲》，中国社会科学出版社，1982，第27页。

（三）转变文风，书写好当代中国学术话语

构建当代中国学术话语体系，文风是关键。中国特色、中国风格、中国气派的学术话语体系，是与明白晓畅的文风联系在一起的。邓小平曾说："我们也有好几次挫折和失败的教训，而每次的挫折或失败，都是学风、党风、文风三风不正占统治地位的领导所形成的恶果。"[1] 文风无小事，它关系到构建的学术话语体系能否被接受、被熟知并内化于心转化为行动。反观当下中国学术的话语生态：艰深晦涩、故弄玄虚之人有之；浅入深出、故作高深之人有之；六经注我，皓首穷经之人有之；牵强附会、生搬硬套之人有之；佶屈聱牙、玩弄词藻之人有之；醉心哲学框，玄而又玄之人有之；唯西方马首是瞻，食洋不化之人有之。当然，在马克思主义中国化过程中，也不乏艾思奇《大众哲学》这样既通俗又生动的哲学著作。但是，总的来说，当前中国学术的话语生态仍不容乐观，仍然晦涩之风盛行。没有健康的文风，马克思哲学话语的创新只能是天方夜谭，是不可能说"中国话"的。

马克思哲学话语本性是通俗化、大众化，其话语本身是通俗易懂的，他发动的话语革命目的之一，就是将德国古典哲学的晦涩变得通俗，变得"接地气"，易于无产阶级接受和认同。固然，学术话语有其特有的话语形式，公众理解可能会存在一些困难。如果是由于读者缺少必要的知识储备，这种晦涩无可厚非。但是那种并没有超出读者理解范围的知识，被作者讲得云遮雾罩，让人不知所云的调子则不可取。苏轼曾批评汉代的扬雄曾说，"扬雄好为艰深之辞，以文浅易之说。若正言之，则人人知之矣。"[2] 当代也不乏扬雄之人。我们不否认，学术话语本身可能有些日常生活不经常出现的术语、概念，但这不是让其话语晦涩的充分理由，也不应成为学术研究的避难所，更不应成为学术话语创新的主流。研究哲学的人要求学术语言规范化也无可厚非，不过这不是拒绝公众的充分必要条件。尼采、海德格尔、福柯的哲学不是也很诗意吗？综观那些晦涩的文章，是主观上的肆意为之，是以拒绝大众来彰显其"尊贵"。毛泽东也曾

---

[1] 《邓小平文选》第 1 卷，人民出版社，1994，第 87 页。

[2] 陈韵如、吴佳伦选编《唐宋八大家文选·苏轼文选》，青海人民出版社，1998，第 260 页。

批评这种文风"装腔作势，借以吓人"。一个只会说马克思主义哲学行话的人，不是真正懂马克思主义哲学的人。马克思本人很重视语言风格问题。在他的战友和学生的回忆中这样说道："马克思很重视用语的明朗和准确。""马克思是个严格的修辞家：他常常花很多时间力求找到需要的字句"，"马克思了解语言的本质""他对于语言的简洁和正确是一丝不苟的"，"在语言和风格问题上十分考虑"①。可以看到，在马克思的文章中有很多文学隐喻和文学引语。

创新不是"口号"，不是简单的制造新概念、新术语就是创新。学术话语体系的构建绝不是一项技术性的活动，不可能依靠某种外在的设计就可以人为安排，它首先是思想的事业。思想是语言之"根"，没有思想的语言只能是无根浮萍。不可否认，"重数量、轻质量"的学术评价机制对话语生态存在一定影响，但这不等于哲学工作者可以"自我放逐"！"苦练内功"才是根本！中国学者吴冠军讲到齐泽克的成名时说："关于齐泽克，我同意，你说的'写作风格'、'时代需求'、'美国学界助推'或许都有那么一点沾边。然而我们似乎恰恰不肯正面的是：齐泽克的成果，就是他在学术上拿出了过硬的东西。就是那么简单。"② 不要试图通过说些令人眼花缭乱的哲学术语、哲学概念，就以为说了"新话"，那是自欺欺人！简单为了"在语言上貌似深奥"，是不可取的，也是最低劣的学术话语创新！学术话语的通俗化绝不是庸俗化，任何只在话语形式上做文章的人，只能搬起石头砸自己的脚，是舍本逐末的表现！经不起时间检验的"新话语"只能是过眼云烟，巨流中的泥沙！"理胜则文采自然超众"，只有思想经得起岁月的冲刷，才可能成为经典。当然，思想最终要通过话语表达出来，只有话语被大众接受、理解，也才可能有人听、有人信。否则，无思想的哲学著作，只能是过眼云烟；晦涩的哲学著作，往往只能束之高阁，这与马克思主义哲学的初衷是相悖的。学术话语的创新，是二者的兼容，不可以舍掉任何一个方面。只有这样，才能使哲学社会科学工作者的所著之书、所说之话经久不衰，也才能真正实现学术话语的创新。文风晦涩之风，是因为某些人在学术上一知半解，抑或为了炫耀自己的学问

---

① 〔法〕保尔·拉法格、威廉·李卜克内西：《忆马克思恩格斯》，杨启潾等译，生活·读书·新知三联书店，1963，第 46～53 页。

② 吴冠军：《齐泽克和他的论敌》，《东方早报·上海书评》2014 年 10 月 26 日。

而故作高深造成的。

　　转变文风最关键的就是要立足于我们民族的语言，用"汉语"书写当代中国学术。中国哲学社会科学要在中国建构和国际传播，就必将这一理论话语置于中国民族文化的语境之中，形成具有中国特色的话语范畴体系。只有立足于民族语言之上，才能构建当代中国学术话语体系。一言以蔽之：当代中国学术话语必须是说"汉语"的。黑格尔曾说："只有当一个民族用自己的语言掌握了一门科学的时候，我们才能说这门科学属于这个民族；这一点，对于哲学来说最有必要。"① 使马克思主义在中国本土化、具体化，使之在其每一表现中带有必须有的中国的特性，即是说，按照中国的特点去应用它。这些内容落实到话语体系的构建上，就是要把马克思主义与中国历史文化和群众文化结合起来，在话语表达上要注重与人民大众紧密相连，让中国老百姓喜欢，并在实际的工作实践中运用它。

　　在文风问题上，毛泽东的《实践论》《矛盾论》都堪称马克思主义哲学说"汉语"的典范。在《实践论》中，毛泽东将中国哲学史中的重要范畴"知"和"行"予以了马克思主义的改造，即"认识和实践的关系——知和行的关系。"这样的学术话语不仅蕴含了马克思主义的特定含义，而且也深深烙上了中华传统文化的印记。在当代，中国学术话语体系构建过程中，一定要辩证地融合中国优秀传统哲学思想的精髓，对中国传统哲学遗产结合新的发展进行创新发展，将中国优秀传统文化与马克思主义进行融合，使当代中国学术话语具有鲜明的民族特色，同时也兼具大众化的特点。

　　习近平总书记在庆祝中国共产党成立 100 周年大会上的重要讲话中，就在坚持马克思主义基本原理同中国具体实际相结合后，加了一条"坚持把马克思主义基本原理同中华优秀传统文化相结合"。后两者的结合就是学术话语体系建构的一个原则和方法。中国学术说中国话，就必须与中国优秀传统文化结合，只有这样，才能有中国特色中国风格中国气派的学术话语体系。马克思曾严厉批评过三个法国流亡者给英国新闻界写的一封信"没有风格，没有思想，甚至也不是法语"②。在中国，不说"汉语"的马

---

① 〔德〕黑格尔：《哲学史讲演录》第 4 卷，贺麟、王太庆译，商务印书馆，2017，第 209 页。

② 《马克思恩格斯全集》第 29 卷，人民出版社，1972，第 279 页。

克思主义哲学，是不可能实现学术话语创新的；不说汉语的学术研究，也是不可能实现学术话语创新的。因为，"民族的语言即民族的精神，民族的精神即民族的语言，二者的同一程度超过了人们的任何想像"①。"语言"和"精神"是一体的，有什么样的民族精神，就会有什么样的民族语言。一个民族只有用自己的语言来表达那最优秀的东西，才可能成为真正的财富。用汉语赋予其新意，当然，让马克思主义说汉语，绝不意味着在话语构建上搞民族主义，而是学术话语体系建构的基点是立足于中国，是当代中国学术话语体系构建的最基本立场。将深邃的学术理论，用朴实、鲜明的语言表达出来；用人民群众喜闻乐见的语言来表述，朴实的语言同样可以闪烁话语创新的光芒。

（四）破除西方中心主义思维羁绊，提升中国学术话语体系构建的自信

资本主义的全球扩张，追求单一性和确定性的西方理性主义，要求从思维方式上塑造全球化运动的单一格局。于是乎，西方资本主义的发展模式成为世界唯一模式，西方资本主义的政治、经济和文化成为世界的政治、经济和文化，而发展中国家只能从属于西方，只能受制于西方主导的价值观念和哲学文化。这就是"西方中心主义"的思维逻辑，反映在学术话语权上，就是西方学术占据着国际话语舞台的绝对霸权。

西方中心主义的思维模式在中国相当有"市场"。自鸦片战争以来，中国的贫穷落后，让中国误以为事事不如人。在"哲学"这一问题上，也是如此。有学者认为，哲学作为一门严格意义上的独立学科，是从 1914 年北大设立"哲学门"开始的，中国一开始是没有"哲学"的，当然这里的哲学是加引号的②。这似乎已经成为哲学界的共识。确实，最早制定符合西方标准的学科体系是在 1914 年。这里"作为一门严格意义上的独立学科"，显然已经预设了西方哲学的标准。金岳霖先生也曾发表过类似的表达，他说："现在的趋势，是把欧洲的哲学问题当作普遍的哲学问题。如果先秦诸子所讨论的问题与欧洲哲学一致，那么他们所讨论的问题也是

---

① 〔德〕洪堡特：《论人类语言结构的差异及其对人类精神发展的影响》，姚小平译，商务印书馆，1999，第 52 页。

② 参见谢地坤《西方哲学研究 30 年（1978－2008）的反思》，《安徽师范大学学报》（人文社会科学版）2008 年第 4 期。

哲学问题。以欧洲的哲学问题为普遍的哲学问题，当然有武断的地方，但是这种趋势不容易中止。"① 也就是说，只有当中国哲学问题与西方哲学问题一致时，才能算得上哲学，划分哲学的标准西方说了算，西方哲学问题是普遍问题，这是一种赤裸裸的话语霸权逻辑。金先生虽然反对这种标准划分，但也表达出难以改变这种西方话语霸权的无奈。缺乏相关的基本理论框架和范式创新，没有形成新的理论框架和解释范式与"西方中心主义"相抗衡，在概念、范畴、理论资源以及精神气质，几乎都是西方的学术话语，我们在不自觉中用"西方中心主义"的框架来解构、批判"西方中心主义"。其实，很多时候我们主观上已经意识到，但一到具体研究中，又不自觉地陷入"西方中心主义"的思维羁绊中。因为他们使用的概念、范畴、框架和范式等，都是来自西方学术界。这些概念、范畴、框架、范式都是基于对西方社会发展的"体验"提炼出来的，其中有些概念本身就有"西方中心主义色彩"，因此往往又落入西方的话语陷阱之中。

西方学术话语的"先入为主"，早早设定了话语标准和游戏规则，我们似乎无法摆脱西方话语霸权所形成的学科研究模式。果真是这样吗？中国就无法摆脱话语建构的"西方中心主义"思维怪圈吗？当然不是。其实，走出西方中心主义迷宫之时，也是中国学术话语建构之日。首先，我们应提高话语自信，回首整个历史长河，不难发现，不同民族的文明之间是一个"你追我赶"的过程，后来者居上是常态。中国在相当长一段时间停滞不前，但并不代表中国永远都是落后的，中国学术就是低劣的！暂时的落后并不意味永久的落后，就如 21 世纪的中国一样。随着综合国力的迅猛发展，我们正在一步一步实现中华民族的伟大复兴，当然，中华民族的复兴也必然带来哲学社会科学的复兴。其次，主动设置话语议题。在国际话语场，我们沉浸在西方设置的话语议题中，是不可能建构新的话语体系的。借西方的理论来说中国当下的现实，最终受害的是中国学术本身。再次，对西方哲学秉持批判吸收的态度。中国学术话语体系的构建没有"母版"，也没有"模板"，更不是将西方哲学进行"翻版"，中国应在学术话语的建构上保持"自由之思想，独立之精神"！如果未经澄清直接采取"拿来主义"，试问，在这样未经澄清完全脆弱的基础上构建的学术话

① 《冯友兰文集》第 3 卷，长春出版社，2017，第 297 页附录二。

语体系能坚固吗？能接得受检验吗？

其实，马克思本人是拒斥和批判西方中心主义的，他毕生论证的就是资本主义的不合理性及其暂时性。如果说，西方中心主义是以资本主义全球扩张为基本依据，那么马克思所属意的是民族的历史转变为世界历史。他曾说："他一定要把我关于西欧资本主义起源的历史概述彻底变成一般发展道路的历史哲学理论，一切民族，不管它们所处的历史环境如何，都注定要走这条道路，——以便最后都达到在保证社会劳动生产力极高度发展的同时又保证每个生产者个人最全面的发展的这样一种经济形态。但是我要请他原谅。（他这样做，会给我过多的荣誉，同时也会给我过多的侮辱。）"① 马克思晚年的《历史学笔记》《人类学笔记》等"在更大范围内，解决'历史哲学'、'经济决定论'、'西方中心论'这些对唯物史观曲解的更重要的问题"②。人类哲学应是多样的，就像人类的文明是多元的一样。

以西方新自由主义话语为例，面对新自由主义话语的咄咄逼人，我们警惕其话语的先入为主和话语陷阱，认清其真实面目。我们不能以新自由主义话语来解读中国实践。任何一种话语都有其生长的土壤，私有制就是新自由主义话语的土壤，这与实行公有制的中国是不可混为一谈的。新自由主义话语的言说者们以私有制基础上产生的利己观念来阐释问题，当然只能得出私有制才是最有效率的结论，他们是无法理解公有制是怎样推动社会发展的。当然，我国的改革过程中确实存在一些问题，国有企业发展中也存在问题，但这些问题不是根本制度的问题，只是细节问题，是成长中的烦恼。用新自由主义话语来解读中国实践只能是别有用心、存心不良。我们不能用新自由主义话语解读中国发展模式，我们也不能用新自由主义话语解读中国的改革。

当然，打破西方中心主义的思维羁绊，要秉持的科学态度。破除西方中心主义我们要警惕两种极端倾向：一是建构一个与"西方中心主义"相对的"中国中心主义"；二是拒斥西方学术一切，不交流、不对话。摒除西方中心主义，就是要建构一个平等交流，权力平衡的国际话语场，不能

---

① 《马克思恩格斯文集》第 3 卷，人民出版社，2009，第 466 页。
② 庄福龄主编《马克思主义史》第 1 卷，人民出版社，1996，第 738 页。

陷入中西二元对立的话语陷阱之中，学术本无优劣之分，所谓的"中西之辨""古今之辨"不过是人为地自我限制；摒除西方中心主义，是否定"全盘西化"，是有选择、有鉴别的吸收有利于中国学术话语体系构建的思想资源。中国优秀传统文化、国外哲学社会科学和马克思主义的交流对话才是创新学术话语体系的根本途径，尤其是在全球化的今天。只有打破西方中心主义思维羁绊，不迷信西方，才能真正建立中国学术话语建构的自信，才能打破西方哲学一统天下的局面。在国际话语场，只有自己自信了，别人才可能信，才有可能有自己的一席之地。

（五）打造融通中外的新概念、新范畴、新表述，增强中国学术的国际话语权

"话语即权力"，学术话语体系的构建就是一场话语权的博弈，而"话语权的核心是有理论支撑的、有具体内涵的概念或范畴，而不是单纯的词语"①。中国学术话语的"边缘化"的根源，就是由于学术话语权的"缺失"。而话语权的增强，离不开话语议题的设置，离不开带有标识性的概念的提炼，离不开融通中外的学术话语体系的构建。众所周知，中国共产党人在马克思主义的指导下，结合中国实际，形成了毛泽东思想和中国特色社会主义理论体系，打造了一系列的新概念、新范畴、新表述，是中国哲学社会科学发展的典范。同样，随着时代的发展，21世纪的中国学术话语体系的发展，更应将马克思主义基本原理与中国新的实际相结合，不断提炼概括出科学的、融通中外的新概念、新范畴和新表述。那么，如何打造融通中外的新概念、新范畴、新表述呢？

马克思哲学话语革命是通过创造新话语、改造旧话语、摒弃老话语来完成的。同样，当代中国学术话语的创新，也要通过这三种方式来推进。首先，创造新话语。其实，创造新话语的过程就是提出新概念、新范畴、新表述的过程。随着中国实践的不断发展，新的社会发展规律亟待理论的言说，这是创新学术话语、创造新概念的时代。习近平总书记在哲学社会科学工作座谈会上提出："要善于提炼标识性概念，打造易于为国际社会

---

① 陈先达：《坚持马克思主义在构建中国特色哲学社会科学话语体系中的指导地位》，《光明日报》2015年11月17日。

所理解和接受的新概念、新范畴、新表述，引导国际学术界展开研究和讨论。"① 总结中国实践经验，并上升到哲学的高度，形成新的概念、范畴。比如说，"中国道路""中国奇迹""中国经验""中国梦"作为高频词汇出现在国际学术界和舆论场，正在成为国际学术界的新术语、新语词。这些概念的提出，就是创造新话语的过程。与此同时，我们也应该有意识地创设一些世界性的议题，提出具有标识性的概念、范畴，同时在关涉中国实践、中国经验的话题中，提出融通中外的概念、术语，掌握话语的主动权。恩格斯曾说："一门科学提出的每一种新见解都包含这门科学的术语的革命。"② 马克思在进行话语创新时，将原有的经济学概念赋予其哲学内涵，形成了新的概念，并建构了一套新的话语体系。其次，改造旧话语。当代中国学术话语体系的创新也要遵循批判与继承相结合的方法论原则。改造就意味着不是照搬、照抄马克思主义经典著作和西方哲学社会科学的概念、范畴、术语，就是要有所创新。尤其是在借鉴西方哲学概念时，一定要做好概念本质特征和内涵的准确定位和把握。另外，也应挖掘马克思主义著作中的潜在概念，让那些当时处于萌芽状态的概念在当代大放光彩。当然，中国优秀传统文化这块宝地也不能丢，挖掘中国学术中的优秀资源，进行话语的创新。最后，摒弃老话语。提出新概念、新范畴、新表述的同时，也是抛弃不符合时代发展要求的老概念、老提法。但是有一点需要说明，摒弃老话语是一个过程。在话语演化过程中，学术话语的代谢是缓慢的，旧有的话语体系不会因为时代的更替而销声匿迹，更不会因为新的话语出现而偃旗息鼓。

中国学术话语体系的构建绝不是为了自说自话，更不是为了自我欣赏，主要还是为了供国际受众评定，接受世界的检验，让世界认知、接纳进而欣赏。一方面，要处理好学术话语的民族性与世界性的关系问题。即处理好民族与世界的关系，也是为什么习近平专门提出"融通中外"的原因所在。话语体系其实是一种文化的价值表达，每个民族的话语体系都与其民族的历史传统和基本国情相联系。我们建构的中国特色的学术话语体系，所谓特色就体现在其话语所特有的中华民族的思维模式、价值取向和

① 习近平：《在哲学社会科学工作座谈会上的讲话》，人民出版社，2016，第 24 页。
② 《马克思恩格斯文集》第 5 卷，人民出版社，2009，第 32 页。

行为方式。不论中国学术话语怎么走出国门，都不可避免地带有中国精神，都是对中国文化的一种阐释。但是，这种民族性并不排斥世界性。因为在经济全球化的今天，没有谁可以脱离世界而存在，用世界的眼光来看待中国问题是现实需求。正如马克思和恩格斯在《共产党宣言》中所说："各民族的精神产品成了公共的财产。民族的片面性和局限性日益成为不可能，于是由许多种民族的和地方的文学形成了一种世界的文学。"① 马克思恩格斯正是用世界眼光来研究无产阶级的斗争和前途问题，才创立对全世界无产阶级具有普遍指导意义的理论。习近平新时代中国特色社会主义思想的创立同样也是这样，用一种世界眼光来研究中国问题，并提出"人类命运共同体""一带一路"等。我们的学者也只要用世界眼光来看中国和世界，只有这样才能真正让中国的学术话语走出国门，走向世界。另一方面，做好学术话语的对外翻译和传播工作。由于社会制度、意识形态和文化语言的差异，一定程度上制约了我国学术话语走出去。比如说"意识形态"一词，对我们来说，可能是一个中性词，但在英文中，"意识形态"则指负面的、有争议的、有问题的内容。在学术翻译过程中，我们要结合国外的文化和语言特点进行翻译，寻找更加易于国外受众的理解和接受的表达。同时，在翻译的过程中，我们要对某些概念进行相关的说明和阐释，因为有些概念的提出是有背景条件的。此外，传播渠道和形式的单一也是制约中国话语走出去的原因之一。这就需要加强媒体的传播能力，在内容、传播和技术等层面进行探索，拓展多种传播渠道，发出中国自己的声音，在国际舞台上占领话语体系的制高点。

正如习近平总书记所说："这是一个需要理论而且一定能够产生理论的时代，这是一个需要思想而且一定能够产生思想的时代。"② 当今社会，西方文明逐渐暴露出其缺陷，西方的话语霸权也开始被消解，这些都为中国学术开启新的文明创造了契机。我们应构建一套具有中国特色、中国气派、中国风格的学术话语体系，真正扭转"西强东弱"话语格局。

---

① 《马克思恩格斯文集》第2卷，人民出版社，2009，第35页。
② 习近平：《在哲学社会科学工作座谈会上的讲话》，人民出版社，2016，第8页。

附录　学术话语权的演化规律[*]

从葛兰西的"文化领导权"到福柯的"权力话语",从毛泽东的"凡是要推翻一个政权,总要先造成舆论,总要先搞意识形态方面的工作"[①]到习近平的"要精心做好对外宣传工作,创新对外宣传方式,着力打造融通中外的新概念新范畴新表述,讲好中国故事,传播好中国声音"[②],人们对话语功能和本质的认识不断深化。而学术话语不仅仅是一种交流工具,更表现为一种权力关系;不仅仅是手段,更是"目的"。话语的争论不是概念的争论,也不是词语的争论,而是理论的争论,是具有某种政治的、经济的包括意识形态在内的话语权的争论。要破解中国话语贫困的难题,务必要把握学术话语演化的内在规律。

(一) 话语权力与国家硬实力正相关

学术话语并非天然具有话语权力,话语权力最终决定于硬实力。占统治地位的学术话语不过是占统治地位的经济关系在思想观念上的表现,不过是以话语形式表现出来的占统治地位的物质关系。经济权利的起伏变化,也必然导致学术话语权力的同向变化。或许不会同步,但方向必定是一致的。

学术话语权力决定于经济硬实力,学术话语权力"本质上是一种政治经济权利"[③]。任何一个国家的学术话语都是建立在一定的生产力水平和经济基础之上的话语。近代以来,西方国家能够长期在世界上拥有学术话语的主导权,处于绝对的优势地位,就是因为他们在世界政治、经济领域

---

* 发表于《求索》2016 年第 3 期,发表时的题目为《论话语权演化规律》,收入本书时略有删减。
① 《毛泽东年谱(一九四九— 一九七六)》第 5 卷,中央文献出版社,2013,第 153 页。
② 《习近平谈治国理政》,外文出版社,2014,第 156 页。
③ 李慎明:《对西方话语体系应有清醒的判断》,《中国智库》2013 年第 2 期。

的强势地位。尤其是美国在 19 世纪末成为头号强国之后，一直在国际学术舞台上唱着"独角戏"，其学术话语主导权的地位更是无可比拟。国家的经济实力越强，越容易拥有学术话语权。据统计，全球"四大通讯社"之一的合众国际社的新闻报道 71% 关于美国，9.6% 关于欧洲，关于非洲的报道不到 1.8%①。新闻媒体作为话语传播的有效途径，如雷贯耳的学术声音是以有影响力的新闻媒体做后盾，而有影响力的新闻媒体是以强大的经济实力做后盾。常言讲，"人微则言轻"，那么国弱则权轻。"穷国是没有资格向世人输出自己的经验或研究成果的，也没有奢望与国际同行进行平等的对话。"② 经济硬实力弱，话语权就弱，在国际学术舞台就难于发声，没有发言权。"弱国无外交"，同理，弱国也无学术话语权。世界银行《2000－2001 年度报告》指出："贫困不仅意味着低收入、低消费，而且意味着缺少受教育的机会，营养不良，健康状况差，意味着没有发言权和恐惧等。"没有发言权，更不会有学术表达权。经济硬实力是学术话语权力的最终决定力量。

经济基础决定上层建筑，经济权利支撑学术话语权力。经济权利的起伏变化，必然导致学术话语权的同向变化。但是，学术话语权的变化并非与经济硬实力的变化完全同步。不可否认，中国的学术话语权力与中国的经济发展不匹配，经济强国并没有带来学术强国，中国之声严重滞后于中国的经济发展。但是，较之以前，中国在国际舞台上发声，听众是在增加的；各方在考虑重大学术问题时也更加重视"中国立场"；国际政界、学术界也越来越多关注"中国声音"。有英国学者就指出，"英国、欧洲乃至世界都高度关注中国发展，中国是当今国际学术界最为热门的话题。"③"沉睡的东方雄狮"已经苏醒。根据《2005 年联合国世界主要语种、分布与应用力调查报告》资料显示，"世界十大语言"中，英语排第一，汉语排第二。这从侧面反映了汉语的国际地位和影响力在不断上升，而汉语地位的上升正是中国学术话语影响力上升的最好诠释。虽然中国的学术话语距离世界学术中心还有很长一段路要走，但不可妄自菲薄。随着中国国际

---

① 〔英〕大卫·麦克奎因：《理解电视》，苗棣、赵长军等译，华夏出版社，2003，第 231 页。

② 王宁：《从单一到双向：中外文论对话中的话语权问题》，《江海学刊》2010 年第 2 期。

③ 《英智库学者：中国是国际学术界最热门话题》，http://world.people.com.cn/n/2015/0610/c1002-27133620.html。

地位的提升和学术交流影响的扩大，建构与中国经济发展相匹配的中国学术话语体系，掌握学术话语的主动权，只是个时间问题。

经济硬实力不能与学术话语权力完全画等号。但是，从长远来看，学术话语权力最终还是要以经济实力为支撑。一个国家要获得国际学术话语的主导权，虽然可以通过训练说话方式和表达技巧获得加分。但是，学术话语的号召力最终还是以强大的国家硬实力作为坚强后盾。

（二）话语权力与文化软实力成正比

话语权本质上属于文化软实力，是文化软实力的重要内容。"话语体系荷载着特定思想价值观念，是国家文化软实力的重要组成部分，是一个国家在国际舞台上确立话语权的前提和基础。"① 在国际舞台上，学术话语权力是衡量文化软实力强弱的一个重要指标。

从整个国际学术生态来看，"中心—边缘"的二元学术格局依然没有被打破，这也是世界"中心—边缘"的文化软实力格局的真实写照。从15世纪地理大发现和新航路的开辟，整个世界都被卷入了资本主义的浪潮之中，英、法、德等早期进行资产阶级革命的国家率先进入资本主义社会。随着工业革命的不断发展，形成了"以欧洲为中心的文明世界"②。欧洲成为当时的文化和学术中心，是现代科学和文明的"出口地"。它也曾"试图将近代以来形成的政治文明说成是普世价值，试图将几百年的'欧洲中心论'化为永恒"③。但是，事与愿违，两次世界大战给欧洲送来了"末日审判"和"欧洲时代的消失"。欧洲文化实力一落千丈，霸权之势盛极而衰。欧洲中心主义开始在美国开始生根发芽，逐渐演变成以美国为思想支柱的西方中心主义。虽然"二战"后有短暂的一段时期，苏联与美国在文化软实力上可以相抗衡，俄语一时成为西方和东欧国家学习的第二门语言。但是，随着苏联解体，俄语的第二语言也被英语取代。美国的学术话语中心地位一直持续到今天。

尽管只有两百多年的历史，但美国却把"文化软实力"发挥的淋漓尽

---

① 李韬：《建设中国风格中国气派的话语体系》，《人民日报》2013年9月17日
② 〔美〕帕尔斯、科尔顿：《近现代世界史》中册，孙福生等译，商务印书馆，1988，第752页。
③ 王义桅：《海殇欧洲文明启示录》，上海人民出版社，2013，第233页。

致。从最近的数据来看，《泰晤士报高等教育》发布的 2014~2015 世界大学排名前 100 强中，发达国家占了上榜学校总数的 95%，而发展中国家只占 5%。单单美国就占了 45%，是发展中国家总和的 9 倍。巨大的数字差距，使美国作为学术研究的中心地位不证自明。再比如，在 2014 年 1 月，由美国宾夕法尼亚大学智库研究项目发布的《2013 年全球智库报告》显示，2013 年全球共有智库 6826 家，其中美国智库总量 1828 家，中国智库位列第二 426 家，而美国智库是中国 4 倍还多[①]。大学和智库是文化软实力强弱的重要体现，让拥有如此强大文化软实力的美国不掌握学术话语权都难。相反，文化软实力较弱的发展中国家，只能处在学术研究的边缘，难以主导学术话语权。由于文化软实力的薄弱，发展中国家难于发声。即便张口说话，也很难被聆听。发展中国家不得不对西方话语亦步亦趋，成为"学术搬运工""话语复读机"。当前中国，文化发展是发展过程中的"软肋"和"硬伤"。以学术评判标准问题为例，"以洋为贵""以西为贵"的评判标准将学术的生杀大权拱手让给西方。标准的让渡，一切由别人做主，让本来都处于弱势的中国更难掌握学术话语的主导权。尽管中国在世界各地建立了孔子学院，但是中国的学术话语还未真正走出国门，"中国之声"还没有因为经济实力的强大真正的响彻世界，其根源就是中国的文化软实力不如人。

文化软实力不同于经济硬实力。硬实力弱，可能一打就败。"没有自己的学术话语，等于放弃文化主权。"[②] 学术话语作为文化软实力的重要组成部分，不可或缺。学术话语权的缺失，犹如摩天大楼没有了根基，即使再雄伟也会轰然坍塌。苏联就是最好的证明。苏联解体的一个重要原因就是"没有一个令人信服的话语体系"[③]。随着文化软实力的不断发展，中国必将掌握中国学术话语的主导权，也必将在学术上占有一席之地。

（三）国际话语体系变迁与国际格局变迁相吻合

国际话语格局本质上是国际政治经济格局在学术舞台上的一种反映和

---

① 转引自褚国飞、杨敏《〈2013 年全球智库发展报告〉发布》，《中国社会科学报》2014 年
1 月 27 日。

② 陈曙光：《多元话语中的"中国模式"论争》，《马克思主义研究》2014 年第 4 期。

③ 玛雅：《道路自信中国为什么能》，北京联合出版社，2013，第 222 页、242 页。

折射，是以学术话语的形式呈现出来的国际格局。随着国际政治经济格局的变迁，西方主导下的国际学术话语体系也将发生改变。

所谓国际政治经济旧格局，就是指以美国为首的西方大国掌握着相关国际机构的控制权，相关国际规则的制定权，相关国际争议的裁判权，以及相关国际事务的主导权，也就是说掌握了国际政治经济的话语权。自 15 世纪以来，英美等西方国家不断进行全球扩张，世界文明体系和学术话语体系被迫英语化、西方化。直到今天，西方学界仍然主导着学术话语议程和学术议题，仍然主宰着国际学术话语的评价机制，仍然支配着国际秩序的建构。"西方历史上形成的话语强势无法短期内从根本上得到扭转。"① 苏联解体和社会主义阵营的"瓦解"，使冷战后的西方话语更是势如破竹、所向披靡。在西方主导的学术话语体系中，社会主义和资本主义不可同日而语。正如西方学者所说："'社会主义'在当代的话语中是一个诽谤性的词。它实际上是'共产主义'的代名词。'共产主义'一词随着'邪恶帝国'的没落，失去了一些可怖的光泽。"② 这种西方学术话语霸权本质上是强权和霸权的国际关系的一种反映，是在国际政治经济旧秩序下的不对称的话语权力的一种映照。国际政治经济旧格局是按照资本主义国家的意志和需要建立起来的。凭借着在旧格局中的垄断地位，美国等西方发达国家处在世界话语体系的中心，并长期掌握学术话语霸权。在不合理、不公正的国际政治经济旧格局下，国家间的学术交流是不对等、不和谐的，发展中国家普遍处于无权、无言的状态，发展中国家的声音常常被淹没。

进入 21 世纪以来，西方国家的整体实力出现弱化趋势。特别是金融危机以来，西方思想、文化和意识形态受到质疑，学术话语中心地位出现动摇，国际秩序迎来变革机遇期。19、20 世纪独领风骚的"莱茵河模式"和"盎格鲁—撒克逊模式"逐渐失色，"中国模式"以一枝独秀屹立于世界的东方。"中国道路""中国奇迹""中国经验"正以高频率出现在国际学术界和舆论界，正在成为国际学术界的新术语、新语词。西方不再是一家独大，美国主宰世界命运的日子已一去不复返。随着中国、印度、巴西、土耳其、南非等新兴国家的崛起，发展中国家在国际政治经济格局中

---

① 欧阳爱权、石云霞：《中国话语建构：机遇和挑战》，《湖湘论坛》2014 年第 4 期。
② 〔美〕罗宾·洛克夫：《语言的战争》，刘丰海，郑保国等译，新华出版社，2001，第 64 页。

的地位不断上升，越来越多地参与国际议题和国际规则的制定，成为国际政治经济新秩序构建重要参照物。今天，我们致力于建设国际政治经济新格局，就是要建立没有话语霸权的新格局，就是要逐步提升新兴国家在国际事务中的话语权，在国际机构中有自己的代言人，在国际规则制定、国际争议裁判、国际事务决策等方面有自己的声音。我们也"应该有意识地创设一些世界性的议题，开启国际话语的中国时代"①，"探索和构建'后西方话语时代'的中国话语体系，为世界新秩序的形成做出自己应有的贡献"②。但是长期以来，"言必称西方"的学术惯性使部分学者对西方学术推崇备至、顶礼膜拜。建立国际政治经济新格局，就要改变这种学术惯性和思维惯性。其实，西方的学术话语体系并非构建国际政治经济新格局的最好体系，它有精华之处，但也有很多糟粕。在国际政治经济新秩序建构中，我们应该反思西方模式，而非一味模仿；建构独立的学术话语体系，而非一味依附；树立学术自觉与自信，而非一味迷信。积极构建国际政治经济新格局，改变旧有的学术话语格局，走出西方中心下的学术话语体系，赢得国际学术话语权。

国际政治经济旧格局下的西方学术话语借助的是霸权主义和强权政治，我们倡导的新秩序下的"后西方学术话语时代"坚持的是人类平等对话、相互理解基础上的国际学术话语体系。从学术话语霸权到学术平等对话是国际学术话语体系变革的必然趋势，也是国际政治经济格局变迁的必然结果。

（四）学术话语渗透与反渗透相纠缠

话语权本质上是思想统治权③。话语渗透目的就是为了谋求思想统治权，而反渗透的目的就是为了捍卫思想统治权。渗透与反渗透相互纠缠，是当今东西方思想交锋的常态。

学术话语作为思想观念的载体，是国家之间思想和意识形态较量的有力武器。不同于以往的长枪短炮等有形武器，学术话语的渗透更加隐蔽、更具杀伤力。如果把学术话语渗透界定为一场战争，"那么这场战争就具

---

① 陈曙光：《中国话语与话语中国》，《教学与研究》2015年第10期。
② 玛雅：《道路自信中国为什么能》，北京联合出版社，2013，第222页、242页。
③ 侯惠勤：《论马克思主义学术话语的方法论基础》，《安徽大学学报》2013年第6期。

有一个庞大的文化武器库，所藏的武器是刊物、图书、会议、研讨会、美术展览、音乐会、受奖等等"①。鸦片战争以后，西方国家通过创办教会大学和发行报纸等形式进行学术话语的渗透。据统计，在 19 世纪 40 到 90 年代，在华传教士先后创办了 170 种中外文报刊，约占同时期报刊总数的 95%。从 19 世纪 80 年代到 20 世纪 20 年代，在华创办的教会大学竟占中国高等教育的 80%②。强大的数据比就是西方国家学术话语渗透的真实反映，折射出了西方国家对中国的文化殖民。随着新中国的成立，这些学校和报纸也结束了在中国的历史，但学术话语的渗透与反渗透并没有结束。"二战"后，美国提出"和平演变"战略，在全球范围内实施"富布赖特"文化交流项目、"和平志愿者"对外文化援助项目，试图通过这些项目，将自己的价值观念、意识形态传播到世界各地。假借学术交流、学术援助、文化贸易之名，行话语渗透、思想统治之实。美国的《混合语》杂志就曾披露："美国中央情报局在 1996 年后加紧了对第三世界学术界的渗透，出巨款让一些人宣传推进全盘美国化，打压第三世界那些保护和振兴本民族文化的人。"③ 冷战结束以后，西方国家纷纷举起"普世价值"的大旗，打着民主、自由、人权的幌子，千方百计地对发展中国家进行学术话语渗透。日本学者大沼保昭就指出："对于许多发展中国家来说，21 世纪的所谓现代化就是'自由化'和'民主化'，就是同国际网络联系在一起的信息化。因此，欧美尤其是具有压倒一切影响力的美国价值观已超越国界传播并渗透到世界各地。"④ 从报纸发行到对互联网的控制，从创办教会学校到对外援助项目，西方国家通过多种形式进行话语渗透，不断对输入国人民进行"洗脑"，试图改变他们原有的价值观、世界观，最终达到对他们思想的统治。这其实是一种"文化殖民主义"。

长此以往，学术话语交流中就存在极度的不对称，强势话语对弱势话语的挤压、渗透和侵蚀，必然导致弱势话语的自我觉醒，激发弱势话语的反抗本能。当今学术话语的交流失去平衡，呈现从强势文化向弱势文化一

① 〔英〕弗朗西斯·斯托纳·桑德斯：《文化冷战与中央情报局》，曹大鹏译，国际文化出版公司，2002，第 2 页。
② 谭双泉：《教会大学在近代中国》，湖南教育出版社，1995，第 321 页。
③ 王岳川：《中国文化软实力与文化安全》，《光明日报》2010 年 7 月 29 日。
④ 王晓德：《关于冷战后美国对外文化战略的思考》，《社会科学战线》2000 年第 1 期。

边倒的趋势。强势话语的无形渗透，势必会对弱势话语造成冲击。以美国为首的西方文化大国长期以来对发展中国家的单向话语输出，严重威胁着广大发展中国家的文化安全。西方"表述"东方，西方"注释"东方，"东方作为一种实际上的存在已经沦为西方学术地图中的想象物"①。萨义德就曾在其《东方学》中详细论证了西方殖民主义如何通过对"表述"东方为其文化殖民进行呐喊助威的。再比如，以"中国模式"为例，西方学者将其解读为"中国特色资本主义模式说，国家资本主义模式说，第三条道路说，市场社会主义模式说以及后社会主义模式说等。"②，这与"中国模式"的本来面目相去甚远，是对"中国模式"的歪曲和误解。面对西方国家尤其是美国来势汹涌的学术入侵，在学术交流中处于弱势地位的发展中国家，如果不进行有效的抵御和反渗透，那么我们的学术将被西化、被美国化，我们的文化也将逐步消亡。即使是发达国家内部，在文化和话语权方面也并非一团和气。以法国为例，法国为了保卫本国文化安全、维系文化主权，在欧美自贸协定谈判中，高举"文化例外"的大旗，坚决反对把文化列入一般性的服务贸易内容中，以避免美国文化的入侵。文化交流中设有"文化例外"条款，学术交往中也应有"学术例外"原则。建构中国特色的学术话语体系，就是要从中国立场出发，讲好中国故事，而不是任由西方国家言说。

在全球化的今天，闭门造车已经不可能，也没有必要，学术的发展需要对外交流。我们不反对西方学术话语，而是反对西方的学术话语霸权；我们要争得学术的"百家争鸣"，而不是西方话语的"独断专行"。

（五）学术话语的强势遗传与自由迁徙相交织

学术话语的生成发展是历时性与共时性的统一。学术话语既带有传统的遗传基因，也带有鲜活的时代印记。学术话语的发育、成长和壮大不是一朝一夕的事情，强势遗传与自由迁徙相交织是学术话语演化的重要线索。

学术话语的生成是一个不断累积沉淀的过程。在历史的长河中，学术

---

① 杨匡汉、庄伟杰：《海外华文文学知识谱系的诗学考辨》，中国社会科学出版社，2012，第 114 页。

② 陈曙光：《中国模式：确定性与不确定性》，《教学与研究》2014 年第 2 期。

话语不断得到传承和演化。人类创造学术话语并不是随心所欲的创造，而是在已有的学术话语基础之上进行再创造。学术话语的书写可以采用断代史的体例，但是学术话语的发展只能采用编年史的体例。学术话语的推陈出新绝非易事，学术话语的创新也并非意味着割断历史、抛弃传统，重新开垦一块新的"处女地"，回到"史前社会"。学术话语的生成或多或少的打上了历史的烙印，是经过不断的传承和创新而成。当代的学术话语很多都是从传统学术话语中走来，带有学术传统上的文化基因和底色。"和谐世界"的提出不是横空出世，早在两千年前的中国古代就已经有"和谐"思想的萌芽；新自由主义"出场"时就已经打上了古典自由主义的烙印，其"新"就是相对于"古典"而言；马克思主义的产生也不是天外来客，德国的古典哲学、英法的空想社会主义、英国的古典政治经济学等话语早已为其奠定了根基。"后现代主义""新古典主义""后工业社会""后结构主义"等话语无不彰显着学术话语的强势遗传。在演化过程中，学术话语的代谢是缓慢的，旧有的话语体系不会因为时代的更替而销声匿迹，更不会因为新的话语出现而偃旗息鼓。比如说，封建社会的话语体系没有因为封建社会的覆灭而自行消亡，新自由主义的话语体系没有因为"华盛顿共识"的失败而自我终结。这些无不体现话语的强势遗传特征。

学术话语的自由迁徙同文化的迁徙一样，贯穿着人类发展的始终。过去，当人们从一处迁到另一处，也将自己的语言文字、生活习俗等文化因素带到迁徙地。当然，学术话语作为文化的一部分，也将随着人口的自由流动而自由迁徙。17、18 世纪，西方传教士将中国的文化典籍翻译成西文传到欧洲；明末清初，西方传教士又将西方的思想、文化、科学技术带到中国，西方传教士在学术话语迁徙过程中扮演着重要角色。再比如说，19 世纪中后期的东学西渐，西方的思想和相关书籍大量被引入国内。随着全球化、信息化时代的到来，学术话语的迁徙更是体现出"自由"的特征，任何国家都处于"不设防"的话语舞台之中。媒体、互联网络、移动终端等学术交流新载体在学术传播中发挥着越来越重要的作用。当前，谁占领信息化时代的制高点，谁就拥有了学术话语的未来。大数据时代虽然带来了学术交流的便利，但是学术话语的自由迁徙不可避免地带来了"外来学术话语"与"本土学术话语"的接触、碰撞、交融。其结果可能是两种学术话语互相交融而发展，也有可能一者被另一者同化，甚至有可能弱势话语被强势话语所取代。比如说，"在西方的正统学术话语压力下，中国的散文言说方式也中断、失效了。代表西学言说方式的白话文运动否弃了传统文言，也否弃了'文'的传统。"① 面对西方咄咄逼人的强势学术话语，有些本土的学术话语逐渐消失，这将是学术发展的不幸。我们需要构建中国特色的学术话语体系，应该与中国自身的学术传统相融合，形成具有中国文化传统的话语体系、学术理念和学术范式，以防落入西方国家的话语陷阱和圈套之中。

学术话语的发展遵循着强势遗传与自由迁徙相配合的演化规律。但是，学术话语的强势遗传不是照本宣科，更不是简单复制，而是在传承过程中要"择优录取"。学术话语的自由迁徙不是拿来主义，更不是全盘西化，而是在交流过程中要"为我所用"。

---

① 王岳川：《发现东方》，北京大学出版社，2011，第7页。

参考文献

（一）经典类

[1]《马克思恩格斯全集》第 1 卷，人民出版社，1956。

[2]《马克思恩格斯全集》第 1 卷，人民出版社，1995。

[3]《马克思恩格斯全集》第 2 卷，人民出版社，1957。

[4]《马克思恩格斯全集》第 3 卷，人民出版社，1960。

[5]《马克思恩格斯全集》第 3 卷，人民出版社，2002。

[6]《马克思恩格斯全集》第 40 卷，人民出版社，1982。

[7]《马克思恩格斯全集》第 46 卷·上册，人民出版社，1979。

[8]《马克思恩格斯文集》第 1 卷，人民出版社，2009。

[9]《马克思恩格斯文集》第 5 卷，人民出版社，2009。

[10]《马克思恩格斯选集》第 1 卷，人民出版社，1995。

[11]《毛泽东选集》第 2 卷，人民出版社，1991。

[12]《邓小平文选》第 3 卷，人民出版社，1993。

[13]《习近平谈治国理政》，外文出版社，2014。

[14]《习近平谈治国理政》第 1 卷，外文出版社，2017。

[15]《习近平谈治国理政》第 2 卷，外文出版社，2017。

[16]《习近平谈治国理政》第 3 卷，外文出版社，2020。

[17]《习近平谈治国理政》第 4 卷，外文出版社，2022。

[18]《习近平新时代中国特色社会主义思想学习纲要》，学习出版社、人民出版社，2019。

（二）中文著作类

[1] 张一兵：《回到马克思——经济学语境中的哲学话语》，江苏人民出

版社，1999。

[2] 孙利天：《让马克思主义哲学说中国话》，武汉大学出版社，2010。

[3] 张一兵：《实践塑型与社会历史构境》，江苏人民出版社，2013。

[4] 杨方：《哲学概论》，岳麓书社，2010。

[5] 许全兴：《马克思主义哲学自我革命》，中国社会科学出版社，2009。

[6] 唐少杰：《哲学中革命变革的实现——〈德意志意识形态〉在马克思主义哲学史上的意义》，中央民族学院出版社，1993。

[7] 孙伯鍨：《孙伯鍨哲学文存：第三卷马克思主义哲学基本问题研究》，江苏人民出版社，2010。

[8] 李成旺：《马克思哲学革命的文本学解读》，中国社会科学出版社，2011。

[9] 俞吾金：《从康德到马克思：千年之交的哲学沉思》，广西师范大学出版社，2004。

[10] 高清海：《找回失去的"哲学自我"：哲学创新的生命本性》，北京师范大学出版社，2013。

[11] 陈先达：《走向历史的深处：马克思历史观研究》，中国人民大学出版社，2010。

[12] 唐正东：《从斯密到马克思：经济哲学方法的历史性诠释》，江苏人民出版社，2009。

[13] 李英：《历史唯物主义视阈下的自我实现研究》，中国社会科学出版社，2013。

[14] 刘放桐等编著《新编现代西方哲学》，人民出版社，2000。

[15] 陈曙光：《直面生活本身——马克思人学存在论革命研究》，北京师范大学出版社，2012。

[16] 沈恒炎、燕宏远主编《国外学者论人和人道主义》，社会科学文献出版社，1991。

[17] 本书编写组：《为什么不灵：论新自由主义》，浙江工商大学出版社，2015。

[18] 吴晓明、王德峰：《马克思的哲学革命及其当代意义——存在论新境域的开启》，人民出版社，2005。

[19] 杨耕：《为马克思辩护：对马克思哲学的一种新解读》，北京师范大

学出版社，2013。

[20] 杨学功：《传统本体论哲学批判：对马克思哲学变革实质的一种理解》，人民出版社，2011。

[21] 吴晓明：《形而上学的没落——马克思与费尔巴哈关系的当代解读》，人民出版社，2006。

[22] 高清海：《哲学思维方式的变革》，吉林人民出版社，1997。

[23] 张周志等编著《马克思主义哲学原典导读》，中央编译出版社，2014。

[24] 刘乃勇：《马克思自述传略》，新华出版社，2014。

[25] 罗骞：《论马克思的现代性批判及其当代意义》，上海人民出版社，2007。

[26] 陶秀璈、包也和主编《马克思主义哲学与近现代西方哲学原著选读与解读》，研究出版社，2010。

[27] 聂锦芳：《马克思的"新哲学"：原型与流变》，中国社会科学出版社，2013。

[28] 仰海峰：《形而上学批判：马克思哲学的理论前提及当代效应》，江苏人民出版社，2006。

[29] 杨耕、仰海峰编著《马克思主义哲学文本导读》，北京师范大学出版社，2013。

[30] 王伟光：《新大众哲学：认识世界的目的在于改造世界》，人民出版社、中国社会科学出版社，2014。

[31] 俞吾金：《从康德到马克思：千年之交的哲学沉思》，广西师范大学出版社，2004。

[32] 石敦国：《亦近亦远马克思：马克思、现代性与当代中国》，世界图书出版公司北京公司，2012。

[33] 孙伯鍨：《孙伯鍨哲学文存第一卷：探索者道路的探索》，江苏人民出版社，2010。

[34] 张世英：《哲学导论》，北京大学出版社，2002。

[35] 黄楠森等主编《马克思主义哲学史》上卷，北京大学出版社，1987。

[36] 冯契主编《外国哲学大辞典》，上海辞书出版社，2008。

[37] 夏征农、陈至立：《辞海》（第六版彩图本），上海辞书出版

社，2009。

［38］艾思奇：《艾思奇全书》第六卷，人民出版社，2006。

［39］王岳川：《发现东方》，北京大学出版社，2003。

［40］杨匡汉、庄伟杰：《海外华文文学知识谱系的诗学考辩》，中国社会科学出版社，2012。

［41］王义桅：《海殇欧洲文明启示录》，上海人民出版社，2013。

［42］谭双泉：《教会大学在近代中国》，湖南教育出版社，1995。

［43］玛雅：《道路自信中国为什么能》，北京联合出版公司，2013。

［44］邓伯军：《马克思主义中国化话语体系的方法论研究》，人民出版社，2019。

［45］周栋：《中国特色社会主义话语体系初探》，人民出版社，2019。

［46］邱仁富：《多元文化互动视域下社会主义核心价值体系话语权研究》，人民出版社，2019。

［47］吴苗：《世界历史视野中的中国发展话语》，人民出版社，2018。

［48］张维为、吴新文主编《中国话语：建构与解构》，上海人民出版社，2021。

（三）翻译及外文著类

［1］〔德〕黑格尔：《精神现象学》上卷，贺麟、王玖兴译，商务印书馆，1979。

［2］〔德〕黑格尔：《小逻辑》，贺麟译，商务印书馆，2017。

［3］〔德〕黑格尔：《哲学史讲演录》第1卷、第4卷，贺麟、王玖兴译，商务印书馆，2017。

［4］〔美〕赫伯特·马尔库塞：《理性和革命：黑格尔和社会理论的兴起》，程志民等译，上海人民出版社，2007。

［5］〔法〕路易·阿尔都塞：《保卫马克思》，顾良译，商务印书馆，2006。

［6］〔英〕戴维·麦克莱伦：《卡尔·马克思传》，王珍译，中国人民大学出版社，2005。

［7］〔美〕莱文：《不同的路径：马克思主义与恩格斯主义中的黑格尔》，臧峰宇译，北京师范大学出版社，2009。

［8］〔德〕李博：《汉语中的马克思主义术语的起源与作用：从词汇—概

念角度看日本和中国对马克思主义的接受》，赵倩等译，中国社会科学出版社，2003。

[9]〔德〕卡尔·柯尔施：《马克思主义和哲学》，王南湜、荣新海译，重庆出版社，1989。

[10]〔意〕安琪楼·夸特罗其、〔英〕汤姆·奈仁：《法国1968：终结的开始》，赵刚译，生活·读书·新知三联书店，2001。

[11]《海德格尔选集》，上海三联书店，1996。

[12]〔法〕阿尔都塞：《亚眠的答辩：马克思主义研究资料》，1986年3～4合辑。

[13]〔匈〕卢卡奇：《历史和阶级意识——马克思主义辩证法研究》，张西平译，重庆出版社，1989。

[14]〔法〕罗·加罗蒂：《马克思主义的人道主义》，刘若水译，生活·读书·新知三联书店，1963。

[15]〔加〕本·阿格尔：《西方马克思主义概论》，慎之译，中国人民大学出版社，1991。

[16]〔苏〕巴日特诺夫：《哲学中革命变革的起源——马克思的〈1844年经济学——哲学手稿〉及其解释》，刘丕坤译，中国社会科学出版社，1981。

[17]弗里德里希·莫得斯坦：《马克思主义是人道主义吗?》，斯图加特—柏林—隆—美因茨科尔哈默尔出版社。

[18]〔日〕望月清司：《马克思历史理论的研究》，韩立新译，北京师范大学出版集团，2009。

[19]〔日〕广松涉：《文献学语境中的〈德意志意识形态〉》，彭曦译，南京大学出版社，2005。

[20]〔日〕柄谷行人：《马克思：其可能性的中心》，中田友美译，中央编译出版社，2006。

[21]〔德〕弗·梅林：《马克思传》，罗稷南译，三联书店，1950。

[22]〔美〕汤姆·罗克摩尔：《黑格尔：之前和之后：黑格尔思想历史导论》，柯小刚译，北京大学出版社，2005。

[23]〔法〕奥古斯特·科尔纽：《马克思恩格斯传》，刘磊等译，生活·读书·新知三联书店，1963。

［24］〔德〕马克斯·韦伯:《新教伦理与资本主义精神》，于晓、陈维纲等译，陕西师范大学出版社，2006。

［25］〔美〕杜娜叶夫斯卡娅:《马克思主义与自由》，傅小平译，辽宁教育出版社，1998。

［26］〔法〕汤姆·洛克曼:《马克思主义之后的马克思:卡尔·马克思的哲学》，杨学功、徐素华译，东方出版社，2008。

［27］〔美〕帕尔默、科尔顿:《近现代世界史》（中册），孙福生等译，商务印书馆，1988。

［28］〔英〕弗朗西斯·斯托纳·桑德斯:《文化冷战与中央情报局》，曹大鹏译，国际文化出版公司，2002。

［29］〔英〕大卫·麦克奎因:《理解电视》，苗棣、赵长军等译，华夏出版社，2003。

［30］〔美〕罗宾·洛克夫:《语言的战争》，刘丰海、郑保国等译，新华出版社，2001。

［31］Louis Husserl. *Lenin and Philosophy and other Essays*, Monthly Review Press, New York, 1971.

［32］Michael Ryan: Marxism and Deconstruction, Baltimore and London, 1982.

［33］AlfredoAdd－Filo: Anti－Capitalism: A Marxist Introduction, London: Pluto Press, 2003.

［34］Colletti, Lucio. Marxism and Hegel. Translated from Italian by Lawrence Garner. London: NLB, 1973.

［35］Musto M. "Marx in Paris: Manuscripts and Notebooks of 1844. " *Science &society*, 2009, 73(3).

［36］Barros J D A. "The Young Marx and the Concept of Alienation. " *Tempo Social*, 2011, 23(1).

［37］Louis Althusser, *The Humanist Controversy and Other Writings*, London: Verso, 2003.

［38］Martin Heidegger. *The Basic Problems of Phenomenology*. Translation, Introduction, and Lexicon by Albert Hofstadter. Blooming: Indiana University press, 1982.

（四）期刊论文类

[1] 叶险明：《马克思哲学的话语革命与中国哲学的话语危机》，《哲学研究》2012 年第 12 期。

[2] 贺来：《马克思理论的哲学维度与理论存在样式的转换》，《学术研究》2007 年第 1 期。

[3] 韩震：《思想解放与话语方式转变》，《中国高校社会科学》2013 年第 4 期。

[4] 唐爱军：《从"革命"到"建设"——马克思主义中国化的话语体系转换》，《上海师范大学学报》（哲学社会科学版）2015 年第 2 期。

[5] 侯惠勤：《理想信念的坚定与哲学话语权》，《南京政治学院学报》2015 年第 1 期。

[6] 肖贵清：《论中国模式研究的马克思主义话语体系》，《南京大学学报》（哲学·人文科学·社会科学）2011 年第 1 期。

[7] 卜祥记、王玉琳：《哲学视域中的中国时代与中国哲学话语体系的建构》，《人文杂志》2014 年第 8 期。

[8] 吴晓明：《重估马克思哲学革命的性质与意义》，《复旦学报》（社会科学版）2004 年第 6 期。

[9] 孙伯鍨、杨思基：《怎样认识马克思主义哲学、西方传统哲学和现代西方哲学的关系》，《山东社会科学》2003 年第 1 期。

[10]《回到马克思，厘清基本理论与基本方法——访孙伯鍨教授》，《哲学动态》1999 年第 11 期。

[11] 蒋楼：《从"解释世界"到"改变世界"——论马克思哲学范式上实现的历史变革》，东北师范大学 2014 年博士学位论文。

[12] 王东、贾向云：《马克思何时成为马克思——马克思哲学综合创新起点新探》，《哲学动态》2012 年第 7 期。

[13] 张汝伦：《马克思的哲学观和"哲学的终结"》，《中国社会科学》2003 年第 4 期。

[14] 胡朝阳、梁忠：《哲学话语的"智慧"转向》，《学术探索》2015 年第 10 期。

[15] 崔唯航：《理论自觉与马克思主义哲学中国学术话语体系的当代建

构》,《学术研究》2013 年第 1 期。

[16] 何蔚荣:《哲学话语的失位与复归》,《社会科学辑刊》2007 年第 2 期。

[17] 高清海、孙利天:《马克思的哲学观变革及其当代意义》,《天津社会科学》2001 年第 5 期。

[18] 杨学功:《传统本体论哲学的终结和马克思哲学革命变革的实质》,《现代哲学》2002 年第 1 期。

[19] 杨耕:《马克思如何成为现代西方哲学的开创者》,《哲学动态》2001 年第 1 期。

[20] 李成旺:《西方哲学逻各斯中心主义传统与马克思哲学的革命》,《学术月刊》2008 年第 4 期。

[21] 高清海:《马克思对 "本体思维方式" 的历史性变革》,《现代哲学》2002 年第 2 期。

[22] 孙正聿:《以哲学的工作方式推进马克思主义哲学研究》,《学术月刊》2007 年第 5 期。

[23] 丰子义:《马克思本体论思想的方法论》,《天津社会科学》2002 年第 6 期。

[24] 黄楠森:《现代西方哲学与马克思主义哲学关系之我见》,《学术月刊》2001 年第 8 期。

[25] 邹广文、崔唯航:《从现成到生成——论哲学思维方式的现代转换》,《清华大学学报》(哲学社会科学版)2003 年第 2 期。

[26] 王真:《建构马克思主义哲学中国化话语创新体系》,《毛泽东思想研究》2015 年第 3 期。

[27] 侯惠勤:《论马克思主义学术话语的方法论基础》,《安徽大学学报》(哲学社会科学版)2014 年第 6 期。

[28] 聂锦芳:《重新思考马克思主义哲学研究中的 "现实视角" 和 "问题意识"》,《哲学动态》2006 年第 12 期。

[29] 朱虹、吴楠:《马克思哲学革命视域下的现代性批判话语》,《求实》2008 年第 2 期。

[30] 蒋楼:《马克思主义哲学的话语批判与研究范式建构》,《重庆文理学院学报》2013 年第 4 期。

[31] 刘增明、张青卫：《努力构建马克思主义哲学的中国话语系统》，《马克思主义研究》2013 年第 4 期。

[32] 李兵：《马克思哲学：人类解放的逻辑》，《云南社会科学》2005 年第 4 期。

[33] 徐长福：《求解"柯尔施问题"》，《哲学研究》2004 年第 6 期。

[34] 孙正聿：《解放何以可能——马克思的本体论革命》，《学术月刊》2002 年第 9 期。

[35] 杨楹：《现实生活：超越思辨哲学的历史性转向》，《教学与研究》2007 年第 7 期。

[36] 黄楠森：《马克思主义、人道主义与人学学科建设》，《中国特色社会主义研究》2005 年第 4 期。

[37] 陈枢卉：《马克思主义与人道主义》，苏州大学 2006 年博士学位论文。

[38] 孙伯鍨、童星：《马克思著作中"异化"概念的演变》，《南京大学学报纪念马克思逝世一百周年专辑》1983 年。

[39] 陈濯：《试论马克思著作中的"异化"概念》，《社会科学》1985 年第 2 期。

[40] 梅艳玲：《市民社会概念的历史逻辑演变及启示——从市民社会到共产主义社会的历史逻辑探讨》，苏州大学 2014 年博士学位论文。

[41] 张晓红：《马克思实践概念的多重维度》，《前沿》2012 年第 19 期。

[42] 邓明波、向绪伟：《早期马克思"实践"概念的嬗变》，《人民论坛》2012 年第 20 期。

[43] 黄树光：《论马克思的实践范畴》，《理论月刊》2010 年第 8 期。

[44] 安启念：《〈关于费尔巴哈的提纲〉与马克思对费尔巴哈的超越》，《北京行政学院学报》2010 年第 3 期。

[45] 崔文奎：《费希特的实践概念对马克思构建唯物史观的影响》，《哲学研究》2010 年第 5 期。

[46] 王仕民：《简论马克思的实践范畴》，《哲学研究》2008 年第 7 期。

[47] 俞吾金：《马克思对物质本体论的扬弃》，《哲学研究》2008 年第 3 期。

[48] 柳祥美、张长明：《简析马克思生活世界视域中的实践概念》，《武

汉大学学报》（人文社会科学版）2008 年第 2 期。

[49] 李维森：《马克思著作中生产力概念的两种含义》，《求是学刊》1985 年第 6 期。

[50] 冯景源：《马克思科学生产力概念的形成及其在唯物史观制定中的意义》，《江淮论坛》1984 年第 4 期。

[51] A. 巴加图里亚、李树柏：《马克思恩格斯理论遗产中的"生产力"范畴》，《哲学译丛》1982 年第 2 期。

[52] 哈贝马斯、曹卫东、班松海：《生产力与交往——答克吕格问》，《天津社会科学》2001 年第 5 期。

[53] 朱斌：《马克思主义意识形态话语的日常生活化》，《理论探索》2015 年第 6 期。

[54] 孙连任：《马克思主义哲学话语方式大众化问题研究》，沈阳师范大学 2015 年硕士学位论文。

[55] 郝立新：《大众哲学之话语与范式》，《哲学研究》2015 年第 9 期。

[56] 黄裕生：《德国古典哲学的主题及其与马克思主义的多重关系》，《江苏科技大学学报》2012 年第 12 期。

[57] 丁长林：《德国古典哲学在马克思主义哲学形成中的地位和作用》，《理论探讨》1985 年第 5 期。

[58] 朱伟：《后现代转向与哲学思维方式变革——兼论马克思哲学与后现代性理论话语》，吉林大学 2006 年博士学位论文。

[59] 贺来：《马克思哲学与"存在论"范式的转换》，《中国社会科学》2002 年第 5 期。

[60] 张群、胡海波：《马克思哲学提问方式的转变与哲学思维变革》，《学术交流》2013 年第 5 期。

[61] 赵刚：《马克思对德国古典哲学的革命改造》，《文科教学》1996 年第 2 期。

[62] 周树智：《论马克思创立新世界观的艰辛历程（上篇）》，《文化学刊》2010 年第 4 期。

[63] 俞吾金：《马克思对德国古典哲学遗产的解读》，《中国社会科学》2006 年第 2 期。

[64] 张国强、张国娜：《重新认识费尔巴哈哲学对马克思哲学的影响》，

《天水行政学院学报》2008 年第 4 期。

[65] 贺来:《重思马克思哲学与德国古典哲学关系的真实意义》,《哲学动态》2013 年第 6 期。

[66] 袁铎:《重建马克思主义话语权》,《长白学刊》2006 年第 3 期。

[67] 张一兵:《马克思哲学的当代阐释——"回到马克思"的原初理论语境》,《中国社会科学》2001 年第 3 期。

[68] 李乾坤:《马克思从"类"到"社会"的话语转变:赫斯的贡献》,《学海》2012 年第 3 期。

[69] 郭建宁:《关于当代中国马克思主义哲学的几个问题》,《北京大学学报》(哲学社会科学版) 2015 年第 4 期。

[70] 郭建宁:《构建当代中国哲学社会科学话语体系》,《前线》2015 年第 7 期。

[71] 逄锦聚:《构建中国哲学社会科学理论体系和话语体系》,《人民日报》2014 年 9 月 12 日。

[72] 张一兵:《从分工到现实的世界历史——〈德意志意识形态〉中一种经济学的现实批判话语》,《南京社会科学》1998 年第 6 期。

[73] 侯继迎:《诠释与反思——基于实践思维范式的马克思哲学》,山东大学 2014 年博士学位论文。

[74] 强乃社:《马克思主义哲学研究中的新话语》,《吉林大学社会科学学报》2009 年第 1 期。

[75] 张学广:《哲学话语的诊断治疗——马克思与维特根斯坦哲学观比较》,《哲学动态》2016 年第 2 期。

[76] 俞吾金:《让马克思从费尔巴哈的阴影中走出来》,《南京社会科学》1996 年第 1 期。

[77] 黄旭东:《加强中国特色哲学社会科学学科建设牢固掌握社会主义意识形态话语权》,《贵州社会科学》2013 年第 12 期。

[78] 郭建宁:《马克思主义哲学大众化的当代思考》,《河北学刊》2008 年第 3 期。

[79] 颜晓峰:《关注当代中国马克思主义哲学大众化中的新问题》,《河北学刊》2008 年第 5 期。

[80] 张翔、李庆海:《占领制高点 掌握主动权》,《光明日报》2014 年 2

月 16 日。

［81］侯惠勤：《意识形态话语权初探》，《马克思主义研究》2015 年第5 期。

［82］曹天航：《中国共产党巩固马克思主义话语权的历史进程与经验启示》，《河海大学学报》2015 年第 1 期。

［83］韩庆祥、陈远章：《马克思主义"三化"与话语权问题》，《上海师范大学学报》（哲学社会科学版）2015 年第 2 期。

［84］高玉：《论"话语"及其"话语研究"的学术范式意义》，《学海》2006 年第 4 期。

［85］张溟久：《分工与马克思社会批判话语的变革》，《南京社会科学》1997 年第 10 期。

［86］陈建峰：《改革开放进程中话语体系的演变》，《党史文苑》2009 年第 9 期。

［87］俞吾金、王凤才：《关于诠释学视阈中的马克思哲学的学术对话》，《晋阳学刊》2009 年第 5 期。

［88］王岩、朱进东：《黑格尔哲学在马克思哲学中的维度》，《南京航空航天大学学报》（社会科学版）2006 年第 2 期。

［89］任平、山港：《走向出场学视域的马克思主义哲学研究：创新路径与未来趋势》，《学术月刊》2008 年第 9 期。

［90］单卫华：《意识形态话语权、科学性与党性——当前马克思主义哲学研究三题》，《江苏社会科学》2011 年第 3 期。

［91］俞吾金：《论马克思对西方哲学传统的扬弃——兼论马克思的实践、自由概念与康德的关系》，《中国社会科学》2001 年第 3 期。

［92］张一兵：《马克思〈1844 年经济学—哲学手稿〉文本结构研究》，《宁夏社会科学》1999 年第 4 期。

［93］吴晓明：《论当代中国学术话语体系的自主建构》，《中国社会科学》2011 年第 2 期。

［94］李景林：《西方话语霸权下中国哲学学科合法性之反思》，《学习与探索》2003 年第 2 期。

［95］何萍：《全球化与西方哲学话语霸权的消解》，《国外社会科学》2004 年第 3 期。

［96］ 庄树宗：《政治合法性的祛魅：论破除西方中心主义的话语霸权》，
《当代世界与社会主义》2013 年第 3 期。

［97］ 叶险明：《中国学术话语体系超越"西方中心主义"的逻辑和方
法》，《中共中央党校学报》2015 年第 4 期。

［98］ 杨谦：《中国马克思主义哲学基本范畴的形成》，《山东社会科学》
2016 年第 1 期。

［99］ 朱小玲、管新华：《马克思主义中国化范畴研究的若干问题探析》，
《当代世界与社会主义》2009 年第 6 期。

［100］ 徐晓风、张艳涛：《马克思哲学批判继承关系新探》，《马克思主义
研究》2006 年第 12 期。

［101］ 李佃来：《理解马克思实践概念的政治哲学向度》，《哲学研究》
2015 年第 10 期。

［102］ 黄玉顺：《现代中国"哲学"的困窘：西方强势话语阴影之下的
"文化纠缠"》，《天府新论》2004 年第 3 期。

［103］ 胡军良：《当代西方哲学的"对话范式"及其对马克思主义哲学探
究的启示》，《内蒙古社会科学》（汉文版）2007 年第 5 期。

［104］ 王浩斌：《政治经济学批判：马克思主义哲学话语权的建构路径》，
《吉林大学社会科学学报》2006 年第 1 期。

［105］ 钟婧、吴倩茹：《近年来马克思主义文风研究述评》，《前沿》2013
年第 18 期。

［106］ 韩振峰、薛建明：《论毛泽东的马克思主义文风》，《毛泽东思想研
究》2013 年第 3 期。

［107］ 韩东晖：《从西方哲学研究看中哲、西哲、马哲的学术范式对话》，
《中国社会科学》2004 年第 1 期。

［108］ 谭培文：《融会三大哲学资源，创建当代中国哲学》，《哲学动态》
2013 年第 12 期。

［109］ 张曙光：《论当代中国学术研究的思想立足点》，《哲学动态》2008
年第 3 期。

［110］ 彭永捷：《中哲、西哲、马哲互动与建立中国新哲学》，《中国社会
科学》2004 年第 1 期。

［111］《马克思主义与中国文化：陈先达、方克立、赵敦华先生中西马高

端对话》，《北大中国文化研究》第 2 辑。

[112] 魏长宝：《学科对话、视域融合与当代中国哲学创新》，《哲学研究》2004 年第 1 期。

[113] 吴元樑：《回答时代性问题是马克思主义哲学在 21 世纪发展的根本途径》，《哲学研究》2001 年第 6 期。

[114] 韩庆祥、王海滨：《时代问题转换与马克思主义哲学发展》，《理论视野》2014 年第 9 期。

[115] 杨海文：《中国哲学如何在"对话"中成就自身？》，《福建论坛》（人文社会科学版）2008 年第 1 期。

[116] 韩庆祥：《什么是当代中国发展的"现实逻辑"》，《领导科学》2016 年第 20 期。

[117] 王海滨、韩庆祥：《建构书写当代中国发展的现实逻辑的范畴体系》，《天津社会科学》2016 年第 2 期。

[118] 张亮：《马克思哲学与社会科学"联盟"才能解决中国问题》，《中国社会科学报》2011 年 8 月 9 日。

[119] 张亮：《哲学和社会科学的联盟：马克思在政治经济学批判中所开辟的道路》，《江海学刊》2009 年第 2 期。

[120] 李承贵：《中国哲学研究中的"中国话语"情结》，《河北学刊》2005 年第 2 期。

[121] 赵剑英：《深刻变化的世界与当代马克思主义哲学的使命》，《中国社会科学》2004 年第 1 期。

[122] 陈学明：《中国新哲学的构建与马克思主义哲学的功能》，《中国社会科学》2004 年第 1 期。

[123] 杨学功：《当代中国马克思主义哲学研究新趋向》，《河北学刊》2005 年第 4 期。

[124] 仰海峰：《学科整合与马克思思想研究方式的转变》，《学术研究》2010 年第 2 期。

[125] 张艳涛：《马克思哲学跨学科研究的方法论启示》，《求实》2015 年第 7 期。

[126] 王晓朝：《哲学的跨学科本性与哲学的创新之路》，《江西社会科学》2007 年第 1 期。

［127］韩喜平：《理论创新的"问题倒逼"的规律研究》，《广东社会科学》2015 年第 3 期。

［128］张盾：《问题意识：马克思主义哲学研究的创新路径》，《天津社会科学》2006 年第 3 期。

［129］邹吉忠：《马克思主义哲学体系创新的问题意识和基本思路》，《天津社会科学》2005 年第 1 期。

［130］王东、林峰：《马克思主义哲学体系创新之道》，《中共中央党校学报》2007 年第 1 期。

［131］赵敦华：《中国哲学现代形态的时间轨迹》，《学术研究》2008 年第 11 期。

［132］谢地坤：《西学东渐与现代中国哲学》，《江西社会科学》2007 年第 1 期。

［133］谢地坤：《再论西学东渐与现代中国哲学》，《哲学动态》2012 年第 2 期。

［134］刘笑敢：《简论中国哲学的身份、角色与功能》，《文史哲》2010 年第 1 期。

［135］杨国荣：《认同与承认：中国哲学的个性品格与普遍意义》，《文史哲》2010 年第 1 期。

［136］颜炳罡：《20 世纪中国哲学研究话语体系范式转换之得失及未来走向》，《文史哲》2010 年第 1 期。

［137］陈来：《中国哲学话语的近代转变》，《文史哲》2010 年第 1 期。

［138］张志伟：《哲学话语的困境》，《哲学动态》2000 年第 12 期。

［139］姚新中、陆宽宽：《当代中国哲学的结构困境》，《哲学研究》2016 年第 3 期。

［140］邢东风：《中国哲学研究的困境和出路》，《中国人民大学学报》1989 年第 5 期。

［141］王雨辰：《关于当代中国哲学的困境与未来走向讨论的思考》，《理论前沿》2002 年第 7 期。

［142］韩庆祥：《走向面对"中国问题"的马克思主义哲学》，《学术研究》2007 年第 8 期。

［143］梁志学：《黑格尔建立思辨逻辑的开创活动》，《云南大学学报》

（社会科学版）2006 年第 3 期。

[144] 张盾：《黑格尔对康德哲学的批判和超越》，《哲学研究》2008 年第 6 期。

[145] 叶秀山：《康德之"先验逻辑"与知识论》，《广东社会科学》2003 年第 4 期。

[146] 强以华：《康德哲学的先验逻辑及其意义》，《哲学研究》2007 年第 2 期。

[147] 吴松：《黑格尔思辨逻辑学的内在逻辑》，《云南大学学报》（社会科学版）2002 年第 3 期。

[148] 王天成：《康德先验逻辑的基本问题》，《吉林师范大学学报》（人文社会科学版）2004 年第 1 期。

[149] 邓晓芒：《康德先验逻辑对形式逻辑的奠基》，《江苏社会科学》2004 年第 6 期。

[150] 陈曙光：《中国话语与话语中国》，《教学与研究》2015 年第 10 期。

[151] 张一兵、姚顺良：《两条逻辑的相互消长还是共同消解？——析青年马克思〈1844 年经济学哲学手稿〉》，《理论探讨》2006 年第 3 期。

[152] 赵家祥：《解析〈德意志意识形态〉中的一个难解之谜》，《哲学动态》2011 年第 4 期。

[153] 强以华：《康德哲学的先验逻辑及其意义》，《哲学研究》2007 年第 2 期。

[154] 张宗艳：《思辨逻辑中概念的真理性》，《天津社会科学》2012 年第 1 期。

[155] 张志伟：《黑格尔与古典形而上学的完成》，《河南大学学报》（社会科学版）2011 年第 3 期。

[156] 张宗艳：《形而上学的语言之维与语言的形而上学性》，《学习与探索》2010 年第 2 期。

[157] 王虎学：《论"现实社会"的逻辑起点与历史起点》，《社会主义研究》2009 年第 3 期。

[158] 安启念：《关于唯物史观的"经典表述"问题》，《社会学辑刊》2010 年第 2 期。

［159］张传开：《马克思的哲学革命与历史唯物主义的确立》，《哲学动态》2008 年第 6 期。

［160］叶汝贤：《现实的人及其历史发展的科学》，《哲学研究》2008 年第 2 期。

［161］姜海波：《〈德意志意识形态〉中的生产力与唯物史观的构成》，《学术月刊》2007 年第 7 期。

［162］王东、吴敏燕：《唯物史观原生形态结构新探》，《东岳论丛》2009 年第 9 期。

［163］安启念：《马克思的核心哲学思想及其理论来源问题》，《求是学刊》2015 年第 2 期。

［164］金民卿：《马克思的术语革命与习近平理论创新的话语建构特色》，《前线》2017 年第 1 期。

［165］李慎明：《对西方话语体系应有清醒的判断》，《中国智库》2013 年第 2 期。

［166］彭婷：《习近平语言力量的哲学思考——兼谈实现马克思主义大众化的启示》，《观察与思考》2019 年第 12 期。

［167］王宁：《从单一到双向：中外文论对话中的话语权问题》，《江海学刊》2010 年第 2 期。

［168］李韬：《建设中国风格中国气派的话语体系》，《人民日报》2013 年 9 月 17 日。

［169］褚国飞、杨敏：《中国社科院蝉联亚洲第一智库》，《中国社会科学报》2014 年 1 月 27 日。

［170］陈曙光：《多元话语中的"中国模式"论争》，《马克思主义研究》2014 年第 4 期。

［171］欧阳爱权、石云霞：《中国话语建构：机遇和挑战》，《湖湘论坛》2014 年第 4 期。

［172］陈曙光：《中国话语与话语中国》，《教学与研究》2015 年第 10 期。

［173］王岳川：《中国文化软实力与文化安全》，《光明日报》2010 年 7 月 29 日。

［174］王晓德：《关于冷战后美国对外文化战略的思考》，《社会科学战线》2000 年第 1 期。

[175] 陈曙光：《中国模式：确定性与不确定性》，《教学与研究》2014 年第 2 期。

[176] 陈培永：《回避马克思主义话语：等于放弃强大的理论支撑》，《长 江日报》2019 年 8 月 19 日。

[177] 李双套：《百年来中国马克思主义哲学的解读范式及话语特征》，《求索》2021 年第 4 期。

[178] 单传友：《中国马克思主义哲学话语体系的百年探索》，《华中科技 大学学报》（社会科学版）2021 年第 2 期。

[179] 王海峰：《"对话"范式与中国马克思主义哲学创新》，《社会科学 文摘》2020 年第 1 期。

[180] 邓纯东：《续写马克思主义中国化时代化新篇章》，《理论导报》2022 年第 2 期。

[181] 龙华平：《习近平话语风格对马克思主义话语体系中国化的启示》，《中共乌鲁木齐市委党校学报》2021 年第 2 期。

[182] 韩刚：《实现中华民族伟大复兴思维和话语的全面形成》，《中国浦 东干部学院学报》2022 年第 1 期。

[183] 王海军、王栋：《马克思主义哲学社会科学话语体系的初步构建（1919—1949）》，《马克思主义研究》2020 年第 3 期。

[184] 胡大平等：《推进当代中国马克思主义哲学话语的新建构》，《理论 视野》2019 年第 9 期。

图书在版编目（CIP）数据

马克思哲学话语革命与中国学术话语体系构建／刘
影著．-- 北京：社会科学文献出版社，2023.5
国家社科基金后期资助项目
ISBN 978 - 7 - 5228 - 1767 - 5

Ⅰ.①马…　Ⅱ.①刘…　Ⅲ.①马克思主义哲学 - 研究
②哲学社会科学 - 学术交流 - 研究 - 中国　Ⅳ.①B0 - 0
②G322.5

中国国家版本馆 CIP 数据核字（2023）第 087317 号

·国家社科基金后期资助项目·
马克思哲学话语革命与中国学术话语体系构建

著　　者／刘　影

出 版 人／王利民
组稿编辑／曹义恒
责任编辑／吕霞云
责任印制／王京美

出　　版／社会科学文献出版社
　　　　　　地址：北京市北三环中路甲 29 号院华龙大厦　邮编：100029
　　　　　　网址：www. ssap. com. cn
发　　行／社会科学文献出版社（010）59367028
印　　装／三河市龙林印务有限公司

规　　格／开　本：787mm × 1092mm　1/16
　　　　　　印　张：16　字　数：263 千字
版　　次／2023 年 5 月第 1 版　2023 年 5 月第 1 次印刷
书　　号／ISBN 978 - 7 - 5228 - 1767 - 5
定　　价／98.00 元

读者服务电话：4008918866